基层社会改革与城乡公共治理研究丛书

城乡一体化中农民权利保护研究

李锦顺 著

中国社会科学出版社

图书在版编目（CIP）数据

城乡一体化中农民权利保护研究 / 李锦顺著. —北京：中国社会科学出版社，2017.6

（基层社会改革与城乡公共治理研究丛书）

ISBN 978 - 7 - 5203 - 0059 - 9

Ⅰ.①城… Ⅱ.①李… Ⅲ.①农民—权益保护—研究—中国 Ⅳ.①D422.6

中国版本图书馆 CIP 数据核字（2017）第 054354 号

出 版 人	赵剑英
责任编辑	孔继萍
责任校对	赵雪姣
责任印制	李寡寡

出　　版	中国社会科学出版社
社　　址	北京鼓楼西大街甲 158 号
邮　　编	100720
网　　址	http://www.csspw.cn
发 行 部	010 - 84083685
门 市 部	010 - 84029450
经　　销	新华书店及其他书店
印刷装订	北京市兴怀印刷厂
版　　次	2017 年 6 月第 1 版
印　　次	2017 年 6 月第 1 次印刷
开　　本	710×1000　1/16
印　　张	15.75
插　　页	2
字　　数	258 千字
定　　价	68.00 元

凡购买中国社会科学出版社图书，如有质量问题请与本社营销中心联系调换
电话：010 - 84083683
版权所有　侵权必究

摘　　要

中国城乡关系的转型是世界上绝无仅有的超大规模的社会变迁。在这一转型过程中，党的十八大提出了解决"三农"问题是全党工作的重中之重，城乡一体化是解决好"三农"问题的根本途径。这实际上就确定了城乡一体化成为我国"三农"工作的根本指针和基本精神。在学术界，城乡一体化问题逐渐开始演变为广为关注的学术热点。

从农民权利视角研究城乡一体化，或者把城乡一体化研究和农民权利结合起来目前是不多的。许多学者还是从城乡布局、要素流动、信息化、城镇化等角度研究城乡一体化，把农民和农民的权利放在中心进行研究，尚有待加强。本书以城乡一体化中农民的权利为视角，以马克思主义理论为指导，深入研究农民权利的状况，分析农民权利受损的原因，以构建在城乡一体化进程中保护农民权利的宏观体系。

本书正文是由导言和第一至五章两部分组成。

导言部分主要是相关概念的厘定和国内外理论界对城乡一体化和农民权利保护的文献综述以及研究意义和研究方法。

第一章是探讨我国城乡一体化中农民权利保护的理论渊源。指导我国进行中国特色社会主义建设的理论是马克思主义，指导我国城乡一体化中保护农民权利的依然是马克思主义。本章研究马克思主义经典作家马克思、恩格斯和列宁关于农民权利保护的思想的主要内容，探究了中国共产党以毛泽东、邓小平、江泽民、胡锦涛和习近平同志为代表的保护农民权利思想的发展脉络。

第二章分析了城乡一体化和农民权利保护的内在逻辑。城乡一体化和农民权利保护应该紧密地结合在一起。一方面，城乡一体化要解决的实质问题是城乡居民的权利关系问题，重点是农民的权利。城乡一体化为解决农民权利问题提供了契机，为保护农民权利创设平等和有利的法律环境、社会环境和文化环境。另一方面，保护农民权利才能有效推进城乡一体化向前发展。农民权利保护状况是衡量城乡一体化得失成败的基本尺度。实现城乡一体化的发展目标，需要解决农民权利保护问题；解决农民权利保护问题才能突破城乡一体化发展瓶颈。总体来看，我国在推进城乡一体化中已经具备了保护农民权利的物质条件和思想条件。

第三章从政治、经济、文化和社会权利的角度探讨了我国城乡一体化中农民权利保护存在的问题。城乡一体化中农民的政治权利缺损现状从农村社会公共事务的自主决定权、农民担任国家公职的权利和农民对国家权力监督的权利进行了探讨；农民的经济权利存在的主要问题有中国农民劳动权的缺失，特别是农民土地财产权缺失比较突出，存在着农民土地产权主体虚置，有地无权，有地无益或者少益，注重生存权忽略发展权。农业投资领域中的农民投资权利问题包括财政收益权问题和农民金融权问题，存在着贷款利率高、贷款条件严苛，手续烦琐，贷款金额少、贷款期限短等问题。城乡一体化中农民的文化权利存在的主要问题是农民文化生活权匮乏、文化基础设施使用权和服务权释放不足，农民的文化参与和管理权缺损，民主管理缺乏。我国农民社会保障权存在的问题是社会养老保险需求旺盛，但保障水平创新不够，保障权法制化落后，新型农村合作医疗保障力度和理赔范围不宽，内容不全面。城乡一体化中的环境权利存在的问题包括农民环境知情权缺失、农民环境参与权不足、环境使用权受到影响和农民环境侵害请求权很难得到保护等。城乡一体化中的农民受教育权利存在着教学设施不健全、师资力量薄弱和农民职业教育权难以得到保护等问题。留守儿童教育权利缺损、随父母进城的农民工子女教育权问题和农民工教育培训权问题，也是农民受教育权利缺损的重要表现。

第四章对我国城乡一体化中农民权利缺损的原因进行分析。城乡二元结构对农民权利缺损影响深远。本章梳理了城乡二元结构的形成和运行机制，讨论了城乡二元结构形成后对农民的权利的影响，造成了向上流动机会的稀缺性、农民水平流动的非均衡性和权利的城乡差别。农民权利缺损也有其经济原因。农民权利实现水平与经济发展的程度息息相关，经济的迅速发展带来农民物质生活水平的提高，极大地增强了他们获取更多权利的欲望；同时也带动了交通和通信网络技术水平的迅速发展，为权利的保护提供了更加便利的条件，并与公共利益界定不清和利益分配不合理联系在一起。国际惯例对"公共利益"大多采取列举式或概括式进行严格界定，目的就是杜绝"因公之名"而发动侵权的可能。我国存在的公共利益界定不清和利益分配不合理等问题，最终导致农民的权利受损，国家的威信受到影响。城乡一体化中农民权利缺损的政治因素包括农村基层政府的自利性亢奋和政治沟通机制存在的缺陷。自利性亢奋导致乡级政府工作人员的个人利益突出，造成地方和部门利益膨胀并引发乡级政府机构利益扩张。政治沟通机制的缺陷主要表现为人民代表大会制度存在着代表结构不合理，保护农民利益力量不足，代表与选民缺乏有效联系，从而制约着农民权利的表达与传递。沟通机制问题还表现在信访制度的缺陷上。城乡一体化中农民权利缺损也有其文化诱因。传统文化对农民权利的负面影响主要有君权至上的服从意识、清官文化的负面影响和等级差序格局观念的不利浸润，另外农民整体素质不高，权利效能感低也是重要文化原因。

  第五章是城乡一体化中农民权利保护的宏观体系的建构。城乡一体化中农民权利保护应该坚持的核心原则包括坚持党的领导原则、维护政治稳定原则、注重公平正义原则、突出顶层设计原则、坚持有序渐进原则。在城乡一体化中要保护好农民权利，就要尊重农民的主体地位，承认农民是权利主体。这就要培养农民的权利意识，建立有效的农民利益表达机制。在城乡一体化中还要明确农民权利保护的责任主体，正确处理好责任主体和权利主体之间的关系。具体来说，就是要在处理国家权力与农民权利之间的关系时，农民权利是第一位的，国家权力是第二位的，把农民权利的保护和实现放在突出显要和中心的位置，确保农民权利的实现。在处理经济发展与农民权利矛盾的时候，以农民权利的保护和实现为底线来协调两者之间的矛盾，以实质平等为宗旨对农民权利保护尽到责任和义务。在农民权利的实现有赖于国家时，国家权力应为农民权利的实现创造条件、提供保护。国家责任主体地位的发挥主要通过对农村公共物品的财政支持、农业市场的财政调控和农民权利保护的法律确权来实现。除了为农村提供最低生活保障制度、公共卫生、义务教育财力支持，还要加强对农业信贷市场的调控，建立农业保险以及补贴制度。法律确权主要有完善农民权利的相关立法，建立违宪审查和违宪诉讼制度，规范农村行政执法，健全司法救济制度，多渠道增加法律援助经费，提高法律援助人员的数量和质量。要走集体化道路，发展集体经济。

ABSTRACT

The transformation between urban and rural areas is the largest scale social change in the world. In this transformation process, the Eighteenth National Congress of the CPC has proposed that it is prior to other work to solve the problems of agriculture, countryside and peasants and the integration between urban and rural areas is the fundamental way to settle the problem. This fact determines the urban and rural integration become the fundamental and basic spirit of China's work of agriculture, countryside and peasants. In academic circles, integration of urban and rural has gradually evolved into an academic hotspot issues.

It is not much from the perspective of peasants' rights to study the integration of urban and rural, or from Combination between urban-rural integration and t peasants' rights together. Many scholars study the urban-rural integration from the layout of urban and rural areas, factor mobility, information construction and so on. The perspective to put farmers' rights on the center for research, still needs to be strengthened. The dissertation would take the rights of peasants on the integration of urban and rural areas as the perspective, be guided by Marx theory, research their present status and analyze the cause of farmers' rights to be damaged, and construct the macro system to protect their rights in the urban-rural integration process.

This dissertation is divided into the introduction and the five chapters.

The introduction part mainly deals with related concepts and mades the literature review both on the integration of urban-rural areas and on the protection on their rights. It has showed the research significance and research method.

The first chapter is to explore the theoretical origin of protecting the rights of the peasants during integration of urban and rural areas in China. The theory to guide Chinese socialist construction is the Marxism and the theory to protect peasants' rights during the integration of urban and rural in China is still the Marxism. The main contents of this chapter is to studie the thought of Marxist classic writers including Marx, Engels and Lenin to protect the rights of peasants, and to explore the development of Chinese Communist Party thought to protect the rights of the peasants with Mao Zedong, Deng Xiaoping, Jiang Zemin, Hu Jintao and Xi Jinping as its representatives.

The second chapter analyzes the internal logicbetween the urban-rural integration and peasants' rights protection. The urban-rural integration should be close together with peasants' rights protection. On the one hand, the substantive issue of urban-rural integration is to solve the right problems of urban and rural residents, especially peasants' rights. The integration provides an opportunity to solve the problem of peasants' rights and to create equal and favorable legal, social and cultural environment. On the other hand, protection on the peasants' rights can effectively promote the development of urban-rural integration. The protection of peasant rights is the basic tool to measure the gain and loss of urban-rural integration. To achieve the development goals of urban-rural integration, protection issues of peasants' rights need to be solved. We must solve the problem of peasants' rights protection in order to break the development bottleneck of urban-rural integration. Chinese material and ideological condition have been met to promote peasants' rights protection during the urban-rural integration vigorously.

The third chapter discusses the peasants' protection problems during the Chinese urban-rural integration from political, economic, cultural and social rights.

The political rights defect of the peasants in the urban-rural integration includes The right to self-determine rural social public affairs, take the national public posts, supervise the state power and act jointly. The main problems of the peasants' economic rights have included deficiency of working right. Especially, lack of the peasants' land property rights is prominent. The hollow position of the subject of land property rights appeared. They have land but no right, or no interests or little interests. They pay attention to the survival right but ignore the right to development.

Thepeasants' investment rights problems of agricultural field include ones of fiscal income right and financial right for peasants. They are facing high interest rate, loan conditions harsh, cumbersome procedure, less loan amount and short duration. The main problems of cultural rights existing in the urban-rural integration is the lack of peasants cultural life right, shortage to use the cultural infrastructure and service releasing, and the peasants' right defect of cultural participation and management. The social security right problems of the peasants is, although the demand of social endowment insurance demand is exuberant, security level of innovation is not enough, security right legalization is backward. The potency of new rural cooperative medical insurance is not enough and the scope of claim settlement range is narrow. The content is not comprehensive. The problems of the peasants' environmental right include the right to know the environment is losing, deficient environmental participation right, affected right to use environment and farmers' environmental rights cannot be guaranteed. The right problems to be educated include teaching facilities is not perfect and teaching staff weak. Their occupational education right cannot be guaranteed. As for Left-behind children education rights defects, the education right of children of migrant workers in town, the right problem of migrant workers to be educated and trained, these are all the performance of peasants' education rights defects.

The fourth chapter has an analysis on the reason of the peasants' rights defect in the urban-rural integration. The dual economic-social structure between urban-rural areas has a profound side effect on the peasants' rights. This chapter reviews the mechanisms of formation and operation of the dual economic-social structure between urban-rural areas, discussed the influence of the structure on the peasants' rights. It cause the scarcity of the peasants' upward mobility opportunity, non-equilibrium of horizontal flow and the rights differences between residents of urban-rural areas. The defect reasons of peasants' rights are also connected with economic factors. The level of their rights to achieve is closely related with the level of economic development. The rapid development of the economy brings the increase of material living standard and greatly enhances their desire for more rights. At the same time it also has led to the rapid development of transportation and communication technology network, which provides more convenient conditions for their protection of the rights. It is connected with unclear definition and unreasonable distribution of public interests. International conventions on the public interest are strictly defined by list or generalization in order to put an end to infringement in the name of public interest. Chinese public interests are not clearly defined and the unreasonable distribution of interests finally affected the peasants' rights and national prestige. Political factors of the peasants' rights defect in the urban-rural integration include the rural grassroots government self-interest excitement and existing political communication mechanism problems. Such a self-excitement causes prominence of township government staff's personal interest and expansion of local and departmental interests, and trigger interest extension of the township government institutions. The defect of the political communication mechanism mainly lies in unreasonable representative structure in the people's congress system. The deficient strength of the structure to protect the interests of the peasants and the lack of effective link between representatives and voters restricts the expression and the transmission of their rights. The problem of the communication mechanism is also reflected in the defect of the petition. The defect of the peasants' rights in urban-rural integration have Chinese cultural causes. The negative influence of traditional culture includes the sense of obedience to the monarchical power, the negative impact of a culture of honest and upright official, and adverse infiltration of grade difference pattern concept. Moreover, the low overall quality of the peasants and low right efficacy is an important cause of culture.

The fifth chapter is to construct the macro system to protect the peasants' rights in the urban-rural integration. The core principles to protect peasants' rights should include of the Party leadership, political stability, the principle of fairness and justice, the principle of the top-level design and the principle of gradual and orderly development. To protect the peasants' rights in the urban-rural integration, we must respect their subject status and admit they are the subject of rights. This is to cultivate the awareness of their rights, to establish an effective mechanism for expressing their interests. In the integration, the main responsibility subject must be made clear and both should correctly handle the relationship between the power subject and the responsibility subject. Specifically, in the relationship between state power and the rights of farmers, we must emphasize the peasants' rights as the standard, give priority to protect and realize the peasants' rights. In dealing with the conflict between the economic development and the peasants' rights, we should take the protection and realization of their rights as the bottom line to coordination between the two, and take essential equality as the purpose to realize responsibility and obligation to protect. If the realization of their rights would depend on the nation, national power should create and provide protection conditions for them. The state responsibility subject status should play mainly through financial support of the public goods, agricultural market financial regulation and establishment of law. In addition we should provide financial support to the minimum life guarantee system, public health and compulsory education, strengthen the regulation and control of agricultural credit market, and establish agricultural insurance and subsidies. The law construction is mainly to improve the relevant legislation of their rights, establish judicial review and constitutional litigation system, regulate the rural administrative law enforcement, improve the judicial relief system, increase legal aid funds through multiple channels, improve the quality and quantity of legal aid workers. We should choose the road of collectivization in the future and develop collective economy.

目 录

导言 …………………………………………………………………（1）
 一 相关概念的厘定 ……………………………………………（1）
  （一）农民的界定 ……………………………………………（1）
  （二）权利的界定 ……………………………………………（4）
  （三）农民权利的界定 ………………………………………（8）
  （四）城乡一体化的界定 ……………………………………（9）
 二 理论界对城乡一体化和农民权利保护的探讨 ……………（10）
  （一）国内外城乡一体化研究 ………………………………（10）
  （二）国内外农民权利研究 …………………………………（20）
 三 研究意义和研究方法 ………………………………………（27）
  （一）研究意义 ………………………………………………（27）
  （二）研究方法 ………………………………………………（28）

第一章 城乡一体化中农民权利保护的理论渊源 ………………（30）
 一 马克思主义经典作家关于农民权利保护的思想 …………（31）
  （一）马克思保护农民权利的思想 …………………………（31）
  （二）恩格斯保护农民权利的思想 …………………………（35）
  （三）列宁保护农民权利的思想 ……………………………（38）
 二 中国共产党保护农民权利思想的发展脉络 ………………（43）
  （一）毛泽东的农民权利观 …………………………………（43）
  （二）邓小平的农民权利观 …………………………………（50）
  （三）江泽民的农民权利观 …………………………………（54）

（四）胡锦涛的农民权利观 …………………………………… (61)
　　（五）习近平的农民权利观 …………………………………… (62)

第二章　城乡一体化和农民权利保护的内在逻辑 ………………… (67)

一　城乡一体化为解决农民权利问题提供契机 …………………… (68)
　　（一）城乡一体化要解决的实质问题是城乡居民的权利
　　　　　关系问题 ………………………………………………… (68)
　　（二）城乡一体化有利于为保护农民权利创设平等的
　　　　　法律环境 ………………………………………………… (71)
　　（三）城乡一体化为农民权利保护创建有利的发展性
　　　　　社会环境 ………………………………………………… (73)
　　（四）城乡一体化为农民的现代性成长提供有利的
　　　　　文化环境 ………………………………………………… (75)

二　保护农民权利才能有效推进城乡一体化向前发展 …………… (77)
　　（一）农民权利保护状况是衡量城乡一体化得失成败的
　　　　　基本尺度 ………………………………………………… (77)
　　（二）解决农民权利保护问题才能突破城乡一体化
　　　　　发展瓶颈 ………………………………………………… (78)

三　城乡一体化中保护农民权利的条件已经具备 ………………… (81)
　　（一）保护农民权利的物质条件 ……………………………… (81)
　　（二）城乡居民权利平等的思想 ……………………………… (90)

第三章　城乡一体化中农民权利存在的问题 ……………………… (95)

一　城乡一体化中农民的政治权利保护存在的主要问题 ………… (96)
　　（一）社会公共事务的自主决定权 …………………………… (96)
　　（二）农民担任国家公职的权利 ……………………………… (100)
　　（三）农民对国家权力监督的权利 …………………………… (102)

二　城乡一体化中农民的经济权利存在的主要问题 ……………… (105)
　　（一）农民劳动权利问题 ……………………………………… (105)
　　（二）农民财产权利问题 ……………………………………… (110)
　　（三）农民投资权利问题 ……………………………………… (115)

三　城乡一体化中农民的文化权利存在的主要问题 ……… (120)
　　（一）农民文化生活权匮乏 ……………………………… (121)
　　（二）文化基础设施使用权不足 ………………………… (123)
　　（三）公共文化服务权残缺 ……………………………… (125)
　　（四）农民的文化参与和管理权缺失 …………………… (128)
四　城乡一体化中农民的社会权利存在的主要问题 ……… (129)
　　（一）城乡一体化中的社会保障权问题 ………………… (130)
　　（二）城乡一体化中的环境权利问题 …………………… (137)
　　（三）城乡一体化中的农民受教育权利问题 …………… (146)

第四章　我国城乡一体化中农民权利缺损的原因分析 ……… (152)
一　城乡一体化中农民权利缺损的结构因素 ……………… (152)
　　（一）城乡二元结构的形成和运行机制 ………………… (152)
　　（二）二元结构形成后对农民权利的影响 ……………… (159)
二　城乡一体化中农民权利缺损的经济因素 ……………… (163)
　　（一）农民权利实现水平与经济发展的程度息息相关 ……… (164)
　　（二）公共利益界定不清和利益分配不合理 …………… (166)
三　城乡一体化中农民权利缺损的政治因素 ……………… (169)
　　（一）农村基层政府的自利性亢奋 ……………………… (169)
　　（二）政治沟通机制的缺陷 ……………………………… (171)
四　城乡一体化中农民权利缺损的文化因素 ……………… (176)
　　（一）传统文化对农民权利的影响 ……………………… (176)
　　（二）农民整体素质不高，权利效能感低 ……………… (181)

第五章　城乡一体化中农民权利保护的基本思路和体系 ………… (184)
一　城乡一体化中农民权利保护应该坚持的核心原则 …… (184)
　　（一）坚持党的领导原则 ………………………………… (185)
　　（二）维护政治稳定原则 ………………………………… (186)
　　（三）注重公平正义原则 ………………………………… (188)
　　（四）突出顶层设计原则 ………………………………… (189)
　　（五）坚持有序渐进原则 ………………………………… (190)

二 城乡一体化中农民权利保护的权利主体和作用发挥 (191)
（一）农民的权利主体地位 (191)
（二）农民权利主体意识的形塑 (195)
（三）建立有效的农民权利主体的表达机制 (196)

三 城乡一体化中农民权利保护的责任主体和作用发挥 (198)
（一）国家的责任主体地位 (198)
（二）国家责任主体地位的发挥 (200)
（三）农民权利保护的法律确权 (205)
（四）走集体化道路，发展集体经济 (213)

参考文献 (218)

后记 (235)

导　言

党的十七届三中全会指出，我国总体上已进入以工促农、以城带乡的发展阶段，进入加快改造传统农业、走中国特色农业现代化道路的关键时刻，进入着力破除城乡二元结构、形成城乡经济社会发展一体化新格局的重要时期。党的十八大进一步提出城乡一体化是解决"三农"问题的根本途径，提出要紧紧依靠亿万农民，充分发挥农民主体作用，到2020年基本建立城乡一体化的体制机制。

可以认为，在中国新一轮的深入改革开放中，城乡一体化已经是不可逆转的发展趋势。那么，在城乡一体化的进程中，如何进一步认识农民？如何保护农民的权利？如何使广大农民真正成为城乡一体化的主力军？这些都是需要深入讨论的重要问题。本书导言从厘定一些相关的重要概念出发，重点对国内外理论界对城乡一体化和农民权利保护的研究文献进行综述，阐述其研究意义和研究方法。

一　相关概念的厘定

（一）农民的界定

农民是一种世界上最古老悠久的职业身份，在中国传统社会中，就是从事农业生产的人。在中国古籍中早有记载。"农民、农人、农"等概念在古书中很容易找到。例如，《左传·穀梁传·成公元年》提到平民职业的基本分工"有士民，有商民，有农民，有工民"。《荀子·王制》亦有农、士、工、商的排列。《诗经·小雅·甫田》中说到农民的作用："我取其陈，食我农人。"《辞海》中对农民的定义是"直接从事农业生产的劳动者（不包括农奴和农业工人）"①，并突出在殖民地半殖民地社会主要指贫农和中农，在社会主义社会主要指集体农民。这个定义明显地带有阶级属性和时代的局限性。

在英语世界里Peasant和Farmer区别是非常明显的，前者是指传统农民，后者则是现代农业者。Peasants意义上的农民主要追求的是维持生计，并保持一个狭隘社会等级身份；而Farmers意义上的农业者则追求充分进入市场，凭借一切市场选择来实现报酬最大化。② 这种区别强调了传统农民在社会中的低下地位。弗兰克·艾利思则从经济上给农民进行定义："农民是主要从农业中获得生活资料、在农业生产中主要利用家庭劳动的农户。农民部分地参与常常是不完全或不全面地投入和产出市场。"③ 也有学者透过传统社会，从农民未能参与和制定国家政治生活和国家游戏规则来进行定义，"农民只是作为征召、粮食生产、税收等方面的匿名'贡献者'出现在统计数字之中"。④

英国学者R.希尔顿可以根据七条标准来判断是不是农民：（1）农民作为主要耕作者，占有农业生产工具，自给自足地生产出维持生计与自身再生产所需的物品；（2）农民非奴隶，不是他人的财产；（3）占有土地的方式多样，他们可以是土地所有者、租地者或自主佃农；（4）主要使用家庭劳动，偶尔也使用奴隶或雇佣劳动；（5）通常加入比家庭更大的村社单位；（6）农村中辅助性工匠也可当作农民本身看待；（7）农民受上层压迫阶级包括国家组织的剥削。⑤ 法国学者孟德拉斯认为，农民是相对于城市来说的，没有城市就不会有农民，他们超越不了自己的土地的有限视野，"一个农民从不会想到要单独做某件不寻常的事；相反，他受自

---

① 《辞海》（上），上海辞书出版社1989年版，第987页。
② 秦晖：《农民问题：什么"农民"？什么"问题"？》，《问题与主义：秦晖文选》，长春出版社1999年版，第21页。
③ [英] 弗兰克·艾利思：《农民经济学——农民家庭农业和农业发展》，胡景北译，上海人民出版社2006年版，第14页。
④ [美] 詹姆斯·C.斯科特：《弱者的武器》，郑广怀、张敏、何江穗译，译林出版社2007年版，第1页。
⑤ 秦晖、苏文：《田园诗与狂想曲》，中央编译出版社1996年版，第12页。

己的群体所驱使"。①

透过这些国外学者的定义，我们发现农民作为一个群体，其定义都与该群体的地位、属性、职业特征等方面紧密相连。只有弄清了农民作为我国一个庞大的社会群体的独特定义，才能把握其利益结构的特性，制定的法律和政策才具有针对性，才能更好地实现利益、保护利益。

农民是一个群体概念，从不同的角度、在不同历史时期其内涵也明显不同。《新帕尔格雷夫经济学大辞典》也承认农民概念界定的困难，认为"很少有哪个名词像'农民'这样给农村社会学家、人类学家和经济学家造成这么多困难"。人类学家倾向于把农民看成是一种具有特殊文化的群体，尽管他们也承认农民在职业和政治地位等方面具有自己的特点，但这些都被理解为农民文化整体的一部分。更多的人习惯从职业特点的角度认识农民，把农民看作参加农业生产的劳动者。在有些情况下，党和国家的政策是从身份角度界定农民，而不是职业角度。我国1954年《中华人民共和国宪法》规定"国家依照法律保护农民的土地所有权和其他生产资料所有权。国家指导和帮助农民增加生产，并且鼓励他们根据自愿的原则，组织生产合作、供销合作和信用合作"。这显然是从身份角度界定农民的。

我国农民不是纯粹的职业概念，而是带有明显的身份特征，农民既是职业身份，又是政治身份。综合而言，国内外学术界对农民概念有不同的见解，农民一词有不同的用法。

1. 户籍意义上的农民

泛指户籍在农村的一切农村居民。这种意义上的农民概念既是指在农村生活的所有人口，同时指户籍在农村的所有人口，这是由当时我国的经济体制、社会发展程度状况造成的。所有以农业为主，在农村居住和生活的人口，不管是否具有劳动能力，均属于农民概念。改革开放以前，由于户籍制度限制，居住在农村的人口与具有农村户籍的人口一般是一致的。这是一个特定的历史现象。改革开放后，由于农村劳动力的流动，一些农村居民到城市谋生，从事各种职业，这些人不在农村居住，但由于户籍制

---

① [法]孟德拉斯：《农民的终结》，李培林译，社会科学文献出版社2005年版，第37—43页。

度的限制，仍保留农村户籍，仍属于农民范畴。

2. 职业意义上的农民

仅仅指从事种植业和养殖业等农业生产劳动和取得土地经营收入的那部分劳动者。在这个意义上讲，居住在农村，但是不从事农业生产劳动或不具备劳动能力的人不能算作农民。如户籍在农村的未成年人、个体户、企业主、民办教师、乡镇企业工人等。这种意义上的农民概念，实际上是农村劳动力的概念。党和国家制定的有关农民政策显然不只是针对这部分人，我国保护农民利益显然也不只是保护这部分人的利益。如在一个农村家庭中，只保护具有劳动能力的人的利益，而不保护儿童或老年人的利益，这显然是荒唐的。

3. 阶级关系意义上的农民

主要是指封建社会的农民阶级，在封建社会自己拥有少量土地或靠租种地主土地为生，并受地主剥削、压迫的人，在这个意义上讲，农民是与地主相对应的一个概念。这种意义上的农民概念在我国已成为历史，现在一提到"农民"一词，谁也不会这样理解农民的含义。

综合国内外学者的观点，结合我国的实际情况，关于农民的概念可以这样来界定：农民是指户籍在农村的、以从事农业生产及其他方面的生产或从事其他职业为其生活依靠的居民。这里面综合了农民的职业和身份两个层次上的概念。这个概念当然包括随着社会经济的发展，在农村非农化的过程中出现的大批失去全部或者部分承包土地的失地农民。

(二) 权利的界定

权利这个概念，显得很简单，甚至觉得没有界定的必要。但事实是，简单就是终极的复杂。李政道说，"最重要的东西往往都是最简单的"，"那些基本的东西，恰恰是最简单的，但却最重要"。[①] 著名科学家亨利·庞加莱说："科学发展有两种趋势，其一是走向统一与简明，其二是走向变化与复杂的道路。"[②] 也就是说，权利这个概念不能因为其外表显得简

---

① 夏宗经：《简单·对称·和谐——物理学中的美学》，湖北教育出版社1989年版，第270页。

② 林德宏：《科学思想史》，江苏科学技术出版社1983年版，第374页。

单而放弃对它的解释和探究，恰恰相反，它是我们研究的基石，但是权利却难以解释，令人头痛，最终走向复杂化。

权利概念最早可以追溯到罗马法，可以从罗马法中找到其影子。罗马法中是找不到权利这个概念的。我们只能在《查士丁尼法典》中找到的拉丁词"jus"中找到其痕迹，这个词涉及"法"或"权利"。罗斯科·庞德（Roscoe Pound）认为，该词在罗马法中有十多种含义，和当今的权利概念接近的有四种：一是受到法律保护的习惯或道德权威，如家长的权威；二是受到法律支持的习惯或道德权利，如出卖所有物的权利；三是受到法律承认的正当自由，例如在属于自己的土地上盖房的自由，尽管这所房子不符合邻居的审美习惯；四是法律秩序中的地位。①

现代学者对权利概念的探究开始从多角度、多层次、跨学科、综合性展开，显示出简单概念的复杂性规律。权利与人权、自由紧密地交织在一起。卢梭和孟德斯鸠都是"天赋人权"学说的主要代表。卢梭的权利学说主要集中在《论人类不平等的起源和基础》和《社会契约论》中。他主张人的权利来源于自然法，权利不仅是每个人生存的主要手段，也是人区别于动物的主要方面，权利基本上是与人权画等号的。孟德斯鸠的《论法的精神》一书着力于解决政府体制漏洞，集中展现了他的权利观点，实际上他用"自由"二字代替了权利的概念；托马斯·希尔·格林（Thomas Hill Green）延续了孟德斯鸠这个传统，以自由为起点来阐述权利，自由是"从事值得去做或享受值得享受的事物的一种积极的力量或能力"②。他借用康德的"善良意志"这一康德哲学的基础性概念，认为，每个人基于"善良意志"所提出的得到公认的共同要求和共同目标就是权利。权利不是法律的产物而是人的个性和社会道德的产物，是一个处于自我意识的本性对自己的行动自由的主张，并得到社会的承认。国家（即权力）的积极作用就是实现权利，积极干预并"拆除"实现权利的种种妨碍物。《布莱克法律词典》这样界定：（1）权利是指"正义或伦理上

---

① ［美］庞德：《通过法律的社会控制法律的任务》，沈宗灵等译，商务印书馆1984年版，第45页。
② ［美］乔治·霍兰·萨拜因：《政治学说史》（下册），刘山等译，商务印书馆1986年版，第799页。

的正当";(2) 权利是指一个人所固有的、对他人产生影响的"权力、特权、制度或要求";(3) 权利是指一个人所拥有的在国家的同意、协助下"控制他人的能力";(4) 权利是指由宪法或法律保障的"权力、特权或豁免";(5) 狭义的权利是指财产客体的利益、资格和拥有、享用、让渡和否定它的"正当的、合法的要求"。①

在庞德理论体系中,权利背后的关键词就是利益,权利意味着合理的利益。庞德列举的权利的含义超过《布莱克法律词典》的五项列举,达到六项:(1) 权利指的是利益,权利是伦理上应当加以"承认或保障的东西";(2) 权利是"法律上得到承认和被划定界限的利益",就是"广义的法律权利";(3) 权利是一种政治组织的强力,来强制个人或群体去"从事某一行为或不从事某一行为的能力";(4) 权利是一种设立、改变或剥夺"各种狭义法律权利"、设立或改变"各种义务的强力";(5) 权利是法律上"不过问"、对自然能力在法律上"不加限制"的情况;(6) 权利是伦理意义的"正义"。② 在这六项之中,前两项是最根本的,是其余四项的起点和发生点。正如奥地利学者科齐奥尔(Koziol)所言,权利服务于利益的保护,但其本身并非利益。③

古代社会强调"礼",权利便失去了存在的基础。尽管"权利"一词在我国古汉语里很早就出现了,表达的是消极或贬义含义,但是现代意义上的权利一词却非我国固有文化。19世纪中期,当美国学者丁韪良先生(W. A. P. Martin)和他的中国助手们把维顿(Wheaton)选择了"权利"这个古词来对译英文"rights",并说服朝廷接受了它。从此以后,"权利"在中国逐渐成了一个褒义的、至少是中性的词,并且被广泛使用。④改革开放后,我国迎来了权利研究的新纪元,中国法学界也尝试着用"权能""利益"等来解释权利。程燎原、王人博认为,自由意志(符合社会或国家的整体意志的自由意志)、利益(与社会存在的或反映在法律中的社会利益在某种程度上相符合的利益)、行为自由(一定社会所允许

---

① 夏勇:《人权概念起源》,中国政法大学出版社1992年版,第57页。

② [美]庞德:《通过法律的社会控制法律的任务》,沈宗灵等译,商务印书馆1984年版,第46—48页。

③ Helmut Koziol, Grundriss des burgerlichen Rechts, Band I, Aufl. 11, Wien, 2000, S. 43.

④ 夏勇:《权利哲学的基本问题》,《法学研究》2004年第3期。

的人们的行为自由）构成了权利的三大要素，权利是由自由意志支配、"以某种利益为目的的一定的行为自由"①。梅仲协认为，"权利者，法律赋予特定人，以享受其利益之权力也"。他从民法的角度出发，认为权利人之力的状态与第三人的消极地位即所谓义务互相关联。特定人的权利，得以对抗一切人，而生效力者，称为绝对权；权利仅得以对抗特定之人者，为相对权。因权利而得以享受之利益，可分为经济利益和人身利益两类。②张文显指出，权利是规定或隐含在法律规范中，实现于法律关系中的主体以相对自由的作为或不作为的方式获得利益的一种手段③。梁治平认为，权利可以从两个方面去理解，它既表现为主张、要求或者合理的期待，同时又同客观的利益发生密切的关联。④

要使一个被《牛津法律便览》称为一个严重地使用不当和使用过度的词汇沉淀下来，形成统一的共识很难，但不能因为有困难就放弃。因为权利成为人文学科绕不开的一个核心概念，不同学科的学者都要借助这个概念为其理论研究提供原点和支撑点，以阐发自己的观点和主张。笔者认为：

第一，权利是社会的产物，以社会为自己的存在基础。权利是在人与人的相对、相容的社会组织结构中产生和存在的。孤立的个人无所谓权利。绝对冲突的个人之间也断无权利可言。权利不仅可以由法律规范予以确认外，还可以因为社会成员的心理认同而得以确立。由社会成员心理认同或其他社会规范确认的权利要远远超出由法律确认的权利。

第二，权利包含广泛的内容，权利也不仅局限于法的领域。至于那种把权利仅仅局限于作为法律关系内容的观点更是过于狭窄而失之偏颇。权利体现在社会习惯、道德、宗教、法律等诸多方面，包含着习惯权利、道德权利、宗教权利、法的权利等大量内容。

第三，权利外在表现为权能，内在表现为利益。只要权利被享有或行使，它就演化成权利主体的实在利益；若没有被实在享有或行使，那么它

---

① 程燎原、王人博：《权利及其救济》，山东人民出版社1998年版，第31页。
② 梅仲协：《民法要义》，中国政法大学出版社1998年版，第32—33页。
③ 张文显：《法学基本范畴研究》，中国政法大学出版社1993年版，第82页。
④ 梁治平：《寻求自然秩序中的和谐——中国传统法律文化研究》，中国政法大学出版社1997年版，第173页。

就只停留在权利主体的权能阶段，没有演化成实在享有或行使的利益。

第四，权利的存在以社会承认为前提。社会承认的主体既可以是全体社会成员，也可以是部分社会成员；社会承认的方式有习惯确认、传统确认、道德确认以及法律确认。根据承认的方式不同，权利可以分为习惯权利、传统权利、道德权利、宗教权利和法的权利等。

第五，权利以自主为前提。权利的享有或行使并不是被迫进行的，而是由权利主体自主决定和自主取舍。

总而言之，权利是一个复合概念，它既闪烁着法律色彩而属于上层建筑的制度内容，又因包含利益成分是一种客观存在的社会经济关系。在一定意义上说，由这两层关系复合而成的"权利"概念可以简便地理解为：在一定的生产力条件与社会制度下产生并以社会的一定承认为前提的、由其享有者自主享有的利益，是其客观存在的利益关系及其法律的表现形式。

（三）农民权利的界定

对"农民"和"权利"进行界定之后，农民权利的界定就容易得多了。一般来讲，农民权利就是指作为独立主体的农民自主享有的权能或利益。在目前中国语境下，笔者认为，农民权利是指户口登记在农村并为农业户口的农村人作为独立主体自主享有的权能或利益。农民是公民的一部分，农民同其他公民一样享有基本权利，其权利实际上是宪法所规定的人权。公民的基本权利就是指对那些关于人的先天和后天能够实现的价值在法律上的承认，这与个人建立法律关系时确定的权利和义务有着本质的不同。基本权利不是个别、特殊的权利，而是基于主体是人而产生的、理所当然应该享有的、普遍的、一般的权利。

与农民权利的含义相关的是农民权利概念的外延。《中华人民共和国宪法》并没有专门规定农民的基本权利，但像市民一样，农民的基本权利包括：（1）平等权。农民和所有公民一样，在法律面前一律平等，享有同等权利并承担同等义务。（2）选举权和被选举权。农民享有依法选举各级人民代表大会代表，选举村民委员会等自治组织成员的权利。（3）批评、建议和申诉、控告、检举权。对国家行政机关及其工作人员有批评建议权，对国家行政机关公务人员的失职、渎职和违法行为，有检举、申诉、控告的权利。（4）自由结社权和集会、游行、示威自由权。（5）言论自由和出版自由权。（6）人身自由权。禁止非法拘禁和逮捕，不受非法剥夺和限制自由以及非法搜查身体。（7）人格尊严权。法律保护公民人格，任何人不得侵犯。（8）住宅不受侵犯。（9）通信自由和保护通信秘密权。（10）宗教信仰自由。（11）从事科研、文艺创作以及文化活动的自由。（12）受教育权。（13）劳动的权利。国家保障有劳动能力的公民享有劳动权利。（14）休息权。（15）获得物质帮助的权利。公民有从国家和社会得到经济上或物质上的帮助的权利。同时，农民还有依照法律法规享有的其他各项权利。比如，依照《中华人民共和国村民委员会组织法》规定享有参与民主选举、决策、管理、监督的权利；依照《中华人民共和国土地管理法》规定享有对集体所有的土地、林地、果园、水面、荒山承包经营的权利等。

上述权利可以综合为政治权利、经济权利、文化权利、社会权利和生态权利五大类。这和世界联合国人权委员会完成的、我国政府2001年2月28日签署的"人权两公约"——《经济、社会及文化权利国际公约》和《公民权利和政治权利国际公约》的内容，即政治权利、经济权利、文化权利、社会权利的四项权利也是基本相符合的。考虑到中国共产党第十八次全国代表大会上所提出的全面落实经济建设、政治建设、文化建设、社会建设、生态文明建设五位一体总体布局，不断开拓生产发展、生活富裕、生态良好的文明发展道路，笔者将农民的权利区分为政治权利、经济权利、文化权利、社会权利和生态权利五项内容。

（四）城乡一体化的界定

城乡一体化概念含义众说纷纭。社会学家从社会学的角度出发，认为城乡一体化是指城乡之间打破壁垒、相互流通，社会生活紧密结合，逐步消除城乡差别，达到城乡相互融合的状态；生态学家认为城乡一体化就意味着生态环境在城乡之间的合理布局与彼此结合的问题，就意味着要协调城乡环境的发展；经济学家从经济学角度出发，认为城乡一体化是指城乡生产要素理性分工、合理流动和优化组合以促进生产力的发展。上述对城乡一体化概念的不同界定，从不同角度体现了学者的不同见解，都有可借鉴之处。

也有人反对或者认为城乡一体化这个概念和提法值得商榷。认为它忽视了城乡之间的职能差别，城市和农村应该有明显的界限，并且这种提法和城市化理论相悖。① 城乡一体化观点的反对者认为，城乡一体化的提法欠科学，不如用"城市化"取而代之。城乡一体化作为发展中国家广泛使用的概念，仍有单独列出的必要。② 建议新一届中央领导停止城乡一体化，搞和而不同的城乡统筹发展战略。③

笔者认为，城乡一体化是城市与乡村两个社会单元在政治、经济、社会、文化和环境等方面的相互融合与协调发展的过程，它强调的是在尊重发展差异的基础之上，将城乡视为一个整体进行统筹规划和综合布局，实现城乡生产发展的有机互补、生活水平的大体相当、现代文明的广泛传播，促进城乡经济社会共同发展，达致城乡居民共享现代文明成果和生活方式的过程。

二 理论界对城乡一体化和农民权利保护的探讨

（一）国内外城乡一体化研究

发端于欧洲的工业革命对世界文明产生了极大的推动作用，城市成了工业和贸易的集中之所，也成了文明社会的中心，城市因其独特的优势成了当时资本主义社会各个阶层的梦想之地。但与此同时，城市在发展过程中，许多严重的环境和社会问题也层出不穷。一些思想家和学者以及城市建设者开始反思城乡，提出了许多颇有见解的主张。比较有影响的研究者有欧文、马克思、恩格斯、霍华德、萨里宁和麦吉。

1. 国外相关研究进展和特点

（1）研究进展

1）马克思主义经典作家对城乡融合的科学论断

第一，马克思主义城乡融合思想产生的理论基础。

---

① 吴概球等：《对"城乡一体化"提法的商榷》，《经济工作导刊》1996 年第 3 期。
② 石忆邵：《关于城乡一体化的几点讨论》，《规划师》1999 年第 4 期。
③ 何方洪：《建议新一届中央领导停止城乡一体化，搞和而不同的城乡统筹发展战略》，http：//blog.sina.com.cn/phoenix296。

18世纪空想主义者已经有了城乡融合思想的雏形。空想社会主义者从人的全面发展的角度提出了富有强烈创意的主张，提出了一个消灭旧有的社会分工和城乡之间的对立从而构建一个理想的社会。

欧文在批判资本主义的社会分工弊端的基础上，提出要建立一个名叫"新和谐公社"的桃花源式的社会，在这个社会里面，工农结合，城乡结合，人们使用新式的机器设备从事生产，他们既从事农业生产，又同时从事工业生产。也就是说，这些空想社会主义者初步提出了城乡融合的设想。恩格斯高度评价了这些乌托邦主义者，赞扬他们已经懂得分工所造成的恶果，看到资本主义城乡对立所造成的工人本身和劳动对象的双重畸形发展，认识到消灭城市与乡村间的对立是"消灭整个旧的分工的第一个基本条件"。①

马克思主义在批判其糟粕内涵和吸取其合力因子的基础上，提出了马克思主义城乡融合思想。这种城乡融合本质上就是城乡一体化。

第二，马克思主义对城乡对立的科学论断。

研究马克思和恩格斯城乡关系变迁理论，笔者发现他们实际上认为城乡之间是沿着城乡不分—城乡分离—城乡融合—城乡一体的轨迹发展的。他们认为城乡分离和对立起源于私有制和社会分工，这种对立和分离是资本主义发展的必然结果。但"它是社会进步的一种标志"②。城乡分离和对立贯穿于人类的全部历史，这种分离和对立伴随着各种资本、人才、享乐和技术向城市集聚，城市人口也随之增速迅猛，造成城市对农村的控制压迫加强，出现了城市的繁荣和农村的衰落；资本主义社会形成以后，伴随着城乡矛盾，工业和农业之间的矛盾开始加深和激化，反过来工农业的矛盾激化又进一步加剧了城乡的对立。在马克思和恩格斯的视野里，城市的特点是中心和集中，而农村是孤立与分散，"由于农业和工业的分离，由于大的生产中心的形成，而农村反而相对孤立化"③。

第三，马克思主义城乡融合实现的前提、目标和措施。

在私有制条件下根本不可能消除城乡对立和工业农业之间的对立，只

---

① 《马克思恩格斯选集》第3卷，人民出版社1995年版，第643页。
② 《马克思恩格斯选集》第1卷，人民出版社1995年版，第104页。
③ 《马克思恩格斯选集》第2卷，人民出版社1995年版，第556页。

有在社会主义革命以后，在公有制的前提条件下，才有可能实现城乡融合。恩格斯认为，城乡对立，城市的集聚和农村的孤立，都是因为生产力水平不够高的原因，解决资本主义城乡对立的方案"已经以萌芽的形式包含在现代大工业的生产条件中"①，也就是说解决城乡对立的希望存在于工人阶级，在于社会主义革命。在废除私有制和按共产主义原则建立的社会里，将消灭城乡之间的对立而实现融合。这种融合，既具有城市的特征，也具有农村的特征，"公民公社将从事工业和农业生产，将把城市和乡村生活方式的优点结合起来，避免二者的片面性和缺点"②。

在马克思主义看来，城乡融合能够避免两者的偏颇和缺点，实现社会的统一。为了达到城乡融合的目标，需要采取的措施是废除私有制，只有建立了公有制，才能彻底扫清城乡对立。在这种情况下，才能实现工业和农业两种产业的结合，才能积极发挥城市的中心作用，打破工业只能建立在城市的资本主义传统，带动农村共同发展。不是毁灭大城市，而是"还要出现新的大城市"。③ 马克思主义经典作家同时还指出，城乡融合是一个漫长的历史过程，取决于许多物质条件。城乡关系往往经历无城乡差别—城乡分离—更高水平的新的均衡与融合的过程。

第二次世界大战以后，一些国家出现"逆城市化"，城市人口膨胀之后，乡村和小城镇的人口开始剧增，其增长速度开始超过了城市。这种"逆反"的发展趋势证实了马克思、恩格斯提出的城乡融合、城乡一体化的客观性和规律性，城乡一体化是客观规律的宿命。

2）国外学者的城乡一体化研究

第一，埃比尼泽·霍华德的田园城市理论和实践。

1898年，英国城市学家埃比尼泽·霍华德（Ebenezer Howard）在其名著《明天：一条引向真正改革的和平道路》中提出了他的田园城市理论。他主张建立城乡一体的新社会结构形态来取代城乡对立的旧社会结构形态④，他非常形象地把两者比作一对新人，"城市和乡村必须成婚，这

---

① 《马克思恩格斯选集》第3卷，人民出版社1995年版，第648页。
② 《马克思恩格斯全集》第1卷，人民出版社1995年版，第240页。
③ 《斯大林文集》，人民出版社1985年版，第617页。
④ ［英］埃比尼泽·霍华德：《明天的田园城市》，金经元译，商务印书馆2000年版，第56—58页。

种愉快的结合将迸发出新的希望、新的生活、新的文明"。① 人民不得不在他比喻的"城市""乡村"和"城市—乡村"这三块磁铁中作出理性的选择，这实质上是提出了人民向何处去的问题。这种理论实质上倡导的就是一种社会改革思想，建立城乡一体的新的社会结构形态。霍华德先生还身体力行，1903年和1920年买了两块地，进行田园城市的实验。这种理论一度成为美国、英国、德国、法国、澳大利亚、奥地利、比利时等发达国家推崇的模式。但霍华德的田园城市所想象的是一种自给自足的生活方式，并不是为了消灭城乡差别，而且城市—乡村磁铁相对于城市磁铁和乡村磁铁是完全孤立的，并且城市和乡村的弊端被消极地避开，这种看似美好的空间事实上是很难营造出来的。

第二，列尔·萨里宁的"有机疏散论"。

"有机疏散论"是芬兰的列尔·萨里宁（Eliel Saarinen）在其著作《城市：它的发展、衰败和未来》中提出来的，该理论的提出是其对过分集中的城市病的理论反思。这种理论实际上是一种城市发展及其布局结构的思想，认为走向衰败的城市，需要有一个合理的城市规划实现根本性转变，使城市拥有一个有利于其自身健康发展的良好结构。他的有机疏散的理论认为，这种结构既要符合人类聚居的天性，感受到城市的脉搏，享受到共同的社会生活，但又不脱离乡村自然环境。从中可以看出，萨里宁的"有机疏散论"深受霍华德理论的影响。

这种理论要求把城市人口和部分产业疏散到城市外围区域，重工业和制造业是疏散重点，日常生活供应部门也将离开拥挤的中心区域，许多城市家庭也疏散到新区居住，以降低中心地区的人口密度。有机疏散最显著的结果就是使密集的城区分割成几个既有联系又有隔离的小面积镇区，形成一个城乡差距较小的城乡区域均质体。

有机疏散论的优点是把城市和乡村看作一个相互关联、不可分割的整体，通过规划和产业再布局实现城乡分工协作与耦合发展，通过有机疏散的城市发展方式，使人们生存于一个集城市和乡村两者优势的环境当中。该理论在第二次世界大战后对欧美发达国家改造旧城建设新城以至大城市

---

① ［英］埃比尼泽·霍华德：《明天的田园城市》，金经元译，商务印书馆2000年版，第16页。

向城郊疏散扩展产生重要影响。但是其负面效应也展示出来，有些发达国家城市过度地疏散和扩展，旧城中心衰落，又产生了因为产业布局没有遵循集聚和规模的经济规律，人为疏散没有遵循市场规律和竞争绩效相结合，出现能源消耗增多和浪费严重等新问题。

第三，麦吉的"城乡一体化区域"理论。

西方发达国家的城市化是一种早发、内生的、自发的现代化，而亚洲的发展中国家的城市化则是在发达国家向发展中国家进行产业转移中启动的，具有典型的外力推动特征。加拿大经济地理学家麦吉指出：亚洲的发展中国家的核心经济区域中，出现了与西方发达国家的大都市带相类似的新型城市区域空间结构。[①] 被学者称之为"灰色区域"或者"被扩展的都市区"。麦吉（T. G. McGee）用 Kotadesasi 来描述这种与传统城镇化机制完全不同的联系城乡的空间结构，并研究了其空间范围和基本特征。之后他又用 Desakota Region 一词取代 Kotadesasi，并对其形成条件和动力机制进行了阐述[②]。我国学者普遍把 Desakota Region 翻译成"城乡一体化区域"或者"城市乡村结合体"。

麦吉所研究的城乡一体化区域，是处于城市和农村之间的交通走廊地带，这个地带既具有城市的特点，又具有农村的元素。在这个灰色的既不是城市又不是农村的区域里面，物质交流频繁，人员流动密度高，城市和农村相互依赖、相互影响紧密地交织在一起，劳动密集型工业和服务业以及其他非农行业迅速增长、各种用地方式交错布局、跨越行政区划界限普遍。

麦基的理论贡献是挑战了西方的单一城市化发展模式，提出了在城乡之间特定的灰色区域内也存在着城市化的发展机会，为城市化提供了新的方向和主张。其驱动力主要有：一方面是交通通信手段革命的推动。城乡一体化区域是由交通和通信网络的现代化而推动形成的农业与非农业交混的巨型城市区域集合体。另一方面是国际产业大转移的推动。

[①] McGee T. G. *Urbanization or Kotadesasi? The Emergence of New Regions of Economic Interaction in Asia.* Working Paper, Honolulu: East-West Environment and Policy Institute, 1987.

[②] Mcgee T. G. *The Emergence of Desakota Region in Asia: Expalding a Hypethesis.* In: N Ginsburged. The Extended Metropolis: *Settlement Transition in Asia.* Honolulu: University of Hawaii Press, 1991.

麦吉的亚洲城乡一体化理论认为由于城乡两大地理系统的相互作用、相互影响形成了一种新的空间形态，城乡传统差别和地域界限日渐模糊，农业活动和非农业活动并存互动。尽管麦吉理论在分类和特征以及动力机制上存在局限性。但是他在注重城市要素对乡村地区导向作用的同时，着重于探讨城乡之间相互依赖、相互影响的双向交流引起的地域空间变化，这一点对于我国有效地组织城乡经济活动具有重要的启示意义。

此外，斯卡利特·爱泼斯坦与戴维·杰泽夫提出的三维城乡合作模型，① 毕雪纳·南达·巴拉查亚提出的通过发展小城镇，为城乡一体化发展提供基础，② 都具有一定的影响力。

（2）研究特点

第一，城乡一体化中的先进思想主要来自西方发达国家，但是发达国家和发展中国家的学者的研究兴趣相差很大，研究的重点领域也不尽相同。

第二，发达国家偏重设计空间环境的城乡融合，重视对农村进行产业转移，居住地点也开始向农村迁移。

第三，发展中国家侧重于把小城镇作为城乡经济增长的发展点，通过城市产业转移，缓解大城市的发展困境，同时注重通过交通通信带动小城镇的经济发展，提高农民收入。

第四，城乡一体化研究理论尚未形成一个一致的理论分析框架，研究工作还在摸索当中。

2. 国内相关研究进展

城乡一体化的研究和我国的经济发展密切地连接在一起。乡镇企业的兴起，城镇的快速发展是城乡一体化研究的现实动因。我国城乡一体化研究的发展历程可以分为三个时期，第一个时期是从改革开放到20世纪80年代中期前后，该时期侧重探讨减少城乡差异的理论和实践；20世纪80年代末到90年代初期是第二个时期，研究城乡边缘区成为理论风潮。随

---

① Scarlett Epstein, David Jezeph. *Development. There is Another Way: A Rural Urban Partnership Development Paradigm* [J]. *World Development*, 2001, 29 (8): 1443 – 1454.

② Bhishna Nanda Bajracharya. Promoting Small Towns for Rural Development: A View from Nepal. *Asia-Pacific Population Journal*, 1995, 10 (2): 27 – 50.

着乡镇企业的崛起,城乡结合部的经济一片欣欣向荣,寻求理论解释和探索就成了学术旨趣。第三个时期是20世纪90年代中期至今,是研究方法多元化,研究内容系统化和深化时期。进入21世纪以来,城乡一体化的研究进展开始变得缓慢起来。

(1)研究状况

1)内涵的争论

城乡一体化涉及的内容是复杂的,由于研究和观察的角度不同,人们对城乡一体化内涵的理解众说纷纭。

社会学和人类学从其独有的人文关怀精神出发,认为城乡一体化就是打破城乡分割的各种各样的壁垒,实现工业在乡村之间的合理布局,消灭城乡差别。

经济学常常根据其独特的投入—产出分析工具,认为城乡一体化就是城市工业部门和农村农业部门紧密结合在一起,互通有无,以取得最佳经济效益。有的学者认为,城乡一体化实际就是城乡工业一体化,就是城乡工业的协调发展[1]。生态学强调城乡一体化就是城乡生态环境的协调发展,保护好生态环境,以促进生态在城乡之间的公平分布。规划学者注重把城乡物质和精神要素进行系统排列。

李岳云从城乡一体化包含的内容来论述城乡一体化,认为城乡一体化包括城乡之间的关系、生产要素配置和经济社会发展三个方面的一体化[2]。凌岩从城乡发展的重点来定义城乡一体化,提出城乡一体化的重点是发展乡村,城乡一体化不排斥区域分工,但也绝不是要求城市去经营农村[3]。骆子程提出,一体化就是比喻关系密切如同一个整体一样,"化",指变、改,用于社会经济即城乡经济发展变化上,有关系密切趋于一体之意。"城乡一体化是社会生产力发展到一定阶段所形成的一种新型的城乡关系,是以城市为中心,小城镇为纽带,广大农村为腹地;有分工、有协作、多层次、开放型的社会经济统一体。"[4]

---

[1] 李同轩:《城乡工业一体化发展的构思与实践》,《城市问题》1987年第5期。
[2] 李岳云:《城乡一体化的框架体系与基本思路》,《江苏农村经济》2010年第2期。
[3] 凌岩:《论城乡经济二元结构向一体化演进》,《党政论坛》1987年第3期。
[4] 骆子程:《城乡一体 工农结合》,《城市问题》1988年第2期。

多数学者认为，城乡一体化的实质就是改变城乡二元结构，城乡差别消失，手段就是通过合理科学规划，对人口、资源、产业在城乡之间进行合理配置。黄坤明的观点具有一定的代表性，他认为城乡一体化就是在一定区域内，通过生产要素的自由流动和配置，发挥城乡各自的优势，以城带乡、以乡促城，促进城乡广泛融合，形成相互依托、优势互补、互为市场、资源共享的新型城乡关系，实现城乡经济、社会、环境持续和协调发展的过程。①

2) 对中国城乡一体化推进路径和模式的探讨

目前，关注农村、农业、农民的各个层面和各个学科领域都在积极探索中国城乡一体化推进的路径。黄坤明等结合浙江嘉兴的城乡一体化实践经验，提出了城乡一体化演进路径为民本自发与政府自觉相结合。认为中国城乡一体化既是政府自觉推进的结果，也是民本力量自发推进的结果，二者缺一不可，其中政府发挥着主导作用。②李岳云认为，推进城乡一体化要求产业发展互动互促，基础设施共建共享，基本公共服务均等均衡，生产要素配置有效有序，强农惠农政策持续持久。③

也有学者认为，城乡一体化的推进路径是在包括宏观和微观两个层面上进行城乡互动和有机衔接。也就是说，宏观层面要以城乡政策调整为把手，实现教育、财税、户籍和社会保障体系的统一，微观层面上的对接主要包括城市龙头企业带动产业化链的城乡对接；品牌助推经济国际化的城乡对接；科技研发与转化相统一的对接；集城乡生产、生活、生态功能于一体观光农业发展的对接；哺育与反哺的城乡政策的对接；分治与统一的户籍制度的城乡对接；分离与统一的劳动力市场的城乡对接；分割与规范的社保体系的城乡对接等。④

也有一批学者提出，要真正推动城乡一体化，必须建立农民利益集团，改变城市在制定国家发展政策时的城市中心主义倾向。⑤他们认为通

---

① 黄坤明：《全面实施城乡一体化战略》，《江南论坛》2004 年第 4 期。
② 黄坤明、施祖麟、车文辉：《民本自发与政府自觉：城乡一体化在嘉兴的实践》，《中国发展》2009 年第 1 期。
③ 李岳云：《城乡一体化的框架体系与基本思路》，《江苏农村经济》2010 年第 2 期。
④ 尹焕三：《"城乡一体化"发展的政策取向与路径选择》，《东方论坛》2010 年第 3 期。
⑤ 李伟：《关于城乡一体化问题研究综述》，《经济研究参考》2010 年第 42 期。

过建立农民利益集团，才能增强农民在国家话语体系中的地位，拥有更多的知情权、参与权和投票权，形成利益结构中的均势。

总而言之，城乡一体化的主流观点是，要真正实现城乡一体化，就需要政府根本解除造成城乡二元经济和社会结构的各种制度，并用一系列促进中国城乡一体化的政策和机制保证其推动进程顺畅可行，发展模式有以城带乡模式、城乡统筹规划模式、工农协作城乡结合模式和城乡互动模式四种。

3) 城乡一体化发展的动力机制的研究

大部分学者都是从城乡系统发展角度出发，认为农村工业化的推力，城市集聚效应的拉力，城乡统一要素市场和基础设施融合的作用力，是我国城乡一体化发展的基本动力。简而言之，城乡一体化的动力机制分别有城市化、小城镇发展、农业产业化等。[①] 也有学者从社会制度的视角对此提出了异议，认为工业化导致城市化现象，是资本主义的本性和资本主义社会特有的规律，是资本主义本性所决定的社会现象，提醒"社会主义国家实现工业化不是出现加剧城乡对立的城市化，而是出现消灭城乡差别的城乡一体化"[②]。

4) 关于实现城乡一体化的标志研究

多数学者认为城乡一体化的标志就是经济发展和市场配置资源的一体化，城乡经济发展比较均衡，城乡职能分工合理化，基础设施的一体化，城乡资源与环境配置的一体化。有的学者提出，这些指标研究大多借鉴外国经验有余，彰显中国个性不足，学术立场的中国化个性特征不够。针对部分中国学者盲目引用西方学者所构建的评判体系来评判中国的城乡一体化，中国社会科学院的黄平研究员尖锐地指出，尽管西方学者所构建的指标很细，技术也很精确，但并不能代表中国人的实际状态和身心感受，城乡一体化的标志"应该是多维度、多取向、多重的，不应该是一维的"[③]。

---

① 胡金林：《我国城乡一体化发展的动力机制研究》，《农村经济》2009年第12期。
② 孙成军：《马克思主义城乡关系理论与我们党城乡统筹发展的战略选择》，《马克思主义研究》2006年第4期。
③ 黄平：《泛论城乡一体化》，《城市管理》2004年第1期。

（2）研究特点

1）达成一定共识

尽管学者因为使用的角度和分析工具不同，对城乡一体化的定义、内涵、发生机制、政策研究等众说纷纭，各执一词，但是也达成了一些共识：

首先，城乡一体化绝不是一样化，也绝不是要消灭城乡差别，而是要减少城乡差距，共享社会发展成果和人类文明，城乡一体化不是要城乡社会经济的绝对均等。城乡两大系统的形成是由特定的生产力、制度、资源等条件和机制共同作用的结果，城乡在经济发展、社会结构、文化特性、意识形态以及生态环境等方面存在差异。

其次，城乡一体化不是要搞低层次的城乡平衡和平均主义，两者应该是互相吸收先进和健康的因素、摒弃落后和病态的因素的一种双向演进。城乡一体化主要强调城市和农村要搞好统筹，强调建立有利于农村发展的竞争机制和环境。

2）存在不足

一是多数学者是从各自的学科背景来探讨城乡一体化理论与实践，而综合性研究成果的数量不足，结合农民权利进行研究的是少之又少。很多学者将城乡一体化与自己的学科领域联系在一起，莫衷一是，众说纷纭。但是很少从农民权利角度出发来进行研究。

二是针对我国某一历史时期出现的应急性研究较多，从历史发展和马克思主义的视角的研究较少，直面农村真实情况进行的研究不够。针对现实中的重大问题展开的，十分鲜明地体现了研究跟着问题走的特点。作为近30多年来学术界和政界关注的重点，对"城乡一体化"的研究借鉴西方理论框架进行的研究多，研究成果颇丰。同时有的学者在研究时忽视了我国的社会主义初级阶段的基本国情，研究成果的针对性和有效性大打折扣。如何把政策关切与学理性探索更好地区别和结合仍是值得学术界继续思考的问题。

三是对城乡一体化定性研究的较多，但定量研究成果也存在明显不足。在定量研究中大部分学者选取人口比重、城镇化水平、三次产业的产值比重等少数几个指标作为测度标准，使用城乡经济关联、人口往来、就业联系等动态指标来进行定量研究的较少。

但不容否认，从研究的趋势看，依据先发国家的经验教训，有针对性地思考中国城乡一体化问题的研究日益增多，理论的前瞻性和现实的关切性紧密结合正成为该领域研究的一个重要特征。

（二）国内外农民权利研究

1. 国内研究状况

众所周知，1949年以后，在相当长的时期内，中国除了历史上的农民起义和农民战争的颂扬性研究外，现实中农民问题特别是有关权利问题的讨论和研究具有相当大的政治敏感性和风险性。自从1953年梁漱溟把农民生活称作"九天之下"的发言遭到毛泽东严厉的批判后，关于中国农民现实困境的讨论和研究成为学术禁区。①

1978年以来的中国对农民权利的研究发源于官方制定农村政策。以"中国农村改革之父"杜润生为代表的中央农村政策研究引起了巨大的反响，主要成果体现在1982—1986年连续五年出台了五个著名的"中央一号文件"中。这一时期也是中国农民生活比较好的时期。但整个社会对农民现实问题的研究仍然心有余悸。即使到了中国改革开放十年后的1988年，《社会》杂志在刊发舟莲村的《谈农民的不平等地位》（1988年）一文时，还特别小心翼翼地加注了一个罕有的"编者按"，称这是一篇"为农民说话的文章"，文章"提出了一个很尖锐的问题"，但怕"做小梁漱溟"，故而收到此稿后"迟迟未用"，不过在"在党的十三大春风吹拂下，还是大胆将它发表了"。可见农民现实问题研究在当时的敏感性。舟莲村较早地对农民权利缺失及原因进行了浅显分析。② 舟莲村系安徽财经大学周连春的化名。该文的价值不是由于其研究的深入程度与否，而在于他第一次将农民权利缺失这样一个长期处于敏感状态的现实问题提了出来。

在农村政策研究中，农业部政策法规司刘纯彬和郭书田提出了影响深

---

① 《批判梁漱溟的反动思想》，《毛泽东选集》第5卷，人民出版社1977年版，第107—115页。《毛泽东文集》只选内容被实践证明是正确的或基本正确的文稿，《批判梁漱溟的反动思想》没有被收集。

② 舟莲村：《谈农民的不平等地位》，《社会》1988年第9期。

远的"二元社会结构"理论。以他们为核心成员的农业部政策研究中心农村工业化城市化课题组在1988年第90期的《经济研究参考资料》发表了《二元社会结构——城乡关系：工业化、城市化》，同样以他们为核心成员的农村工业化城市化与农业现代化课题组在同年的同一本杂志的第171、172期上发表的《二元社会结构：分析中国农村工业化的一条思路》。在这两篇论文里，最早提出并详细论述了"二元社会结构"理论。他们在1990年在河北人民出版社出版的《失衡的中国——农村城市化的过去、现在与未来》一书中，对构成的二元社会结构的具体制度进行了详尽的实证研究。这是笔者所能接触到的最早系统研究中国农民权利问题的文献。二元社会结构理论的实质在于揭示了农民的不平等地位。2002年11月中共十六大政治报告中才首次正式使用"城乡二元结构"的概念。"二元社会结构"这个概念和分析方法成为研究农村问题不能离开的分析工具。

20世纪90年代以来，法学界的一些学者开始关注农民权利或农民权益问题。如夏勇在论文《乡民公法权利的生成》中，从公法视角探究乡民公法权利的生成问题，认为中国最重要的公民权利是乡民的权利，最重要的人权是农民的人权。[①] 1987年11月22日六届全国人大第23次会议通过《中华人民共和国村民委员会组织法（试行）》后，村民自治和村民选举成为国内外学者研究的热点，相关研究可谓汗牛充栋。村民自治和村民选举的研究，实质上涉及的是农民的自治权、选举权、被选举权、参与权、知情权等政治权利问题。

随着农民负担问题的日益尖锐化，中国农民和农村问题研究进入了一个反思期。2000年，湖北省监利县棋盘乡党委书记李昌平上书当时的国务院总理朱镕基，反映"农民真苦、农村真穷、农业真危险"，记者黄广明、李思德以《乡党委书记含泪上书　国务院领导动情批复》为题在《南方周末》2000年8月24日刊发了这次上书。由此引发了全社会对农业、农村和农民问题的强烈反响和广泛讨论。学者们对"三农"问题的研究开始直面现实、进入核心领域。21世纪初，中国出版了几部影响甚

---

① 夏勇：《走向权利的时代——中国公民权利发展研究》，中国政法大学出版社1995年版，第615—681页。

大的反映农民权利的著作，李昌平著的《我向总理说实话》（2002年），于建嵘著的《岳村政治——转型期中国乡村政治结构的变迁》（2001年），陈桂棣、春桃所著的《中国农民调查》（2004年）等。尽管其中李昌平等人的著作并不是学术著作，但他们直击农民核心问题的语言文学的表达能力和强烈的现实感，产生了学术专著很难达到的社会冲击波。

2001年中国加入世界贸易组织（WTO），"国民待遇"这个国际贸易专业词汇被引进到农民权利问题研究中。杜润生呼吁要给农民以国民待遇，[①] 李昌平提出给农民同等国民待遇，[②] 从此以后，有关农民权利方面的研究文献开始增多。当前，对农民权利或农民权益问题的研究已经逐渐成为中国学界关注的一个重要领域。特别是2003年以来，胡锦涛提出以人为本的科学发展观，中国解决"三农"问题的公共政策出现了重大转机。学界有关农民权利问题的研讨会、著述大量涌现。2008年10月，中共十七届三中全会通过的《关于推进农村改革发展若干重大问题的决定》明确将"保障农民权益"作为推进农村改革发展的重大原则之一。这是农民问题研究日益深化的体现和结果。

客观地说，直接研究农民权利的成果相对于社会主义新农村建设、相对于农村经济的研究是不多的。通过互联网资源的搜索，国内农民权利保护的研究成果大体上集中于三类：

一是通俗读物类。如姜小川编写的《农民权益保护与农村发展政策解答》；佟丽华、王世洁编著的《佟律师法律热线丛书——农民权益保护》；姜小川主编的《农民权益保护与农村发展政策解答》；白光主编的《农民权益保护法律适用50例》；刘凝主编的《农民权益维护法律知识问答》；刘家琛主编的《农民权益保护法律分解适用集成》；李小华、涂强著的《不仅仅是要个说法：农民权益维护》；向洪、谢代银、徐广渊编写的《农民权益小常识》；法律出版社法规出版中心编写的《长春市农民权益保护条例》，陆学艺、向洪主编的《农民权益》；向春编著的《农民权益保护手册》；刘银彪编著的《百姓权益十万个怎么办？》；王坤编写的《农民维权300问》；许安标编写的《农民如何行使民主权利——〈村民

[①] 杜润生：《中国农村制度变迁》，四川人民出版社2003年版，第300页。
[②] 李昌平：《我向总理说实话》，光明日报出版社2002年版，第228页。

委员会组织法〉实用问答》；薛西丽、王险峰编著的《农民的权利和义务——中国农村法律知识课本》。这类成果介绍农村文化建设的基本知识，通俗易懂，适合文化素质普遍较低的农民阅读。

二是资料和经验总结类。时福茂编写的《谁动了他们的权利（四）：时福茂办理农民工案件专辑》；龙柳涛、刘成伟编著的《农民权益保障百例解析》；佟丽华编写的《谁动了他们的权利：中国农民工维权案例精析》；关于文化权利经验总结的出版物有中宣部编写的《改进创新 服务"三农"：全国农村精神文明建设工作座谈会材料汇编》，中央文明办编的《大力加强基层思想文化建设："百县千乡宣传文化工程"材料》，原文化部编的《农村文化工作的新发展——集镇文化中心经验集锦》以及北京市委编的《北京农村文化建设集锦》，翟虎渠、梅方权主编的《社会主义新农村建设高层论坛文集》等。王学仁著的《农业农村农民工作探索》；邓延陆、符霞编写的生态村干部培训读本丛书《依法保障农民的生态权益》也属于这一类别。这类成果涉及不同历史时期农民权利的经验总结，由宣传文化部门编写，便于交流和推广，经验的总结具有一定权威性。但是这方面的经验多限于文化权利方面。

三是理论研究类。直接以农民权利或者利益的专著是不多的，如张英红的《农民公民权研究》以及他的论文集《给农民以宪法关怀》《农民权利发展：经验与困局》；包宗顺编写的论文集《农村改革发展与农民权益保护》；刘文忠著的《宪法规则下的权利博弈：中国农民权利保护研究》；赵德余著的《以权利看待发展：中国农村变迁中的风险治理及规则重构》；王佳慧著的《当代中国农民权利保护的法理》；杜伟、黄善明编著的《失地农民权益保障的经济学研究》；李蕊著的《失地农民权益保障》；李长健著的《中国农业补贴法律制度研究：以生存权与发展权平等为中心》；汪振江著的《农村土地产权与征收补偿问题研究》；李小云、左停主编的《中国农民权益保护研究》；乡镇论坛杂志社编写的《农民土地权益与农村基层民主建设研究》；中国（海南）改革发展研究院编写的论文集《中国农民权益保护》；刘刚编写的《新时期中国农民土地权益实现研究》；张文中著的《农民在土地房屋方面的权益保护》以及邹爱华著的《土地征收中的被征收人权利保护研究》等。

这类成果理论性较强，又能紧密联系农民现实，在理论和实践上对农民权利进行了广泛深入的探讨。主要梳理了农民权利的发展脉络,概括了农民权利的基本特征,构建了农民权利研究的理论框架,总结了一些普遍规律,为指导保护农民利益实践提供了理论支持,为我们继续开展农民问题研究奠定了基础。另外还有大量间接研究农民权利的论著。

2. 国外研究状况

从国外来看,发达国家已经实现了现代化,城市化水平很高,真正意义上的农民极少,关于本国农民权利的研究是很少见的。这些西方国家的农民权利在国外学术界已经是一个陌生的话题。像法国、日本、韩国等国家都开展过"新农村运动"等类似的农村建设,权利一体化的目标已经实现。法国从19世纪中叶开始由传统农村社会向现代农村社会的转型;日本"农村现代化"从严格意义上讲可追溯到20世纪30年代"农村经济更生运动";韩国从1971年开始新村建设运动;欧盟从1999年开始实行新的农村建设政策等。

国外也有一些学者在其著作中论及中国农民权利问题。如美国的罗吉斯的《乡村社会变迁》、明恩溥的《中国人的素质》、黄宗智的《华北的小农经济与社会变迁》以及法国孟德拉斯的《农民的终结》等。但以公民权理论为分析视角研究中国农民问题的文献尚不多见。就笔者所知,美国学者苏黛瑞(Dorothy J. Solinger)较早以公民权视角系统研究了中国的农民工问题,这也算作是比较直接地涉及农民权利问题,1999年她写的专著 *Contesting Citizenship in Urban China: Peasant Migrants, the State and the Logic of the Market* 在伯克利的加利福尼亚大学出版社出版。10年之后该书被翻译成中文书名为《在中国城市中争取公民权》,由王春光、单丽卿译,在浙江人民出版社出版。

3. 国内外研究特点

(1)对"农民权利"常常不加任何分析和界定。对"农民权利"常常不加任何分析和界定。笔者认为,"农民权利"这个概念没有确切含义,也不是其含义在学界得到普遍认同的专用术语,因此不能在没有任何界定的情况下使用,否则,如果人们各有所指,无疑将引起研究的混乱。《解决"三农"问题的关键:构建农民权利保障机制》《农民权利保护与权利救济的人本发展观视角》《农民权利保障的法律思考》等都具有这样的特点。

（2）认为"农民权利"是农民作为公民的具体权利或各种具体权利的组合。如"所谓农民权利就是农民的公民权问题"[①]。"我认为三农问题主要是农民问题，农民问题关键是权利贫困的问题。农民的权利贫困包括参与权利的贫困，也就是用手投票的权利的贫困；迁徙权利的贫困，也就是用脚'投票'的权利的贫困；还有教育、医疗权利的贫困，抗争权利的贫困，等等。"[②] 这是当前学界比较多见的一种用法，但笔者认为这样使用"农民权利"有不当之处。因为学者们对农民权利包含农民的哪些具体权利并未达成共识，有人说是平等权、选举权等政治权利，有人从工作权、劳动报酬权等社会经济文化权利来使用这个概念，更多的人脑海中的农民权利指的是平等权、土地财产权、迁徙自由权等政治、经济权利的综合，但在使用时却因说明的问题不同，造成了农民权利保护内容的模糊。对于"农民权利"是应然权还是法定权利，是具体权利还是各种权利的统称，众说纷纭。因此，对农民权利问题形成了一种零敲碎打、各自为政的研究局面，同样不利于农民问题的分析和解决。由上述情况可以看出，对"农民权利"一词不加界定地使用已经造成这样一种情形："农民权利"似乎是个筐，什么都能往里装。这种用法将"农民权利"作为解释自己已有结论的工具，而不是理论研究的方法。

（3）国内学界主流兴趣集中于研究农民工的权利。研究的群体主要集中在农民工群体，研究的对策主要集中于法律方面。其中农民工权利研究主要集中在：1）社会保障方面，有潘虎著的《中国农民工养老金的价值与选择》；雒庆举著的《中国农民工养老保险路径选择研究》；方巍著的《社会排斥及其发展性对策：杭州市农民工劳动社会保障个案研究》；张伟兵著的《城市农民工养老保险政策研究》；沈水生编的《农民工劳动保障权益维护》；李真主编的《工殇者：农民工职业安全与健康权益论集》。2）农民工教育权，比较有代表性的有李明华著的《农民工高等教育需求、供给和认证制度研究》；周佳著的《教育政策执行研究：以进城

[①] 刘云升、任广浩：《农民权利及其法律保障问题研究》，中国社会科学出版社2004年版，第6、12页。

[②] 胡星斗：《关注农民的权利贫困》，www.nmql.com/ShowArticle.shtml? ID = 2006911984163445.html。

就业农民工子女义务教育政策执行为例》；赵蒙成等著的《教育支持：农民工城市融入的培训研究》。3）从服务体系视角来研究农民工权利，如张秀中著的《转型之路：转型时期构建农民工基本公共服务体系研究》；难能可贵的是民政部社会工作司编的《社会工作视角下的农民工问题研究》，从社会工作视角来研究农民工权利是很难见到的。李真主编的《流动与融合：农民工公共政策改革与服务创新论集》；刘渝琳、刘渝妍著的《中国农民工生活质量评价与保障制度研究》也很有新意。

（4）认为农民权利保护的问题主要在于落实法律规定的权利。这样的研究明显忽视了法律权利的形成在很大程度上是"主观的"资源分配的结果，更没有认识到以下几个问题：1）城乡二元社会结构下，农民的权利保护与其他社会群体，尤其是市民的权利保护相比，具有特殊性，需要区别对待。2）由于农民权利主体的话语权缺失，导致农民在立法中"失语"，利益分配表达不畅，造成权利保护的被动状态。3）侵犯农民权利、损害农民利益最多的是公权力，限制和约束公权力是农民权利保护的主要任务。4）我国经济发展在很多情况下正是以侵犯农民权利为代价的。保护农民权利与中国特定的经济和社会发展状态交织在一起，使农民权利保护外在显示出高度的复杂性。

国内外的研究取得了一定的成果，但概括研究多，专题研究少；一般性建议多，战略层面论证少，许多问题有待具体、深入研究。实证研究一般也局限于某一具体的个案研究，很少有学者把农民权利作为一个整体进行研究。一些过去的农民权利研究成果因为时间的原因，显得老化。由于缺乏深入研究，以至于在学术界和实际工作部门，人们对农民权利保护的实践绩效、价值及其发展前景存在着分歧和争论，没有达成统一认识，甚至鄙视农民权利。

但就整体来讲，从农民权利视角来研究农村发展和建设的数量、质量和学者规模相对于经济学、社会学等都略显不足，而对农民权利的研究又远远落后于新农村建设的研究，对农民权利的研究仍然是农村社会研究中非常薄弱的环节；把农民权利和城乡一体化联系起来，从时代的角度进行审视，从战略层面上进行研究的成果还很少；在城乡一体化进程中，需要对农民权利研究深化拓展，保护理念需要更新，规律性经验还需要进一步探索。

三 研究意义和研究方法

（一）研究意义

1. 理论意义

第一，本书有助于进一步深化对马克思主义城乡关系理论的理解，正确认识和处理我国目前城乡一体化进程中农民利益所面临的问题。马克思主义城乡关系理论是马克思主义的重要组成部分。城乡关系是一个复杂的综合性社会现象。马克思认为城乡关系是影响社会生活全局的环节。"城乡关系一改变，整个社会也跟着改变。"① 马克思坚持唯物论和辩证法的统一，指出城乡关系必然要经历"城乡分离—城乡对立—城乡融合"的历史发展过程。通过对马克思主义城乡一体化理论的探讨，有利于我们更自觉地认识我国城乡所处的发展阶段，正确处理城乡一体化中农民权利受损的各种问题。我国城乡之间整体上处于非均衡发展状态，城乡差距有进一步扩大的趋势，农民权利很容易受到伤害。研究城乡一体化中农民权利，探寻其受到影响、缺失的原因，有利于深化对马克思经典著作城乡理论和我国农民权利现状的理解。

第二，本书通过我国城乡二元结构的形成、演化的探讨，有助于从深层次上认识我国城乡发展不均衡状态的历史和体制原因，从而深化对社会主义初级阶段基本国情的认识，深化对建设社会主义新农村重要性和必要性的认识。

第三，通过对城乡一体化和农民权利关系之间的研究，认清保护农民利益的科学和现实依据，有助于深化对我国社会主义建设规律的认识。

2. 实践意义

第一，本书有利于在实践中彻底纠正经济社会发展中的城市偏向、忽略农民利益的传统做法，统筹城乡经济社会全面、协调、科学发展，全面推进城乡一体化改革，最终实现城乡一体化发展。

第二，本书有利于澄清有关城乡一体化的一些错误观点和认识，形成思想共识。目前，有的地方和领导人重视城市而忽略农村，认为城乡一体

---

① 《马克思恩格斯选集》第 1 卷，人民出版社 1995 年版，第 157 页。

化会拖累城市的发展，没有清楚地看到两者之间的互动共赢的关系。本书有利于消除这方面的片面认识，达成共识。

第三，本书可以为政府的相关部分提供决策参考，为其提供解决城乡一体化中保护农民利益的思路。

（二）研究方法

本书的研究起点是先界定城乡一体化和农民权利的概念，梳理国内外城乡一体化和农民权利的相关研究，总结城乡一体化中农民权利保护的理论渊源，探讨两者之间的内在逻辑；再通过对城乡一体化中农民权利存在的问题、原因研究，结合城乡一体化农民权利一体化的需求和成长困境，把研究的落脚点定位于提出促进城乡一体化健康成长、政府宏观管理的相应对策。

1. 规范分析与实证分析相结合。所谓规范分析（Normative analysis），它强调通过作出明确的是非曲直的价值判断，力求回答出事物的本质是什么的问题；而所谓实证分析（Empirical analysis），则对事物进行客观描述，但是却不对其进行价值判断。在学术研究中，如果仅仅进行材料的收集和整理而不进行规范分析，学术就失去了促进社会发展的使命和意义。两者常常是紧密地结合在一起的。本书中不仅对国内外城乡关系中保护农民的理论进行梳理和分析，对马克思主义城乡一体化中保护农民权利理论进行了规范分析，还要结合通过对河南农村、广东农村的实证研究，结合统计和分析数据、案例、访谈等途径，来进行深入研究。

2. 历史和逻辑相统一的方法。历史的内容和发展过程的存在是第一性的，它是不以人们的主观愿望为转移的客观存在；逻辑是第二性的，它是历史在思维中的反映、概括和总结。历史是逻辑的客观来源和依据，逻辑要以历史为原型和准则。本书遵循历史与逻辑相一致的原则，从中国城乡二元结构产生、形成以及演化的历史过程，分析研究其对我国城乡关系的影响，认为城乡二元结构是历史的产物，同时本书还要总结历史经验教训，进行深度的理论探讨和分析，把握城乡关系发展的客观规律，贯彻历史和逻辑相统一的方法。

3. 系统分析与比较分析相结合。和笛卡儿理论分析法不同，系统分析法从整体出发进行研究，注重各个组成部分之间是如何复杂地形成功能的。在本书中，将对构成农民权利的各个要素进行整体研究，并从多个方面来对农民权利受损的原因进行归纳总结。

比较法是现代社会科学研究使用较多的方法之一。在本书中，笔者不仅对城乡居民的权利进行比较，而且还要在对策研究中将我国和国外的经验进行对比研究。

第一章

城乡一体化中农民权利
保护的理论渊源

马克思认为权利不仅是社会历史的产物，而且也受社会环境的制约，"权利决不能超出社会的经济结构以及由经济结构制约的社会的文化发展"。① 资本主义社会的"天赋人权"具有很强的欺骗性和虚伪性，其社会属性决定了他们的权利仅仅是形式上的平等权利，其实质是资本平等的剥削劳动的特权。也就是说，在建设中国特色社会主义、实现中国梦的过程中，面对西方权利思想的侵淫，中国必须要始终坚持以马克思权利思想为指导，采取扬弃的态度，认真甄别和对待西方的权利思想。既要吸取其中积极与合理的成分，又要摒弃其中错误和不合理的因素，更反对盲目照搬。

中国是社会主义国家，农民权利的理论研究和实践首先要立足于马克思主义经典作家和马克思主义中国化进程中我国领导人的论述。马克思主义经典作家在领导无产阶级革命斗争中高度重视农民和农民权利问题，他们的论述和研究大大丰富了马克思主义的理论宝库。他们常常是从农民的利益视角来谈论权利的。这是马克思主义经典作家及其我国马克思主义中国化理论论述农民权利的一个特点。这是因为权利起点和基础是利益，"世上之所以存在权利，是因为世上存在个人或集体的利益"。② "利益是

---

① 《马克思恩格斯选集》第3卷，人民出版社1995年版，第305页。
② Mathew H. Kramer, N. E. Simmonds, Hillel Steiner. *A Debate Over Rights: Philosophical Enquires*. New York: Clarendon Press, 1998: 43.

权利之正当性的部分，而权利是义务之正当性的部分。"①

也有人认为，权利不是建立在权利拥有者的利益基础上和其他人利益基础之上，权利表达了作为人的"权利拥有者的地位以及在承认那个事实上对他们的尊重"②。这样把尊重看作权利的基础显然是虚幻的，把利益的理解狭隘化了。尽管尊重本身也是一个说不清楚的定义，但是尊重背后也指向了利益。以尊重为基础的权利观也是建立在利益基础之上的。尊重某人就是对其"利益给予适当的分量。在其利益中，被尊重的利益仅仅是一个人拥有的利益的一个要素"③。

这种观点动摇不了马克思主义经典作家从农民的利益视角来谈论权利的合理性基础，不能构成利益是权利基础的反驳。当代最重要的法学家之一约瑟夫·拉兹（Joseph Raz）说，"权利直接反映我们强调的利益、充当赋予那些实践上指导我们行为的义务的基础"，它"以一种更为间接的方式指向我们的利益"。④ 彭纳（Penner）从权利与规范体系的关系来描述利益和权利，"权利是一种设置，用于描述根据权利所服务的权利拥有者的利益来组织它们的一系列规范"。⑤ 从权利构成来讲，利益是权利的基础和最基本的组成部分。

一 马克思主义经典作家关于农民权利保护的思想

（一）马克思保护农民权利的思想

19世纪以来，欧洲发达资本主义国家在向垄断资本主义过渡的过程中，大批的农民破产，生活困顿，不满情绪高涨，农民开始发动起义和革命，反抗剥削阶级的压榨。处于这一时代的马克思，自然把关注的目光投向农民。马克思正是从对农民物质利益问题的探讨开始，深刻阐述了无产阶级革命和农民利益的相关理论，逐步形成了自己科学的世界观，成为科学社会主义的重要组成部分。

---

① Joseph Raz. *The Morality of Freedom*. New York: Oxford University Press, 1986: 181.
② Ibid., p.188.
③ Ibid., pp.188–189.
④ J. E. Penner. The Analysis of Rights. *Ratio Juris*, 1997 (10).
⑤ Ibid..

1. 无产阶级必须要重视农民权利，他们是无产阶级革命和无产阶级专政的同盟军

农民问题在无产阶级革命中具有战略地位。从历史上看，农民阶级终究会随着生产的发展走向终结，被历史所淘汰。无产阶级在进行社会主义革命的时候，必须维护好、保护好农民的利益，和农民建立坚固的同盟关系。这是由当时的欧洲农民人数众多的状况决定的，他们"是人口、生产和政治力量的非常重要的因素"。①

在欧洲1848年革命之前，马克思低估了农民的革命性力量，当时他看到的多是农民的保守性，认为他们是最不能发挥"革命首倡精神的阶级"②，认为农民"不是革命的，而是保守的"③，"甚至是反动的，因为他们力图使历史的车轮倒转"。④ 但是鲜活的实践使马克思看到农民卷进了1848年革命洪流之后所产生的决定性作用，看到在巴黎工人起义中，由于农民阶级倒向资产阶级导致革命失败的残酷现实，马克思深刻总结了失败的教训，首次提出了工农联盟的必要性，指出无产阶级在把"农民和小资产者发动起来反对资产阶级制度，反对资本统治以前"⑤，法国工人起义是不可能取得胜利的，也不可能推翻资产阶级制度的。

根据法国农民投票支持拿破仑的教训，马克思1852年又突出强调了工农联盟对无产阶级革命胜利的决定性作用。他强调无产阶级如果在农民占主体的国家中坚持独唱不与农民合唱，"不免要变成孤鸿哀鸣的"。⑥ 只有联合农民才能"集中自己的一切破坏力量"⑦，才能取得无产阶级革命的胜利，彻底打碎资产阶级的国家机器。

马克思把目光投放得更远，他不仅论证了工农联盟在工人阶级革命中的决定性作用，而且指出革命胜利后，工农联盟是工人阶级专政的基础，"社会民主主义的红色共和国是农民的同盟者的专政"⑧，农民是天然的工

---

① 《马克思恩格斯选集》第4卷，人民出版社1995年版，第484页。
② 《马克思恩格斯选集》第1卷，人民出版社1995年版，第200页。
③ 同上书，第283页。
④ 同上。
⑤ 同上书，第386页。
⑥ 同上书，第684页。
⑦ 同上书，第675页。
⑧ 同上书，第456页。

人阶级反对封建制度的同盟者，和农民结成朋友是必然选择。

2. 无产阶级维护农民利益应该比资产阶级做得更好更多

随着资本主义农场的发展及竞争的加剧，以大资产阶级为主体的统治阶级的种种巧取豪夺，夺走了农民的劳动成果，连他们借以维持生存的小块土地及其所有权，也逐渐变得徒有其名。农民的出路何在呢？马克思认为无产阶级可以做得更好，能够消灭地主对他们的剥削、榨取、苦役和煎熬，"能够把他们名义上土地所有权变成他们对自己劳动果实的实际所有权"，能够使他们享受现代农艺学之利，又能"保留他们作为真正独立生产者的地位"。①

农民要维护和实现自己的利益必须借助国家。正是因为传统农民的"自给自足"的本质特点，马克思认为由于农民的分散性特点和缺乏全国性的政治组织，他们无法成为一个自觉的阶级，更无法保护自己的阶级利益，"他们不能代表自己，一定要别人来代表他们"。②

无产阶级要善于为农民多做实事。马克思指出要建立无产阶级政权，捣毁旧有的国家机器，他形象地用蜘蛛和蜘蛛网来描绘公社应该捣毁趴在那里"吸吮农民血汗的资产阶级蜘蛛——法官和区长——的司法蜘蛛网"!③ 马克思提出公社将能直接给农民带来重大益处，免除他们的税收，给他们一个廉价政府，努力解决促进生产发展等的抵押贷款问题，"公社则将建立在农民的切身利益和他们的实际需要基础之上"。④

无产阶级要忠实代表农民利益。马克思指出，农民的利益和资产阶级的利益已经不可调和地对立了，农民阶级开始把无产阶级"看做自己的天然同盟者和领导者"。⑤ 无产阶级将以积极的姿态，把农民变为革命的力量，直接采取能够给农民带来利益的方式把他们吸引到革命队伍中来。只有无产阶级才能形成一个强有力的核心，也只有这个核心才能意识到本阶级的利益并为自身的解放而斗争。马克思指出，无产阶级只有在革命的斗争中与乡村农民结成广泛的联盟，"得到一种合唱"才能形成强大的革

---

① 《马克思恩格斯选集》第3卷，人民出版社1995年版，第102页。
② 《马克思恩格斯选集》第1卷，人民出版社1995年版，第678页。
③ 《马克思恩格斯选集》第3卷，人民出版社1995年版，第100页。
④ 同上书，第101页。
⑤ 《马克思恩格斯选集》第1卷，人民出版社1995年版，第681页。

命力量，才能夺取革命斗争的最后胜利。① 否则"会阻碍和断送一切工人革命"。②

3. 小农经济具有很强的脆弱性，要积极改善农民的境遇

小农经济具有很强的脆弱性。马克思认为，他们"好像一袋马铃薯是由袋中的一个个马铃薯所集成的那样"。③ 这种孤立性特点决定着小农经济地位的脆弱性，他们的人数众多，生产生活具有同质性，生产常常受到天气等偶然性因素的影响。所借的高利贷很容易使他们堕入高利贷者的摆布之中，且很难翻身。特别是由于农业竞争，小土地所有者的破产很难避免。

引导土地私有制要向公有制过渡，不能得罪农民。马克思认为："改造农业，因而改造建立在农业基础上的所有制这种肮脏东西，应该成为未来的变革的核心。"④ 他鲜明地提出要促使土地私有制向集体所有制过渡，"但不能采取得罪农民的措施，例如宣布废除继承权或废除农民所有权"。⑤ 马克思不仅强调土地私有制要向公有制过渡，而且这种过渡是农民自己通过经济的发展来逐步完成，不能由政府通过政策法令，用强制措施来宣布废除私有制，那是得罪农民的，是要破坏工农联盟的。

通过农业技术改造和科学种田提高农民自身收益。"真正的财富就是所有个人的发达的生产力。"⑥ 马克思认为，土地作为农业的基本生产资料具有特殊的重要作用，劳动并不是它所生产的使用价值即物质财富的唯一源泉。"对于生产力的一定发展阶段说来是肥沃的土地，对于生产力的较低发展阶段说来，就是贫瘠的土地。"⑦ 马克思指出，农业的发展，农民收益的增加，必须注重把增加科技含量、提高生产要素的使用效率放在首位。大工业的发展使财富很少取决于劳动时间和耗费劳动量，"而是取决于科学的一般水平和技术进步，或者说取决于这种科学在生产上的应

---

① 《马克思恩格斯选集》第1卷，人民出版社1995年版，第684页。
② 《马克思恩格斯全集》第3卷，人民出版社1995年版，第287页。
③ 《马克思恩格斯选集》第1卷，人民出版社1995年版，第677页。
④ 《马克思恩格斯全集》第21卷，人民出版社2003年版，第336页。
⑤ 《马克思恩格斯选集》第3卷，人民出版社1995年版，第287页。
⑥ 《马克思恩格斯全集》第31卷，人民出版社1998年版，第104页。
⑦ 《马克思恩格斯全集》第34卷，人民出版社2008年版，第15页。

用"。①

政策要反映农民的根本利益，同时也要对农民进行社会主义宣传。马克思提出无产阶级在不同的发展阶段，要有不同的保证农民利益的政策，同时也要对农民进行社会主义道路的宣传，对他们进行社会主义启迪。马克思形象地以圣经中偷食禁果为例，说明农民懂得了社会主义思想，眼睛必然发亮，必然会有"农民尝食禁果的渴望"。②

（二）恩格斯保护农民权利的思想

恩格斯和马克思一样，在长期的理论探索和革命实践中，一直十分关注农民问题和土地问题，"农业是整个古代世界的决定性的生产部门，现在它更是这样了"。③ 特别是恩格斯在晚年时，出于在农业和农民占较大比例的国度里建立并巩固社会主义制度的总体构想，对欧洲一些国家的农业和农民问题进行了深入的考察、研究，发表了《法德农民问题》一文。该文全面阐述了马克思主义农民问题理论，第一次提出社会主义改造理论，特别是其中农民问题理论，极大地丰富了马克思主义理论宝库，为无产阶级政党取得政权后如何保护农民的权利、实现农民利益提供了一个完整的科学纲领。

1. 要消灭牺牲农民利益来满足另一些人的需要的情况

恩格斯对农业和农民利益的关注，首先体现在对农民生活状况的思考上，即怎样才能使包括农民在内的全体社会成员得到全面的发展。1847年恩格斯在《共产主义原理》中提出，大城市工业人口的集中和乡村农业人口的分散都是工农业发展水平不高的结果，这种结果又构成了进一步发展的障碍。他指出要发展生产达到能够满足全体成员需要的程度，要"消灭牺牲一些人的利益来满足另一些人的需要的情况"，"通过城乡的融合，使社会全体成员的才能能得到全面的发展；——这一切都将是废除私有制的最主要的结果"。④

---

① 《马克思恩格斯全集》第31卷，人民出版社1998年版，第100页。
② 《马克思恩格斯选集》第1卷，人民出版社1995年版，第456页。
③ 《马克思恩格斯选集》第4卷，人民出版社1995年版，第149页。
④ 《马克思恩格斯选集》第1卷，人民出版社1995年版，第243页。

各个生产部门要互相配合，互相支持。恩格斯不仅阐述了农业与工业的关系，而且还考察了农业中各生产部门之间的关系，指出要相互支持，协调发展，才有可能增加农民收益和新的劳动力。他认为："一切部门——畜牧业、农业、家庭手工业——中生产的增加，使人的劳动力能够生产出超过维持劳动力所必需的产品。同时，这也增加了氏族、家庭公社或个体家庭的每个成员所担负的每日的劳动量。"①

农业必须具备科学文化知识，依靠科学技术，"农业里面也发生了变革……科学的进步也帮助了他们：亨·戴维爵士把化学应用于农业得到了成功，而技术的发展又给大佃农带来许多好处"。②工人阶级的解放，不仅需要律师，还需要工程师、化学家、医生、农艺师等其他专门人才，他们要掌握的全部社会生产需要的丰富知识，不是无用的响亮词语。恩格斯鼓励农民学习无穷无尽的生产力，应用资本、劳动和科学就"可以使土地的生产能力无限地提高……"这种巨大的生产力一旦被用来为大众造福，"人类肩负的劳动就会很快地减少到最低限度"。③

在农业生产中，一定要注意生态的平衡。否则便会遭到自然的惩罚，品尝人类自身所酿的苦酒。恩格斯指出，美索不达米亚、希腊等地居民，为了得到耕地砍完了森林，但这些地方失去了积聚和贮存水分的功能，最终演变成为荒芜不毛之地。恩格斯警醒世人，"我们统治自然界，决不像征服者统治异族人那样，决不是像站在自然界之外的人似的"。④

2. 维护农民利益，争取农民，建立巩固的工农联盟

维护农民利益，争取农民，争取中间阶层，形成一个团结在无产阶级周围的大多数，这是无产阶级取得胜利的基本条件之一。正确地制定工人政党对农民问题的路线、方针和政策，就成为法、德两党迫切的任务。1894年9月召开的南特代表大会形成了法国党在农民问题上的机会主义路线和政策。其主要错误是：把争取农民看作一时权宜之计，目的只是为了在议会选举中得到农民的支持；忘记小农在资本主义条件下必然破产的

---

① 《马克思恩格斯选集》第4卷，人民出版社1995年版，第161页.
② 《马克思恩格斯文集》第1卷，人民出版社2009年版，第400页。
③ 同上书，第77页。
④ 《马克思恩格斯选集》第4卷，人民出版社1995年版，第383—384页。

客观规律，背弃了用公有制代替私有制、消灭剥削的社会主义原则，提出在任何情况下都要维护农民私有制的错误主张。恩格斯对团结农民问题极为重视，在许多书信、文章中论述了这个问题，写了《法德农民问题》《普鲁士农民的历史》《〈论住宅问题〉第二版序言》等文章，把马克思工农联盟的思想提到了新的高度。

1848 年初，恩格斯分析民主革命时指出："总有一天贫困破产的农民会和无产阶级联合起来，到那时无产阶级会发展到更高的阶段，向资产阶级宣战。"① 这是马克思主义发展史上第一次明确提出工农联盟思想。恩格斯还从政治因素，即德国革命、夺取政权的直接需要来论述了农民同盟军的重要性。他把争取农民，特别是把争取普鲁士易北河以东地区的农业工人问题同争取军队的大多数联系起来，从而跟争取政权问题直接联系在一起了。这就把农民问题的迫切性提到新的高度。

他对农民作了深刻的阶级分析，十分明确地阐述了建立工农联盟的重大意义。他指出："社会党夺取政权已成为可以预见的将来的事情。然而，为了夺取政权，这个政党应当首先从城市走向农村，应当成为农村中的一股力量。"② 只有同农民这支重要的政治力量建立巩固的联盟，工人阶级才能夺取政权；没有农民的积极参加，任何否认工农联盟重要性的论调，都是完全错误和有害的。恩格斯对农民所作的阶级分析，为工人阶级政党制定农民和土地问题的路线和政策，建立巩固的工农联盟提供了科学的依据和基本原则。

3. 生产关系的变革应遵循示范和自愿相结合的原则

恩格斯指出，任何违背小农意志的变革不可能持续长久。当工人阶级掌握了国家政权，决不能像对待大土地占有者那样用暴力去剥夺小农。向合作社过渡也要给他们一些时间思考，不能强行干预小农的财产关系，"首先是把他们的私人生产和私人占有变为合作社的生产和占有，不是采用暴力，而是通过示范和为此提供社会帮助"。③ 之所以得出要遵循小农意见，是恩格斯根据小农特点的科学分析和维护工农联盟的角度得出的科

---

① 《马克思恩格斯全集》第 4 卷，人民出版社 1958 年版，第 511 页。
② 《马克思恩格斯选集》第 4 卷，人民出版社 1995 年版，第 485 页。
③ 同上书，第 498—499 页。

学结论，是无产阶级变革生产关系时必须要遵循的理论原则。

变革生产关系时，无产阶级还要对农民提供社会帮助。恩格斯，在推动和引导他们走上社会主义道路时，国家银行要大大降低银行利率，帮助他们解决抵押债务问题和贷款问题，在各个方面帮助他们，帮助他们解决生产所需要的机器和肥料等问题。通过榜样示范，使固守小块土地的农民看到走生产合作社道路的优点，也就是看到了好处，而愿意参加合作社。好像是我们白白浪费了一些金钱，然而却"可能使花在整个社会改造上的费用节省十分之九……我们可以很慷慨地对待农民"。[①]

要教育和引导农民。首先无产阶级政党必须掌握农民的特点。恩格斯在分析德国农民的分布状况和阶级划分的基础上，提出小农由于经济地位和生产方式的原因，使得他们政治上处于冷漠状态，思想上保守落后。没有看到好处，他们是不会根据动听的语言而轻易相信任何人。其私有观念阻碍了他们接受把一切生产资料归社会公有，甚至仇视这种学说，怀疑和憎恨"均产分子"。他们根深蒂固的私有观念也会阻碍他们接受社会主义的宣传，"一旦农业短工群众学会理解自己的切身利益，在德国就不可能再有任何封建的、官僚的或资产阶级的反动政府存在了"。[②] 无产阶级政党要根据农民的特点，才能够教育好引导好农民。

（三）列宁保护农民权利的思想

俄国在废除农奴制以后，尽管资本主义经济有了很大程度的发展，但是农业人口占全国总人口的80%，仍然是一个落后的农业国家。十月革命胜利后，列宁高度重视农民问题，关注农民权利，积极探索和实践解决农民权利问题的方法与途径。

1. 无产阶级政党要建立工农民主专政，维护农民的利益，争取农民的支持

党的政治策略和行动的内容如何，将关系到党内团结和革命成败，甚至关系到党是不是真正的无产阶级革命政党。列宁根据马克思、恩格斯的无产阶级政党理论，提出了俄国无产阶级政党要掌握民主革命的领导权，

---

① 《马克思恩格斯选集》第4卷，人民出版社1995年版，第501页。
② 《马克思恩格斯选集》第2卷，人民出版社1995年版，第630页。

维护农民的利益，争取农民的支持，建立工农联盟的策略路线。早在《什么是"人民之友"以及他们如何攻击社会民主党人？》一书中，他就开始提出建立工农联盟推翻专制制度的思想。在论著《俄国资本主义的发展》中，指出"农民问题在俄国社会中和俄国革命运动中不论过去和现在都占有重要的地位"[1]，工人政党必须支持农民的革命要求，发动农民和联合农民，才能取得民主革命的胜利。不仅如此，工人政党在民主革命中维护小农的利益，农民群众就会习惯于把工人政党看作他们利益的保护者，将来就易于领导雇农和半雇农过渡到社会主义去，而无产阶级只有同农村贫民结成联盟，才能取得社会主义革命的胜利。

无产阶级必须掌握对农民的领导权。1905年列宁在批判孟什维克漠视农民时，强调农民的革命作用，开始把领导农民突出出来。在《社会民主党在民主革命中的两种策略》一书中，提出"领导全体人民特别是领导农民来为充分的自由，为彻底的民主革命，为共和制奋斗"！[2] 1905年10月17日以后，资产阶级转向反革命，直接或间接地保护君主政体和地主土地占有制，农民成为工人的几乎是唯一的同盟者。列宁指出，"现在，由于客观条件发生了变化，无产阶级的主要任务是唤醒、启发和吸引革命的农民参加斗争，竭力把他们不仅从纯粹立宪民主党人而且从彼舍霍诺夫这类劳动派的思想和政治监护下解放出来"。[3]

无产阶级领导的对象主要是农民，农民作为被压迫、被剥削者，能够接受无产阶级领导。作为私有者，他又不可避免地受资产阶级的影响，可能跟着资产阶级跑。而俄国的自由资产阶级又力图把农民控制在它的羽翼之下，以便自己掌握解放运动的领导权，达到自私自利的目的。因此，无产阶级必须同自由资产阶级争夺对农民的领导权，"可以毫不夸大地说，整个俄国民主运动的一切成就，不论是过去还是将来，都是与对农民的政治领导从自由派向工人民主派的转移密切联系着的。没有这种转移，俄国的民主运动就不可能取得任何重大的成就"。[4] 在这个意义上，无产阶级

---

[1]《列宁全集》第4卷，人民出版社1984年版，第206页。
[2]《列宁全集》第11卷，人民出版社1987年版，第97页。
[3]《列宁全集》第14卷，人民出版社1988年版，第52页。
[4]《列宁全集》第21卷，人民出版社1990年版，第51页。

要支持农民的革命行动，特别是支持他们要求土地和自由的革命愿望。

革命要取得胜利必须实行工农民主专政。列宁指出，俄国农民占全国大多数，农民受着农奴制大地主的残酷压迫，已经组成社会主义政党的无产阶级具有强大的力量和自觉性，所有这些都使俄国资产阶级革命具有"特殊的性质"。[①] 这一特点既决定了俄国资产阶级的反革命性质，也决定了要使革命取得彻底胜利就必须实行无产阶级和农民的专政。因为只有无产阶级和农民才是能够取得对专制制度的彻底胜利的力量，要防止资产阶级革命成为不彻底的和自私自利的革命，除了实行无产阶级和农民的革命民主专政以外别无他法。由此列宁提出了工农民主专政的理论，指出无产阶级和农民的革命民主专政是无产阶级领导的、以工农联盟为基础的民主革命取得胜利后所建立的人民政权。这个政权由工农建立，依靠工农。它的性质是民主主义的专政，任务是将民主革命进行到底，实现社会民主党的最低纲领，而不是直接实现社会主义。这个政权从群众武装起义中产生，依靠人民的军事力量而存在，它采用暴力手段来对付反动阶级的暴力抵抗。工农民主专政同世界上一切事物一样，有它的过去和未来。它的过去就是专制制度，它的未来是无产阶级的社会主义专政。

2. 无产阶级及其政党要尊重大多数农民的意志，要善于根据农民的意愿制定政策

无产阶级政党和农民意愿不一致时，要尊重农民。在无产阶级政党为什么要推行小资产阶级的土地纲领问题时，列宁回答是因为农民赞成，他们拥护通过这个纲领对土地进行平均分配。他强调无产阶级政府是民主政府，即使我们并不同意他们的意见，也要尊重他们的决定。"即使农民还继续跟社会革命党人走，即使他们使这个党在立宪会议上获得多数，那时我们还是要说：就让它这样吧。实际生活是最好的教师，它会指明谁是正确的。"[②] 在社会实践的大是大非面前，他相信农民最终会选取无产阶级的政策。列宁在回顾以前的土地改革历史的时候说："我们亲自举手通过了土地社会化，同时我们又公开指出它不符合我们的观点，我们知道大多

[①] 《列宁全集》第17卷，人民出版社1988年版，第36页。
[②] 《列宁全集》第33卷，人民出版社1985年版，第20页。

数农民都主张平均使用土地，我们不愿意强迫他们。"① "我们布尔什维克本来是反对土地社会化法令的。但我们还是签署了这个法令，因为我们不愿违背大多数农民的意志。对我们来说，大多数人的意志永远是必须执行的，违背这种意志就等于叛变革命。"②

反对用行政命令的方式强迫农民。列宁一再强调，掌握国家政权的工人阶级，只有在事实上向农民表明集体的耕作方法的优越性时，才能真正可靠地把千百万农民群众吸引到自己的方面来。他说："我国有千百万个体农户，分散在偏僻的农村。要想用某种快速的办法，下个命令从外面、从旁边去强迫它改造，那是完全荒谬的。我们十分清楚，要想影响千百万小农经济，只能采取谨慎的逐步的办法，只能靠成功的实际例子来证明，因为农民非常实际，固守老一套的经营方法，要使他们进行某种重大的改变，单靠忠告和书本知识是不行的。"③ 列宁认为，只有在实践中根据农民的切身经验证明必须而且可能过渡到共耕制、劳动组合制的农业时，才可以说苏维埃国家已经在社会主义农业的道路上迈进了一大步。列宁坚决反对用行政命令的方式强迫农民加入集体农业组织。他说，如果荒谬地企图强迫农民加入公社，那么这只能引起农民的反感，而"公社"这个名词有时甚至成了反对共产主义的口号。④

3. 要帮助农民

和农民建立良好关系。列宁把奠定社会主义经济基础同建立工农之间的正常关系联系在一起，强调指出占俄国人口多数的农民生活极为痛苦，尽管工人阶级生活也特别艰难。但是"有高度政治觉悟的人却懂得，为了工人阶级专政，我们应当作出最大的努力，不惜任何代价来帮助农民"。⑤

（1）要切实减轻农民负担，调动农民从事农业生产的积极性。绝不可只满足给予农民以看得见的物质利益，还要真正关心农民群众的生活状况，关心农民群众的疾苦，更应该有针对性地解决农民群众的实际困难，

---

① 《列宁全集》第35卷，人民出版社1985年版，第141页。
② 同上书，第174页。
③ 《列宁全集》第37卷，人民出版社1986年版，第360页。
④ 同上书，第362页。
⑤ 《列宁全集》第42卷，人民出版社1986年版，第49页。

特别是有针对性地解决影响农民从事农业生产积极性的措施。如果真正做到这一点，关心农民群众，切实解决他们的困难，就不再是一句空话，农民群众从事农业生产的积极性就能够比较充分地调动起来。正如列宁所言："总的说来，粮食税减轻了全体农民的负担。这是用不着证明的。问题不仅在于拿了农民多少粮食，而且在于实行粮食税以后农民觉得心里更有数了，经营的兴趣提高了。实行了粮食税，勤劳的农民在提高生产力方面是大有可为的。"①

（2）允许农民从农业中游离出来成为非农业人口。面对商品性农业发展过程中出现农业劳动力剩余现象，列宁指出，当出现农业劳动力剩余现象时，应该允许农民从农业中游离出来成为非农业人口；否则，就不可能使商业性农业得到进一步发展。"要广泛地发展商业性农业，就必须大大增加非农业人口。"②

（3）改造传统农业。首先，列宁提出对现有耕地实行集约化耕种："什么是集约化？就是更多地投入劳动和资本。"③ 列宁极端重视劳动生产率的提高问题，并把提高生产率作为社会主义的根本任务。列宁提高农业劳动生产率的方法就是集约化经营农业，并提出了一系列集约化经营农业的措施，如广泛推行轮作制、改善土地的耕作和牲畜的饲养、修建农用道路、改良土壤、使用人造肥料和推广农药杀虫等。列宁特别重视灌溉："为了尽力发展农业和畜牧业，灌溉是特别重要的。"④ 其次，改造传统农业离不开发展农业技术。使用新的技术能"把最落后的农业生产纳入新的轨道，对它进行改造，把它从按照旧的方式盲目经营的农业变成建立在科学和技术成就基础上的农业"。⑤ 科技成就在农业生产中的运用，能够改良土壤，增加地力，降低生产成本，大幅度增加农产量，创造仅仅靠人手不可能创造出来的奇迹。最后，采用机器生产。列宁说："机器大大提高了农业劳动生产率"，⑥ "机器在农业中的应用也推广得很快，对农业起

---

① 《列宁全集》第42卷，人民出版社1986年版，第340页。
② 《列宁全集》第7卷，人民出版社1986年版，第93页。
③ 《列宁全集》第16卷，人民出版社1988年版，第273页。
④ 《列宁全集》第41卷，人民出版社1986年版，第185页。
⑤ 《列宁全集》第35卷，人民出版社1985年版，第354页。
⑥ 《列宁全集》第3卷，人民出版社1984年版，第201页。

着强有力的改造作用"。①

（4）加强对农民的文化教育，提高农民的文化素质。农民由于自身文化素质低和小农经济息息相关，不改变这种状况，农民就不可能真正有效地参与到经济建设中去。"国家电气化也无从谈起。"一要节省经费，加大对农村初级教育的人力、物力投入。列宁要求精简机构，把可要可不要的机构一律精简、撤销以节省经费，"用以发展国民识字教育"。② 二是利用城市资源和文化优势，推进农村教育。在列宁亲自倡导下，苏联的城市建立了许多帮助农村发展教育的团体，定期开展农村教育活动。列宁对这些活动给予了积极的评价，认为"一定会起特别重要的作用"，并且还要"有计划地加以发展"。③

二 中国共产党保护农民权利思想的发展脉络

农民问题是马克思主义中国化的重要内容，也是中国新民主主义革命和社会主义建设的重要问题。中国共产党在领导中国革命和建设实践中高度重视农民问题，中国共产党以马克思主义农民利益理论为基础，以实现和维护农民利益为己任，带领广大农民为自身利益而斗争，极大地调动了广大农民革命的积极性，从而组织起浩大的农民革命队伍，推翻了帝国主义、封建主义和官僚资本主义的剥削和压迫，取得了新民主主义革命的胜利，形成了内容较为丰富的农民权利保护思想。

（一）毛泽东的农民权利观

党从成立之日起，就把自己的奋斗目标定位于民族解放和人民幸福，把"为最广大的中国人民谋利益"庄严地写在自己的旗帜上。毛泽东运用马克思主义的立场观点方法分析中国的国情，对农民和农民利益问题进行了认真的探索，认识逐步深化，明确了农民问题是中国民主革命的中心问题，并领导开展了轰轰烈烈的农民运动。

---

① 《列宁全集》第5卷，人民出版社1986年版，第109页。
② 《列宁全集》第43卷，人民出版社1987年版，第358页。
③ 同上书，第359页。

1. 旧中国农民权利问题的主要特征

旧中国是一个半封建半殖民地的国家，帝国主义、封建主义和官僚资本主义互相勾结，地主阶级则是帝国主义和封建势力统治的基础。封建土地制度的存在，使广大农民长期受地主阶级的残酷剥削和压迫，生活极端贫困和处于破产的境遇。地主通过垄断土地剥夺农民利益，是旧中国农民利益问题的主要特征。

(1) 土地越来越集中在封建势力手中。1911年的辛亥革命，推翻了清朝的统治，结束了中国两千多年的封建帝制。但却未能解决农民的土地问题，土地集中的现象和集中的趋势越来越严重。北洋军阀及各地军阀官僚强占或廉价购买了大量的土地，原来清王朝皇室、贵族、封建官僚的土地也大都转移到了他们手里。他们还对官地、旗地、屯田和荒地大量进行强占，大部分官地迅速成为他们的私产。这些带有买办性的封建军阀官僚，有些很快成为拥有数万亩至数百万亩土地的大地主。

(2) 地主通过出租土地给农民以榨取高额地租。由于地主垄断了大量的土地，无地少地的农民迫于生存需要，不得不以高额地租向地主租进小块土地。土地越来越集中在封建势力手中，自耕农、半自耕农大量减少，佃农急剧增加。占农村人口10%的地主官僚，利用他们手中操纵的占耕地面积81%的土地，残酷地剥削佃农。地租一般占收获量的一半，有的高达60%—80%，甚至占90%[①]。

(3) 苛捐杂税名目繁多。毛泽东把军阀、地主的剥削方式概括为五种："第一种重租，自50%至80%。乃对于半自耕农，半益农，贫农的剥削，此种剥削极其普遍而残酷；第二种是高利贷，月息自3%至7%，年息自36%至84%，也是对半自耕农，半益农，贫农的剥削，这种剥削之惨，有时较重租更甚，往往有因借债累息，数年即完全破产者；第三种重捐，乃用一种压力强迫自耕农半自耕农按田亩出捐以充团防局经费。此团防局（或名民团）乃是地主阶级的武装，为镇压农民暴动维持地主阶级剥削制度之必要的设备；第四种为对于雇农的剥削，即剥削其剩余劳动。但中国尚少资本主义的农业，大地主多不亲自经营土地，故此项剥削小地主较多，大地主较少；第五种为与军阀及贪官污吏合作，本年包缴预征田

---

① 刘勉玉：《中国共产党经济政策发展史》，湖南人民出版社2001年版，第15页。

赋，而来年索取重息于完粮之农民。合这五种剥削加于农民的惨苦，真是不可形容。"①

（4）帝国主义疯狂掠夺农民利益。为了向中国农村推销工业品和掠夺农产品原料，帝国主义勾结和支配中国封建地主阶级、买办商人，结成帝国主义服务的商业资本，通过抑价收购和贷款预购手段对农民进行剥削。如湖南，1927年每担稻米价格在收成前为13元，而在收成后仅值5元，农民的产品几乎绝大部分被商人以低价掠夺去了。又如在一些产烟区，农民缺乏资金，向洋商和买办商人贷款，得把烟草按半价预卖给他们。上海一带产丝区，商人以贷款方式按每担低到1—1.5元的价格预买农民的桑叶，到桑农急需桑叶时，则以5—6元高价出售，若按一担上等茧需桑叶25担，每担5元计算，需要125元，可是当时一担好茧很难卖到80元以上，那么只有让蚕饿死！②

毛泽东发展马克思主义的农民权利理论，为马克思主义中国化作出了突出贡献。他的农民权利观的主要内容包括：

第一，分析了农民在中国革命中的地位和作用，提出要解决农民土地问题。

毛泽东科学地分析了农民在中国新民主主义革命中的地位和作用。他认为，"农民问题乃是国民革命的中心问题，农民不起来参加并拥护国民革命，国民革命不会成功；农民运动不赶快地做起来，农民问题不会解决；农民问题不在现在的革命运动中得到相当的解决，农民不会拥护这个革命"。③ 他指出地主阶级是其国内封建主义和国外帝国主义的统治基础，只有打倒这个基础，才能取得革命的胜利。"若无农民从乡村中奋起打倒宗法封建的地主阶级之特权，则军阀与帝国主义势力总不会根本倒塌。"④毛泽东批评一些同志只重视城市工作而忽视农民运动的倾向，热情地号召党内大批干部到农村去了解农民和研究农民问题。要不惧酷暑严寒，拉着他们的手，问询他们的痛苦和所需，根据他们的痛苦和所需，把他们团结

---

① 黎永泰：《毛泽东与大革命》，四川人民出版社1991年版，第286页。
② 汪敬虞：《十九世纪西方资本主义对中国的侵略》，人民出版社1983年版，第78—79页。
③ 《毛泽东文集》第1卷，人民出版社1993年版，第37页。
④ 同上书，第39页。

起来,"引导他们向土豪劣绅争斗,引导他们与城市的工人、学生、中小商人合作建立起联合战线,引导他们参与反帝国主义反军阀的国民革命运动"。①

为了回击国民党右派和党内对农民运动的刁难和责备,毛泽东写出了著名的《湖南农民运动考察报告》,叙述了湖南农民所做的十四件大事,是革命的行动和完成民主革命的措施。文章分析了农民各阶层的政治态度,指出:"没有贫民阶级,决不能造成现时乡村的革命状态,决不能打倒土豪劣绅,完成民主革命。"②"农民若不用极大的力量,决不能推翻几千年根深蒂固的地主权利。"③ 毛泽东提出中国封建专制的基础就是土豪劣绅和大地主,打倒这个封建势力是国民革命的真正目标,他赞扬农民的伟大力量,把这股力量取得的成绩和孙中山献身革命四十年相对比,"这是四十年乃至几千年未曾成就过的奇勋"。④

抗日战争爆发后,中国共产党对农民在中国革命中的作用有了更深刻的认识。毛泽东指出,中国革命本质就是农民革命,抗日战争本质上就是农民在抗日。"抗日战争,实质上就是农民战争。"⑤ 抗日运动必须与农民结合,民主运动必须同农民结合,这些运动才有队伍基础和强大力量。"对农民采取正确的态度,那么,不管还有多少反动派的阻碍,不管中途还有多少波折,中国人民就会有光明的前途……对于农民采取不正确的态度,或者不要农民,不去为实现农民的民主民生要求而斗争,或者以城市观点去观察农村,因而脱离农民,孤立起来,那么,人民的队伍会被打散,中国人民还有被拖上黑暗的前途的可能。"⑥ 帮助农民就是帮助共产党,帮助工人阶级,不帮助他们,"就不能组成中国革命的强大的队伍而推翻帝国主义的统治"。⑦

毛泽东明确提出解决农民土地具有革命性意义。解决了土地问题,农

---

① 《毛泽东文集》第1卷,人民出版社1993年版,第39页。
② 《毛泽东选集》第1卷,人民出版社1991年版,第21页。
③ 同上书,第17页。
④ 《毛泽东选集》第1卷,人民出版社1991年版,第15—16页。
⑤ 同上书,第692页。
⑥ 中央档案馆编:《中共中央文件选集》第15册,中共中央党校出版社1991年版,第568—569页。
⑦ 《毛泽东选集》第2卷,人民出版社1991年版,第637页。

民有了土地，就解决了农民的痛苦，落后的国家经济的生产力可以得到解放，革命就得到保护了。"兵士能否永久参加革命，亦即在土地问题解决，因农民要保护他们的土地，必勇敢作战。"① "土地问题必须解决，解决土地问题是于全般革命有利益的。"② 中国土地问题解决的方式，"应先有事实，然后再用法律承认他就得了"。③ 在武昌召开的中国共产党第五次全国代表大会通过了《土地问题议决案》，指出农民"实行革命斗争的目的，是要自己拿住政权，是要推翻土豪劣绅包办税捐的制度，而自己来管理，是要取得土地，而夺回地主等剥削他们收入的大部分——由减租直到耕地农有，平均耕地"。④ 本次会议也提出解决农民土地问题的一些策略，但未能在实践中贯彻实行。

第二，要关心农民生活，给群众以看得见的物质福利。

无论是在土地革命战争时期，还是在抗日战争时期，中国共产党领导建立的根据地都在农村。因此，要动员广大农民投身到革命斗争中去，就必须关心他们的生产和生活，制定正确的政策保证其利益得到充分实现。

获得农民拥护，必须要满足农民需要，给农民看得见的利益。"一切空话都是无用的，必须给人民以看得见的物质福利。"⑤ 中国革命战争的根据地建立在农村是历史的必然选择，因此，中国共产党真正为农民的利益着想才能使广大农民积极投身到革命队伍中去。中国共产党的中心任务是动员群众参加革命战争，打倒帝国主义和国民党，把革命发展到全国，把帝国主义赶出中国。要完成这个历史使命，必须给农民真实的利益。把土地分给他们，解决好他们的穿衣、吃饭、住房和柴米油盐问题，解决好他们的健康和婚姻问题。只有我们解决了这些问题，"满足了群众的需要，我们就真正成了群众生活的组织者，群众就会真正围绕在我们周围，热烈地拥护我们"。⑥ "得到群众拥护尤其不可开口便是打倒帝国主义打倒

---

① 《毛泽东文集》第 1 卷，人民出版社 1993 年版，第 43 页。
② 《毛泽东年谱（1893—1949）》（上），中央文献出版社 2002 年版，第 207 页。
③ 同上书，第 193 页。
④ 中央档案馆编：《中共中央文件选集》第 3 册，中共中央党校出版社 1989 年版，第 69 页。
⑤ 《毛泽东文集》第 2 卷，人民出版社 1993 年版，第 467 页。
⑥ 《毛泽东选集》第 1 卷，人民出版社 1991 年版，第 136—137 页。

军阀等老套头，而是要注意许多地方政治人民生活，这些琐细问题，都是群众日常切身感觉到的。能够领导群众从事这些日常争斗，才能树立党在群众中的信仰，才能训练群众的政治意义，才能遇重大政治主张时群众与我们一块。"①"使广大群众认识我们是代表他们的利益的，是和他们呼吸相通的。"② 中国共产党要求做群众工作的同志"要表现是群众一样的人，能说群众心里要说的话，能提出群众迫切要求的口号，绝对不要表现是'额上雕字的共产党'……必须这样，才能得到群众的拥护，才容易领导斗争的胜利，才能使群众在不断的斗争中走向革命的道路。到后来就是发现了某人是共产党，他也不觉得可怕，而且更要极力地拥护了。这种策略不只是在工厂中可以运用，就是在农村中，学校中及其他群众经常集合的场所，都一样的可以运用。渐次使群众觉得我们是真正代表他们利益斗争的"。③ 农村作为革命战争根据地，本身就经济条件很差，加上战争和自然灾害，由于农村根据地的经济条件本来就很落后，在贫穷和支持战争之间产生了矛盾。我们真心实意为农民谋利益，为他们着想，那么"广大群众就必定拥护我们，把革命当作他们的生命，把革命当作他们无上光荣的旗帜"。④ 1944年8月，毛泽东在同陕甘宁边区劳动英雄吴满有交谈时说："陕甘宁边区的农村要在几年里做到：每家余一年粮，拴一犋牛，抚育一百棵树，建一个厕所，掏一口井，每人还要识一千个字，而且每乡要有一个合作社，一个铁匠炉，一个民办小学，一个医务所，一个秧歌队……大家都要过丰衣足食、健康快乐的生活。"⑤

在革命战争过程中，给群众以看得见的物质利益已经成为一个非常重要的原则问题。1945年9月，当我军大批进入东北时，中共中央要求必须给东北看得见的物质利益，我们才能得到东北人民的真诚拥护。"否则，群众分不清国民党和共产党的优劣，可能一时接受国民党的欺骗宣

---

① 中央档案馆编：《中共中央文件选集》第2册，中共中央党校出版社1989年版，第111页。

② 《毛泽东选集》第1卷，人民出版社1991年版，第138页。

③ 中央档案馆：《中共中央文件选集》第5册，中共中央党校出版社1990年版，第671页。

④ 《毛泽东选集》第1卷，人民出版社1991年版，第139页。

⑤ 《毛泽东年谱（1893—1949）》（中），中央文献出版社2002年版，第608—609页。

传,甚至反对我党,造成我们在东北非常不利的形势。"① 解放战争爆发后,中国共产党把减租和生产作为粉碎国民党军事进攻的两件大事来抓,实实在在地减轻了农民负担,改善了农民生活。

第三,不能剥夺农民,要纠正各种侵犯农民利益的行为,维护工农联盟。

新中国成立后,我们党总结苏联经验,提出要兼顾国家利益和农民利益。农业生产是农村中压倒一切的工作,避免妨碍农民进行生产的工作任务和工作方法。毛泽东已经认识到苏联为了发展重工业把农民整得很惨,从而明确提出要反思苏联的错误做法,提出了中国共产党对农民的政策不向苏联学习,我们的政策是"兼顾国家和农民的利益"。"我们必须更多地注意处理好国家同农民的关系。"②

保护农民利益才能提高农民生产积极性。在1959年第二次郑州会议上他反对一平二调,认为破坏了等价交换的原则,损害了农民利益,削弱了农民生产的积极性。他敏锐地感觉到我们根本的问题是和农民的关系存在紧张状态,引起广大农民的很大恐慌和担忧。提出"共产风"是无偿占有别人劳动成果,是不被许可的。共产党只剥夺帝国主义、封建主义和官僚资本主义,"我们怎么可对农民采取无偿占有他们的一部分劳动成果呢?"③

侵犯农民的财产要赔,维护工农联盟。1960年,对于剥夺农民利益的做法,毛泽东坚决主张要求无条件赔偿。"退赔问题很重要,一定要认真退赔……破产也要赔。"因为我们违反了马克思主义的根本原则,"因为我们剥夺了农民,这是马列主义完全不许可的。"赔偿一定要彻底,"各部门各行业平调的东西都要坚决退赔。赔到什么都没有,公社只要有几个人、几间茅屋能办公就行"。他认为只有这样才能够真正为农民着想,才能够维护工农联盟,"得到群众,得到农民满意,得到工农联盟"。④ 中共中央于第二年迅速发出指示,要求坚决退赔。只有这样"使大家真正懂

---

① 《毛泽东选集》第4卷,人民出版社1991年版,第1180—1181页。
② 《毛泽东文集》第7卷,人民出版社1999年版,第30页。
③ 《建国以来毛泽东文稿》第8册,中央文献出版社1993年版,第63页。
④ 《毛泽东文集》第8卷,人民出版社1999年版,第227页。

得马克思主义关于不能剥夺农民的原则"①　中国共产党通过彻底退赔教育了干部，使全党深深记住了这样一个马克思主义原则，恢复了农民群众对我们党的信任和拥护。不保护农民的合法利益，就不可能获得农民的拥护，"不管你修多少铁路，搞多少钢铁，也会搞翻的"，②执政基础不可能牢固。

（二）邓小平的农民权利观

从革命年代到建设年代，邓小平始终关注农民利益问题，并在实际工作中给予具体的指导。正因邓小平从农民利益问题的角度出发，真心诚意地为农民的利益考虑，所以，他的理论和实践才能够得到农民群众的拥护，才能够为党内"担心"的同志所折服。实践证明，十一届三中全会以后，我党的农村政策之所以会得到亿万农民的真心拥护，根本原因就在于，在邓小平农民权利观的指导下，我党所制定的一系列政策、措施代表了农民权利，解决了他们的收入问题。也正因为此，改革开放的头才能开好，三十几年来举世瞩目的成就的取得才能够成为可能。

1. 农民利益问题事关我国政治稳定和经济发展

农民是我国社会主义现代化建设的主体力量。邓小平把解决农业和农民利益问题放到了关系社会主义现代化建设大局的高度来考虑，他指出要重视发展农业，"农业是根本，不要忘掉"。③对于给农民带来利益的政策，他强调一定不要改变。如果"改变现在的政策，国家要受损失，人民要受损失，人民不会赞成，首先是八亿农民不会赞成"④，农民没有摆脱贫困，就是国家没有摆脱贫困。

农民的物质生活关系到社会和国家的稳定。国家的经济依赖于农村发展，国家的政治稳定依赖于农村的稳定。中国稳定与否关键是要看农村稳定不稳定。没有农村的稳定，城市搞得再漂亮也没用。农村贫困生活都成问题，要国家稳定不可能，"工业的发展，商业的和其他的经济活动，不

---

① 中共中央文献研究室编：《建党以来重要文献选编》第14册，中央文献出版社1997年版，第95页。
② 《毛泽东文集》第8卷，人民出版社1999年版，第258页。
③ 《邓小平文选》第3卷，人民出版社1993年版，第23页。
④ 同上书，第83—84页。

能建立在百分之八十的人口贫困的基础之上"①，农村不稳定，整个政治局势就不稳定，将会影响我们经济发展的速度。

农村的改革能否取得好的效果，农民的利益问题能否得到妥善的解决，是检验改革开放成与败的最好标准。如果农村改革成功了，农民的利益问题得到比较好的解决，那么，必将为城市改革和全局的改革树立信心。为此，邓小平强调，我国改革首先从农村开始，等农村成效明显，我们才有勇气把改革推进到城市，"虽然城市改革比农村改革复杂，但是有了农村改革的成功经验，我们对城市改革很有信心"。②"无论是农村改革还是城市改革，其基本内容和基本经验都是开放，对内把经济搞活，对外更加开放"③，既然农村和城市改革的内容和经验是一致的，那么，农村改革的路子对城市来说必然有借鉴的意义，因此，邓小平说："把农村改革的经验运用到城市，进行城市经济体制改革。"④

2. 改革不适应生产力发展的生产关系，必须给予农民生产经营自主权

针对束缚了农村生产力的发展、极大地挫伤了农民积极性的问题，20世纪60年代初，邓小平就指出，农业本身存在的问题，主要从生产关系上通过调动农民的生产积极性来解决。"生产关系究竟以什么形式为最好，恐怕要采取这样一种态度，就是哪种形式在哪个地方比较容易比较快地恢复和发展农业生产，就采取哪种形式；群众愿意采取哪种形式，就应该采取哪种形式，不合法的使它合法起来。"⑤ 为此，他对"包产到户"等形式持赞同的态度："现在出现了一些新的情况，如实行'包产到户''责任到田''五统一'等等……包产到户的，要使他们合法化。"⑥ 所以，十一届三中全会以后，当"包产到户"再一次在安徽等地兴起的时候，邓小平很快便给予支持和鼓励，并把它向全国迅速推广，改革了与生产力发展不相适应的人民公社制度。

---

① 《邓小平文选》第3卷，人民出版社1993年版，第117页。
② 同上书，第82页。
③ 同上书，第81—82页。
④ 同上书，第255—256页。
⑤ 《邓小平文选》第1卷，人民出版社1994年版，第323页。
⑥ 同上书，第323—324页。

3. 重视农民的物质利益，提倡一部分人先富起来

在农村分配政策的问题上，邓小平打破了"大锅饭"的限制，突破了农民只能平均富同步富的观点，提出了要重视物质利益的原则。他说，不重视物质利益，只能对少数先进分子可以，长期也不行。"革命精神是非常宝贵的，没有革命精神就没有革命行动。但是，革命是在物质利益的基础上产生的，如果只讲牺牲精神，那就是唯心论。"① 正是鉴于这样的思考，所以，为了改变农民贫穷的状况，使他们在生产发展的基础上，收入能够有所增加，邓小平鼓励一部分农民先富起来，以先富带后富，从而逐步实现共同富裕。

4. 巩固和发展工农联盟，实现工农互利

在战争年代，工农联盟是牢不可摧的。在社会主义现代化建设时期，我们更要巩固和发展这种关系，发展工业和城市经济必须做到工农互利，要从农民利益着手。农业搞不好，解决不了人们的吃、穿、用的问题，工业也不可能有希望；工业要实现现代化，国家必须把农业发到第一位。工业反哺农业，促进农业实现现代化，是工业不可推卸的指责。邓小平提出，农村附近的工厂和工业园区，要想方设法帮助附近的农村，农村可以提供副食供应，工厂可以提供机械化产品，两者互利共赢，"工业支援农业，农业反过来又支援工业，这是个加强工农联盟的问题"。②

5. 要引导其发展适度规模经营，走集体化道路

农民的小生产性使其无法全面地维护自身的利益。在封建时代，我国农民长期受自给自足的自然经济的束缚，表现出极大的小生产性，生产经营的环境一直闭塞狭小。家庭联产承包责任制依旧是以家庭为单位，在一定程度上降低了农业的组织化水平和抗逆能力，使农业的发展受到了很大的限制。所以，要改变中国农民两千多年的积习，放宽他们的视野，让他们从小天地里走出来，铲除小生产意识赖以生存的基础，改革旧的经济体制，改革土地承包方式，变人均承包为按能承包，变零星种植为规模经营，"发展适度规模经营，发展集体经济"③，走集体化的道路。"第二次

---

① 《邓小平文选》第 2 卷，人民出版社 1994 年版，第 146 页。

② 同上书，第 28—29 页。

③ 《邓小平文选》第 3 卷，人民出版社 1993 年版，第 355 页。

飞跃"强调发展集体经济和发展适度规模经营,强调生产社会化,农民为了适应新的生产经营管理方式,增强自己的法律意识,以求在与人合作中以及市场交易中能够维护自己的利益。

6. 加强对农民的教育,提高其综合素质

加强对农民的思想道德教育,增强其法律意识。邓小平一贯强调,社会主义建设要物质文明和精神文明两手抓两手都要硬。而在农村搞精神文明建设,首要的是加强对农民的思想道德教育,其次便是加强法制宣传和普及工作,用法律规范农村市场经济,教育农民依法致富,依法保护自身权利。邓小平指出:"我们国家缺少执法和守法的传统……法制观念与人们的文化素质有关。现在这么多青年人犯罪,无法无天,没有顾忌,一个原因是文化素质太低。所以,加强法制重要的是要进行教育,根本问题是教育人。法制教育要从娃娃开始,小学、中学都要进行这个教育,社会上也要进行这个教育。纠正不正之风中属于法律范围、社会范围的问题,应当靠加强法制和社会教育来解决。"①

7. 尊重农民的首创精神,切实维护农民的利益

1992年南巡谈话时,邓小平总结了我国十一届三中全会以来经济发展的经验,提出我国改革开放的成功在于实事求是,在于实践,在于不唯书,农村搞家庭联产承包使农村经济获得巨大发展,发明权属于农民。"农村改革中的很多东西,都是基层创造出来的,我们把它拿来加工提高作为全国的指导。"② 把普通经验通过"加工升级"上升为理论,而"作为全国的指导"则是对理论的实践。邓小平能够及时发现农民的创造,对其进行优化和完善,然后作为全国的指导,而这"指导"的背后是邓小平的农民利益思想在起着持久的、第一位的作用。以包产到户为主要形式的家庭联产承包责任制首先在安徽等地发展起来以后,邓小平热情赞扬和肯定了这种形式,称赞凤阳县搞大包干后一年翻身,改变了贫穷的落后面貌。"这样搞会不会影响集体经济。我看这种担心是不必要的。"③ 乡镇企业和村民自治在全国的推行过程与家庭联产承包责任制比较相似。

---

① 《邓小平文选》第3卷,人民出版社1993年版,第163页。
② 同上书,第382页。
③ 《邓小平文选》第2卷,人民出版社1994年版,第315页。

邓小平在探索农民问题的过程中，始终坚持一切从农民利益出发的原则，其一系列的理论观点都贯穿着全心全意为人民服务这一宗旨。正因为此，其理论才会有深厚的群众基础，才会得到广大农民的衷心拥护。"要切实保障工人农民个人的民主权利，包括民主选举、民主管理和民主监督。"① 他认为有了民主，才能促使每个车间主任和生产队长进步，才能促使每个工人和农民发展生产。

（三）江泽民的农民权利观

"三个代表"重要思想，是江泽民根据国际国内形势的新变化，根据我们党肩负的历史使命和党的自身建设实际，在深刻总结中国共产党的历史经验的基础上，作出的精辟论断和科学结论。江泽民同志始终把"三农"问题作为全局工作的重中之重，大力发展农村先进生产力，大力发展农村先进文化，在农业和农村工作的理论开拓和实践创造上做出了重大贡献，推动了农业和农村经济的全面发展。

1. 发展好农民利益必须大力发展先进生产力

第一，科学技术是第一生产力，要积极实施科教兴农战略。江泽民高度重视科学技术在提高农村社会生产力方面的作用，抓科教兴农，主张科教兴农。强调要采取有力措施，把推动科技进步放在农村经济工作的优先地位，把农业科技放在科技工作的突出位置。"推进现代化农业必须依靠科学技术，农民要富起来，还得走科技兴农的路子。""不管是富还是穷，总有一个怎么过日子的问题，也就是总体上怎么安排更合理的问题，应该从科学技术上找出一个最佳值。"② 要求努力提高科学技术在农业生产中的贡献份额。

全党要以科学技术为依托，积极调整农业结构，走产业化和高产、优质、高效的农业发展之路。他指出要对农村经济进一步进行战略型结构调整，这是"发展社会主义市场经济的迫切需要，也是广大农民的强烈要

---

① 《邓小平文选》第 2 卷，人民出版社 1994 年版，第 146 页。
② 江泽民：《论科学技术》，中央文献出版社 2001 年版，第 28 页。

求"。① 因此，要积极推进经济体制和经济增长方式的转变，重点为加速农业和农村科技进步服务，努力推进高产、优质、高效农业的发展。大力推进科教兴农，推进农业向商品化、专业化、现代化转变。农业产业化是在家庭联产承包责任制的基础上推进农业规模经营和面向市场的有效途径，能够带动农业经济快速发展，应该积极扶持农业产业化经营，"促进农业劳动力向二、三产业转移"②。

农业要有大发展，科研必须要有新突破。每一次农业科研的重大突破，都会带来农业生产的一次飞跃。为了充分发挥科学技术的作用，江泽民同志认为必须要做好两方面的工作：一是加强基础性研究，进行科研攻关；二是把现有的科技成果转化为现实的生产力。他说，"农业科学技术的发展涉及各个方面，既要有基础研究，也要有应用研究，还要有新成果的开发和推广"。③ 江泽民看到，进入 21 世纪，我国在人多地少的国情下，要满足日益增长的农产品社会需求，没有大量的科学技术的应用成果是不行的。他要求："我们必须急起直追，瞄准世界农业高新技术发展前沿，大力推进农业科研，在一些重大领域集中力量进行攻关，力争取得突破性的进展。"他强调要抓好农业科学技术的推广应用问题，并且为农业科技的发展指明了具体方向。"当前农业科技的一个重要方向，是使现代生物技术与常规农业技术相互渗透、相互结合，创造出新的巨大的生产力。"④ 现在的发达国家，通过大力推进农业科技革命，用生物工程、信息技术等现代化科学技术，改造传统落后的生产方式，极大地提高了农业的产量和劳动生产率，这些做法值得我们学习。

第二，要调动农民的积极性。江泽民同志指出，人是生产力中决定性的力量。"我国农民阶级和其他劳动群众，同工人阶级紧密团结，是推动我国社会生产力发展的重要力量……充分发挥他们的积极性主动性创造

---

① 《江泽民同志及中共中央、国务院关于农业产业化问题的指示摘录》，《中国棉麻流通经济》2004 年第 4 期。

② 江泽民：《在中央扶贫开发工作会议上的讲话》，《中华人民共和国国务院公报》2001 年第 30 期。

③ 江泽民：《论科学技术》，中央文献出版社 2001 年版，第 27 页。

④ 同上。

性，始终是我们党代表中国先进生产力发展要求必须履行的第一要务。"①农业的主体是农民，建设中国特色的社会主义不能离开农民这个主力军，必须要最大限度地把农民的积极性调动起来。"做好农业、农村、农民工作，关键是要充分发挥亿万农民的积极性、主动性和创造性。……充分调动农民的积极性，充分尊重农民的首创精神，是我们在实现农业现代化全过程中必须始终坚持的根本指导思想。"②

第三，保护和提高粮食生产能力，加大对农业的投入和扶持力度。在建立社会主义市场经济体制的历史条件下，高度重视粮食生产。江泽民同志提出，随着国家经济实力的增加，国家要加大财政支农的力度，增加对农业基本建设的投入，保护好耕地，禁止浪费耕地。要树立大农业观念，保持粮食、棉花稳定增产，多形式、多渠道增加农业投入，为增加农民收入提供保证。"改革粮棉购销体制，实行合理的价格政策，建立健全农业社会化服务体系、农产品市场体系和国家对农业的支持、保护体系。"③要不断提高我国农业综合生产能力，高度重视保护耕地，确保国家粮食安全。

第四，强调大力发展乡镇企业，加快小城镇建设。江泽民强调要发展乡镇企业，不能丢下农业，乡镇企业的发展必须在加强壮大农业的基础上进行。要调整产业结构，改善乡镇企业的经营管理和经营作风。继续发展乡镇企业，加快中西部和少数民族地区乡镇企业的发展。把乡镇企业适当集中来带动小城镇的发展，使小城镇成为农村的经济和文化中心。"发展乡镇企业是一个重大战略，是一项长期的根本方针。"④ 通过继续发展乡镇企业，发展小城镇，使它们在带动农业发展，增加农民收入方面发挥更大作用。要积极稳妥地实施城镇化战略，加快乡镇企业结构调整和体制创新。

第五，强调建立健全农村各种促进生产力发展的制度体系。完善家庭联产承包制度，健全社会化服务体系，对于农民走向市场，提高农民收

---

① 江泽民：《论党的建设》，中央文献出版社 2001 年版，第 500 页。
② 《江泽民主席对我国农业工作的最新指示》，《四川政报》2002 年第 2 期，第 25 页。
③ 《江泽民文选》第 2 卷，人民出版社 2006 年版，第 24 页。
④ 《江泽民文选》第 3 卷，人民出版社 2006 年版，第 116 页。

入,推动发展生产力非常重要。江泽民提出要继续深化改革,制定符合农民利益的农村政策,"完善多种形式的联产承包责任制,建立和健全产前、产中、产后服务体系",①要把家庭联产承包责任制和统分结合的双层经营体制作为一项根本的农村经济制度稳定下来,稳定土地承包关系,"承包期再延长三十年不变。而且三十年以后也没有必要再变"。②

2. 维护好农民利益必须大力发展农村先进文化

我国作为一个农业大国,农村的先进文化建设直接关系到中国社会的文化面貌。江泽民高度重视农村先进文化建设,做了大量的论述,对维护农民利益有着重要的意义。

(1)要用先进文化武装广大农民和教育农民。我国广大农民是农村发展的主力军。在新形势下,如果没有农民的觉悟,没有农民素质的提高,农民群众的主体地位就难以发挥,农村发展也就成了无源之水、无本之木,党在农村的影响力就会受到严重影响。因此,江泽民指出,在广大农村,必须努力提高广大农民群众的素质,用先进文化培育出与时代精神相适应的有理想、有道德、有文化、有纪律的社会主义新型农民。"我们是社会主义国家,要坚定不移地走社会主义道路,理所当然地要对干部和群众进行社会主义思想教育。"③他对某些农村存在的不良社会风气和社会治安状况,提出了批评,他一针见血地指出,我党获得农民支持的原因,靠的就是党的正确路线方针政策,靠不断地给农民群众看得见的物质利益,靠对农民的坚强有力的组织工作和服务工作,"还靠加强对农民的教育",他提出对农民的教育不能放松,"在改革开放和现代化建设过程中,我们仍然要重视对农民的教育问题。"④在农村深入开展文化建设不是一般的文化,而是先进的文化。江泽民同志说:"在当代中国,发展先进文化,就是发展有中国特色社会主义的文化,就是建设社会主义精神文

---

① 江泽民:《在庆祝中华人民共和国成立四十周年大会上的讲话》,《党建研究》1989年第8期。

② 《江泽民文选》第2卷,人民出版社2006年版,第213页。

③ 闻韵、余承飞、高鸣:《江泽民同志理论论述大事纪要》(上册),中共中央党校出版社1998年版,第348页。

④ 江泽民:《序言》,《农民思想政治教育读本》,中国农业出版社1995年版。

明。"① 江泽民对在农村深入开展文化建设极其重视。他在《农民思想政治教育读本》序言中进一步明确要对农民群众进行教育的内容，即爱国主义教育、集体主义教育、社会主义市场经济基本知识教育，还要加强富裕农民应多为国家为社会做贡献和艰苦奋斗的教育。②

（2）要努力提高广大农村干部群众的科学文化素质。在科学技术迅猛发展的今天，产品的科技含量越来越高，国际竞争越来越激烈，对农村干部群众的素质提出了更高的要求。针对我国农村干部群众文化水平偏低、科技意识淡薄、开拓创新不够的现状，江泽民大力倡导用先进科学技术武装农村广大干部群众，帮助他们更新知识、拓宽视野，切实掌握现代农业技术和科技信息，使他们成为现代化的新型农民。江泽民强调，要认识到提高广大农民的素质是一项长期工作，需要长期的扎实工作才能取得成效。他反复强调科学技术普及的重要性，认为科学技术普及工作对两个文明建设有着重要作用，我们不仅要靠科学技术提高物质文明的发展水平，而且要依靠科学技术的力量推进社会主义精神文明建设，努力形成学科学、用科学、爱科学、讲科学的社会风气和民族精神。江泽民认为，提高广大农民的科学文化素质"应该从基础抓起，从普及基本知识入手"。③要求普及科学常识，反对封建迷信和封建宗族活动④，努力提高广大农民的思想道德素质和科学文化素质。

（3）要切实提高对农民的教育培训效果。提高农民科学文化水平要紧紧扭住"有用"。要帮助农民学习种植、养殖和加工方面的先进技术，要教给农民市场经营管理、卫生保健和计划生育方面的法律法规，提高抵抗封建迷信和歪理邪说的能力。为了使农村先进文化建设收到真正的效果，江泽民认为应当分类施教，强调领导要认识到农村的新形势，加强对农民和农村干部的教育培训，认真抓好义务教育和职业教育，"搞好农村成人教育，并把这种教育培训摆到各级领导工作的重要位置，切实抓出成效来"。⑤

要求为农村大量培养急需的初中级经营和管理人才，调整教育结构，

---

① 江泽民：《论党的建设》，中央文献出版社 2001 年版，第 502 页。
② 江泽民：《序言》，《农民思想政治教育读本》，中国农业出版社 1995 年版。
③ 同上。
④ 同上。
⑤ 江泽民：《序言》，《农民思想政治教育读本》，中国农业出版社 1999 年版。

农村要办些初等、中等职业技术学校。江泽民还具体提出了加强农村先进文化建设的手段和形式。他指出："开展农村社会主义思想教育，要切合农村的实际"①，编写的教材要语言通俗易懂，生动活泼，"要通过生动的、群众喜闻乐见的形式，对农民进行爱国主义和艰苦奋斗的教育"。②这对我国农业和农村未来的发展是十分重要的。

3. 实现好农民利益必须搞好党的建设

（1）实践"三个代表"，必须高度重视"三农"工作，发展好农民利益。在我国，农民占人口的大多数，农民利益解决得好坏，是能否真正实践"三个代表"的根本标志。维护农民的利益，增加农民的收入，改善农民的生活，是党在农村最根本的任务。"农业是国民经济的基础，也是社会稳定的基础。这个'基础'的主体是农民……对农民的切身利益和生产积极性，不能损害、挫伤，一定要采取坚决措施，切实加以保护。"③

切实减轻农民负担，使广大农民从党在农村的各项政策和工作中得到实惠。农民收入直接关系到农业的扩大再生产，农民收入不提高，扩大内需就无法得到落实，江泽民认为提高农民收入直接关系到国民经济的全局，关系到全面建设小康社会的任务能否完成。江泽民要求全党高度重视这个问题，千方百计把农民的收入提高上去，始终把解决好人民生活问题当作党和政府的根本任务。只有人民群众的生活水平提高了，才能获得广泛的支持，党的执政基础才能更加稳固。他强调指出，"不断改善人民生活，是我们党全心全意为人民服务宗旨和'三个代表'要求的最终体现，是处理好改革发展稳定关系的结合点"。④

（2）农民利益实现与否关键在党，要加强和改善党对农村工作的领导。党管农村工作，是我们党在长期的革命和实践中形成的一个传统和重大原则。江泽民同志非常重视农村党建工作，认为农民利益实现与否关键在党，要求各级党委和政府进一步加强和改善党对农村工作的领导，提高驾驭农业和农村工作全局的水平，开创农业和农村工作新局面。

---

① 《江泽民同志理论论述大事纪要》，中共中央党校出版社1998年版，第348页。
② 江泽民：《序言》，《农民思想政治教育读本》，中国农业出版社1999年版。
③ 《江泽民同志理论论述大事纪要》，中共中央党校出版社1998年版，第136—137页。
④ 江泽民：《论"三个代表"》，中央文献出版社2001年版，第90页。

一是要充分认识搞好农村基层组织建设的意义。加强农村基层党组织建设，有利于把广大农民群众团结在党的周围，是保护农民利益的重要政治组织保证。但是农村基层组织中也存在着不容忽视的问题。针对农村有些地方治安秩序恶化，甚至出现了一些黑恶组织。江泽民忧虑地说，"这种状况如不尽快扭转，不仅农村的经济搞不上去，而且会危及农村的稳定，削弱和动摇我们党和政府在农村的基础"。[①] 江泽民要求全党充分认识搞好农村基层组织建设的重大意义，要求"下决心用三五年时间，把全国八十多万个农村基层组织分期分批地建设好，使它们都能发挥应有的作用"。[②] 1995 年 2 月，他在中央农村工作会议上进一步指出，坚持两手抓，首先要加强农村基层组织建设。这是落实党在农村的各项方针政策、促进农村改革和发展的根本保证，是新时期党的建设这个伟大工程的重要"基础工程"。只有这样，农村的经济社会面貌才会有更大的改观，农民利益才会有更好的保护。

二是要切实加强以党支部为核心的村级组织建设。江泽民认为，维护农民的切身利益，必须不断加强村党支部、村委会建设，这样才能把党对农村的各项政策落实到基层，落实到农民群众中去。对农村"两委"及其他村级组织的功能和作用，江泽民提出了明确的意见："党支部能够真正发挥核心领导和战斗堡垒作用；村民委员会能够切实履行自治职能，管好本村事务；集体经济组织能够具备一定的经济实力，发挥好为农户服务的功能；其他村级组织能够各负其责，富有成效地开展工作。"[③] 我国农业和农村经济的发展，已进入以主要农产品由长期短缺向阶段性、结构性相对过剩转变为特征的新阶段。为了帮助农村基层党组织尽快适应这个新变化，江泽民认为要切实加强对村级组织建设的领导。县（市）以上党委要帮助农村党支部一班人提高素质，增强群众观点和政策观念，掌握市场经济知识和农业科技知识，学会依法行事，认真改进作风。农村基层党组织应坚决贯彻执行党在农村的基本政策，同时重视扶持农村改革中出现

---

① 中共中央文献研究室：《毛泽东邓小平江泽民论党的建设》，中央文献出版社 1998 年版，第 599 页。

② 同上。

③ 同上。

的新事物，积极带领农民群众深化农村改革，调整好农业结构，帮助农民增收减负，维护农村社会稳定，加快致富奔小康的步伐。

三是要加强涉农部门作风建设。政府涉农部门直接和农民打交道，和农民接触多。政府涉农部门在想问题、办事情、出政策的时候，都要遵循党的基本原则，多为农民办实事，维护好、实现好、反映好农民的根本利益。他说："要把农业搞上去，干部要下去，要改进领导作风，切实加强党对农村工作的领导。"①

（四）胡锦涛的农民权利观

胡锦涛同志在担任中国共产党第十六届、第十七届中央委员会总书记期间对马克思主义的农民权利理论有了新的发展。他的农民权利观突出的特色就是强调以人为本。这主要表现在：

高度重视农民利益，把保护农民权利当作解放和发展农村社会生产力的需要。他提出，只有坚持把解决好农业、农村、农民问题作为全党工作重中之重，坚持农业基础地位，坚持社会主义市场经济改革方向，坚持走中国特色农业现代化道路，坚持保障农民物质利益和民主权利，才能不断解放和发展农村社会生产力，推动农村经济社会全面发展。② 充分调动广大农民群众积极性和创造性来解放和发展农村社会生产力强调了保护农民权利的重要性。"必须切实保障农民权益，始终把实现好、维护好、发展好广大农民根本利益作为农村一切工作的出发点和落脚点。"③ 农村的改革发展要以实现农民的全面发展为目标，从农民群众的根本利益出发谋发展、促发展，不断满足农民群众日益增长的物质文化需要，让农村改革发展的成果惠及全体农民。

保护农民利益要以人为本。党的十六届三中全会提出了"坚持以人为本，树立全面、协调、可持续的发展观"；科学发展观之所以把以人为本突出出来，是因为发展外在地表现为经济发展，但是发展的实质应该是为了满足人的需要。就农村而言，就是满足广大农民的需求。"实现发展

---

① 《江泽民同志理论论述大事纪要》，中共中央党校出版社1998年版，第97页。
② 《中共中央关于推进农村改革发展若干重大问题的决定》，人民出版社2008年版，第4页。
③ 《十六大以来重要文献选编》（下），中央文献出版社2008年版，第277页。

成果由人民共享，必须实现好、维护好、发展好占我国人口大多数的农民群众的根本利益。"① 保护农民利益，就是为了实现以人为本。发展农村经济，任何时候都不能偏离这个方向，离开经济发展的正确道路。当然这并不是说，以人为本就是不要经济发展，不要 GDP 的增长。重视经济增长，但是不能造成 GDP 崇拜，不能把 GDP 当成唯一的指标。

保护农民利益要以人为本，要求我们认识到发展的目的是推进经济社会全面进步和人的全面发展，发展应该是农村物质文明、政治文明、精神文明的协调发展。历史乃是人所创造的，历史的主体是人而不是物。科学发展观深化对共产党执政规律、社会主义建设规律、人类社会发展规律的认识，这些规律所反映的是人的合目的合规律的发展，反映的是人的社会实践和社会活动。就农村而言，衡量是否认识、把握、遵循了规律，终究只能以是否符合最广大农民群众的根本利益为标准。坚持这一衡量标准，就是把握农民群众思想的脉搏，以人民满意作为制定和贯彻各项政策措施的出发点和归宿，接受农民的裁决，实现好、维护好、发展好最广大农民群众的根本利益。

保护农民利益要以人为本，是一个不断推进的历史过程，只有随着社会财富的不断增加和社会主义的持续进步，这个目标才能愈益充分地得到实现。人民群众的实践是不断发展的，群众的利益要求也在不断变化，我们的认识应当随之不断发展和创新。2007 年，中国共产党十七大提出了"统筹城乡发展，推进社会主义新农村建设""统筹城乡发展""以工促农"和"以城带乡"以及"走中国特色农业现代化道路"等战略，集中体现了当前党对我国农业发展途径的新探索，推进了理论的发展。

（五）习近平的农民权利观

习近平是清华大学马克思主义与思想政治教育专业博士毕业，有着深厚的马克思主义理论功底，曾经在陕西农村插队务农，担任过大队党支部书记，后来在福建、浙江和上海等地担任过党委、政府的主要领导，还在"三农"研究元老杜润生身边工作过，有着丰富的从政经验和深厚的"三农"情怀，在密切联系群众的过程中，形成了丰富的农民权利观。

---

① 《十六大以来重要文献选编》（下），中央文献出版社 2008 年版，第 277 页。

1. 根本解决"三农"问题要求真务实，要把群众路线贯穿于整个"三农"工作的各个方面，高度重视农民利益

我国在走向现代化、工业化和市场化的进程中出现了发展中的烦恼和成长的困惑，这些都和"三农"没有搞好有关，有的地方出现了通过伤害农民利益来发展地方经济的问题。搞好"三农"工作必须要求真务实，习近平提出，"求真务实，是马克思主义者必须一以贯之的科学精神和工作作风。搞好新时期新阶段的'三农'工作，更需要我们保持和发扬求真务实的精神"，① 不能为了以牺牲农民利益为代价一味追求高速经济增长，"这是我们不愿看到，也是不允许的"。②

以人为本就是要把一切为了群众、一切依靠群众贯穿于整个"三农"工作的各个方面。群众路线是毛泽东思想活的灵魂的三个方面之一，也是我们党的工作路线和工作方法。习近平提出，"必须明确'三农'问题的核心是农民问题，农民问题的核心是增进农民利益和保障农民权益问题"，要"努力实现好、维护好、发展好农民的物质利益和民主权利"，"让农民群众成为工业化、城镇化的积极参与者和成果享有者"。③

2. 建立合理的市场主体利益分配机制，维护农民利益

农业占国民经济的比重势必会下降，这是经济发展的一般规律。"现代工业和服务业具有比农业高得多的生产率，创造了大部分的社会财富，这是一个不争的事实。"④ 现代化就是由农业为主导转变为工业为主导的经济转变过程，在世界各个国家走向现代化的进程中，农业在国民经济中的比重开始下降，这是经济发展的一般规律，⑤ 2010 年我国农业占国内生产总值的比重由 2005 年 12.1% 下降到 10.2%，⑥ 到了 2013 年第一产业增

---

① 习近平：《之江新语》，浙江人民出版社 2007 年版，第 107 页。
② 《把握客观规律开创"三农"工作新局面——访中共浙江省委书记习近平》，《观察与思考》2006 年第 7 期。
③ 同上。
④ 习近平：《之江新语》，浙江人民出版社 2007 年版，第 95 页。
⑤ 《牢牢把握"两个趋向"扎实推进"三农"工作——访浙江省委书记习近平》，《今日中国论坛》2005 年第 2—3 期。
⑥ 《"十一五"经济社会发展成就：新发展 新跨越 新篇章》，《财经界》（学术版）2011 年第 2 期。

加值占国内生产总值的比重为 10.0%。①

　　随着农业在国民经济比重的下降，农民利益应该得到更好的实现，这是社会发展的规律。"正确处理城乡关系、工农关系，实现一、二、三产业协调发展和城乡共同进步，是构建现代和谐社会的重要基础，是现代化进程中最重要、最棘手的一大难题，也是关系'三农'发展能否取得成效的重大问题。"② 但是不能认为农业就应该成为弱势产业，就应该成为萎缩的产业。习近平强调必须清楚地认识到，"虽然农业增加值占国内生产总值的比重下降了，但是农业在国民经济体系中的地位和作用没有下降，农业本身会得到更快更好的发展，农业生产力会得到更大的解放，农民的利益会得到更好的实现，这也是经济发展的一般规律，而且是社会发展的一般规律"。③

　　在农业产业化过程中，必须要建立合理的市场主体利益分配机制。深化农村市场化改革可以为保护农民利益提供体制及保障。20 世纪 80 年代以来，我国农村出现了"公司加农户"连接的产业化经营模式，一些部门和地方热衷于这种农业产业化形式。它在帮助农民规避市场风险、提高农民收入和学习先进技术方面发挥了积极作用。但是这种模式如果操作不当就很容易影响农民利益。如果利益分配完全由公司单方决定、向公司方倾斜，这必然会影响到两者之间的互惠双赢目标。习近平看到了其中的缺陷，认为主要原因在于没有建立合理的市场主体利益分配机制。公司与农户之间是一种买断关系，市场利益主要让公司拿去，广大农户获利不多，致使企业和农民之间不能有机地结合起来，制约了农业产业化水平的提高，也影响了农村市场化建设。习近平要求，坚持将市场摆在"龙头"位置，而不是把农产品的加工企业当作"龙头"。④ 要"把增进最广大农民群众的根本利益作为我们工作的根本出发点和落脚点"。⑤

---

　　① 《中华人民共和国 2013 年国民经济和社会发展统计公报》，《中国统计》2014 年第 3 期。
　　② 习近平：《干在实处　走在前列——推进浙江新发展的思考与实践》，中共中央党校出版社 2013 年版，第 150 页。
　　③ 习近平：《之江新语》，浙江人民出版社 2007 年版，第 191 页。
　　④ 习近平：《中国农村市场化建设研究》，人民出版社 2001 年版，第 138 页。
　　⑤ 《牢牢把握"两个趋向"扎实推进"三农"工作——访浙江省委书记习近平》，《今日中国论坛》2005 年第 2—3 期。

3. 倡导把农民组织起来，实现农民利益的自我保护

习近平在其博士论文《中国农村市场化建设研究》中提出农民面对市场化必须要走组织化的路子，"西方发达国家发展农村市场化实践也充分证明，只有将农民组织起来，才能使农民尽快安全、顺利地进入国内外市场，并能够有效地降低进入市场的成本，提高农产品的市场竞争力、市场占有率"。①

把农民组织起来应该有强烈的时代紧迫感。习近平指出："随着市场经济的发展和农村改革的不断深化，一些影响农业和农村经济发展的深层次矛盾逐渐显现出来。……一家一户的小生产经营方式不适应社会化分工、分业大生产经济发展规律的客观要求。"②"分散经营的农户组织化程度低，在市场上没有平等的谈判地位，他们是'受价者'而不是'定价者'。"③习近平振聋发聩地提出，"在新的世纪中，中国如果不将广大农民组织起来，引导他们安全、顺利进入国内和国际市场，要加快推进农村市场化建设加快实现农业现代化，都将是不可能的"。④ 他以哲平为笔名，在《浙江日报》发表评论说，"发达国家的农民，几乎都参加了对口的专业协会、专业合作社等经济组织。这些专业组织体系不仅具有很强的自我服务功能，而且在参与全球农产品生产贸易中具有很强的对话能力和十分有利的谈判地位"。⑤

把农民组织起来是我们的特长，要把农民联合起来形成综合性的农业社会化服务组织。"组织农民是我们党的独特优长，这就要求各级党委、政府在发展社会主义市场经济中，学习、借鉴西方发达国家组织农民进入和占领市场。"⑥ "'适者生存，优胜劣汰'是市场经济的基本精神，有市场竞争就必然有市场风险，……必须使分散的农民联合成为一个有机的整体，以形成强大的市场竞争力。"⑦ 他提出："要发展农民的横向与纵向联

---

① 习近平：《中国农村市场化建设研究》，人民出版社2001年版，第204页。
② 同上书，第376页。
③ 同上书，第374—375页。
④ 同上书，第139—140页。
⑤ 哲平：《建立强大的农业组织体系》，《浙江日报》2006年5月15日第1版。
⑥ 习近平：《中国农村市场化建设研究》，人民出版社2001年版，第374—375页。
⑦ 同上。

合……强化农民合作经济组织的农产品销售职能,加强产后服务,把生产职能与流通职能融为一体……发展跨乡、县的地区联合,组建大规模的中心合作社或农产品销售集团,"[①] 建立起多层次、多形式和全方位的农业社会化服务组织。"建立和完善农业产业组织体系,必须真正反映农民利益,确保农民的主体地位。农业组织如果不能给组织成员带来利益增进,其组织成员就会拒绝加入或者选择退出。"[②] 一定要"做到让人民群众参与、让人民群众做主、让人民群众受益、让人民群众满意,真正使群众成为利益的主体"。[③]

[①] 习近平:《中国农村市场化建设研究》,人民出版社2001年版,第336—337页。
[②] 哲平:《建立强大的农业组织体系》,《浙江日报》2006年5月15日第1版。
[③] 习近平:《之江新语》,浙江人民出版社2007年版,第245页。

第二章

城乡一体化和农民权利保护的内在逻辑

我国总体已经进入了以城带乡、以工补农、破除城乡二元结构的城乡关系新阶段，加快城乡一体化发展事关全局，具有重大的现实意义。

首先，城乡一体化是构建社会主义和谐社会的重大举措。城市具有强烈的集聚效应和市场效应以及人才优势。我国有一半人口居住在农村，农村社会是构建和谐社会的基础。与城市相比，农村集聚效应低，市场狭窄，人才优势匮乏。城乡经济社会发展差距日益拉大，已经造成大量社会问题。城乡一体化有利于促进城市文明向农村社区扩散和辐射，最终产生促进农村发展的正能量，从而有利于构建和谐社会。

其次，城乡发展一体化是全面建设小康社会的必然要求。全面建成小康社会，实现中国人千年梦想，是所有中国人的共同期盼。习近平说，"小康不小康，关键看老乡"，"中国要强，农业必须强；中国要美，农村必须美；中国要富，农民必须富"，[①] 没有农民的小康不是真正的小康，没有农村的小康也就没有小康社会。建成小康社会的重点难点都在农村。城市繁华漂亮，农村发展缓慢，是全面建设小康社会必须要解决的问题。国家协调城乡发展，会大大加快城乡一体化进程，极大地促进生产力发展。

最后，城乡一体化是完善社会主义市场经济体制的内在要求。要保持国民经济持续协调健康发展，必须依靠投资、消费和出口来拉动经济增

---

① 中共中央文献研究室：《十八大以来重要文献选编》（上），中央文献出版社2014年版，第658页。

长，扩大内需是最根本的经济增长方式。我国目前城乡之间体制壁垒，是阻碍我国建立完善的社会主义市场经济的重要障碍。城乡一体化有利于扩大内需和实现经济协调发展，可以使城乡之间的资金、人才、土地等生产要素合理、充分流动，使城乡产业布局更加合理，创造出来新的需求，从而推动社会主义市场经济更加完善。

城乡一体化和农民权利两者之间是紧密联系在一起的。中国共产党第十八届三中全会通过的《中共中央关于全面深化改革若干重大问题的决定》指出，我们要形成以工促农、以城带乡、工农互惠、城乡一体的新型工农城乡关系，让广大农民平等参与现代化进程、共同分享现代化成果。习近平同志受中央政治局委托，就该决定向全会作说明时强调，要"赋予农民更多财产权利""维护农民土地承包经营权，保障农民集体经济组织成员权利，保障农户宅基地用益物权，慎重稳妥推进农民住房财产权抵押、担保、转让试点"。[①] 从习近平同志的论述中，我们可以看得出来，城乡一体化和农民权利是有一定关联的。那么，城乡一体化和农民权利之间是什么关系呢？

一 城乡一体化为解决农民权利问题提供契机

（一）城乡一体化要解决的实质问题是城乡居民的权利关系问题

城乡一体化是人类经济社会发展到一定阶段的必然现象，是现代文明的标志，它的实质是城乡居民平权，重点在于保护农民权利。"发展伤农"是我国城市化进程中出现的一种特殊现象，城市化的发展速度迅猛，却出现大量失地农民的经济权利得不到保护的问题；城市产业迅速发展，伴随的却是大量农民工的生活保障权受损的问题；新农村建设方兴未艾，农民土地与房屋的财产权问题日渐突出。城市的超前、超常规发展符合城乡全体居民的长远利益，但关键的问题在于如何统筹和兼顾城乡的现实利益。一些地方政府，盲目追求城镇化的发展速度，盲目修大广场，建高楼，严重违背农民的意愿，侵害农民的权利，引发了农民强烈的不满，甚

[①] 习近平：《关于〈中共中央关于全面深化改革若干重大问题的决定〉的说明》，《求是》2013年第11期。

至激烈冲突。城乡一体化要避免出现农民承担了发展代价却没有享受到发展成果的局面。

城乡一体化不是以城市工业扩展为中心的一体化,以工业扩展为中心不现实。中国工业化需要补充大量的工业劳动力,但是,伴随城市产业结构的升级和技术的革新,工业吸收劳动力的能力下降。技术革新在解放工业劳动力的同时,技术壁垒把低素质的人群挡在门外,从而导致 GDP 增长与就业增长和之间的就业弹性不断降低。1979—1996 年中国 GDP 年均增长 9.7% 以上,就业年均增长近 40%,但是到 1992—2003 年,GDP 年均增长 8% 以上,而就业年均增长下降为不到 1%,就业弹性从原来的 0.477 下降到 0.177。[①] 这就充分证明,中国的城乡一体化仅依靠在城市空间内扩展工业,已经无法实现。

城乡一体化也不是以保护农村发展为本位。在现代社会,经济政治社会文化发展的主要动力已经不在农村,"城市是人民的经济、政治和精神生活的中心,是进步的主要动力"。[②]

但并不否认农村问题已经成为我国城乡一体化的战略瓶颈。不少地方正以"城乡一体化"名义强力推进农村社区化的"就地城市化"[③],就是这种主张的变种。认为城乡一体化就是要解决农村问题,这样的理解固然没错,但是这种过分强调往往使人落入"唯农村发展论"的陷阱,片面地扶持农业对城乡一体的全局性产生了不利影响,在实践中则会消解城市一体化的发展动力,最终导致城乡一体化延缓形成。

城乡一体化涉及城乡居民权利的平等,实质上是农民的权利保护问题。经过三十余年的改革开放,我国农民在整体上已经解决了温饱问题,并正在向小康目标迈进。城乡一体化问题并不是绝对意义上的发展贫困问题,而是相对于不断加快的城市发展,农民权利发展不足问题,是一个相对城市公民农民的权利贫困问题。也就是说,只有农民的权利得到保护,生存保障的压力才能够得到有效缓解。城乡一体化应以解决农民权利贫困为基本目标。

---

① 李培林等:《社会冲突与阶级意识》,社会科学文献出版社 2005 年版,第 12 页。
② 《列宁全集》第 23 卷,人民出版社 1990 年版,第 358 页。
③ 苏北:《城乡一体化农民是主体》,《半月谈》2012 年第 23 期。

农民是我国人口最大的一个弱势群体。对于弱势群体的定义，社会的理解是多种多样的。笔者认为，弱势群体的理解可以有四个评判标准，一是在经济上处于贫困状态；二是在市场竞争中处于劣势地位；三是政治层面，表达和维护自身权利的能力低下；四是在社会层面，权利经常受到侵蚀。按照这样的标准，我国的弱势群体主要有城市失业下岗人员；残疾人、儿童、妇女和老龄人员；天灾人祸中的困难者；社会流浪、乞讨人员。但就社会群体而言，农民毫无异议是最大的弱势群体。

农民作为我国最大弱势群体，其弱势主要体现在权利受损方面。中国的农民是憨厚老实的，对于自己的权利缺失，他们考虑的不是保护问题而是减少歧视。正如秦晖教授所判断的那样，"西欧的农民如今是要求更多的保护问题，中国的农民从来只是要求减少歧视的问题"。① 新中国成立以后，由于特殊的国际和国内环境，开国领导人选择了城乡分割的治理结构。这种城乡二元结构通过户籍制度，把农民粘贴在土地上。和市民相比较，在子女就业、医疗、社会福利、养老和就业等方面，存在着巨大的城乡差距，形成了对待农民态度上的歧视。这种歧视就是身份的不平等，造成游戏规则的不平等，形成了城乡两个世界，两种权利体系，在这两种权利体系中，农民的权利常常得不到有效的保护，受到侵蚀，呈现出缺失状态。仅从几十年的农业政策史及其经济后果来看，缺少了反映农民权利的、平衡的政治结构，是许多损害农民权利进而损害全社会权利的政策轻易出台的重要原因。②

新中国成立后，第一次"解放农民"是20世纪50年代初期的土地改革，这次改革使全国3亿多无地、少地的农民获得7亿亩土地，免除了700亿斤粮食的地租，实现了农民翻身做主人的愿望；第二次"解放农民"是20世纪80年代初期的家庭联产承包责任制，这次改革使农民从人民公社的制度中解放出来，彻底解决了农民的温饱问题。然而，这两次解放都存在着自身制度缺陷，例如，土地改革没有彻底解决人地关系高度紧张以及土地分散情况下所产生的农民社会分化问题。分散、落后的小农经

---

① 秦晖：《关于农民问题的历史考察》，《民主与科学》2004年第1期。
② 罗大蒙等：《现代化进程中的中国农民权利保障》，《西华师范大学学报》（哲学社会科学版）2009年第5期。

济所提供的生产也难以适应大规模经济建设的要求,家庭承包责任制仅仅解决了农民的温饱问题,却无法解决农民的致富问题;在严格的户籍制度安排下,"农民"身份先天低人一等,长期处于被歧视的地位;等等。这些是由长期形成的城乡不同的身份制度、教育制度、就业制度、公共服务制度、公共财政制度、土地制度所造成的。这些不公平、不公正的制度不仅严重妨碍了农民的个人发展,而且成为束缚中国农村社会生产力发展的最大障碍。中国需要从根本上解决长期以来城乡隔绝、对立、分离的不公平和不公正局面。城乡一体化就是要实现第三次"解放农民",使农民融入现代文明之中,共享现代文明成果。一言以蔽之,第三次"解放农民"的核心,是保护农民的权利,富裕农民、投资农民、解放农民、转移农民、减少农民,农民权利的实现过程也是一个公共福利社会服务均等化的过程。

胡鞍钢是我国比较早地明确提出要进行第三次"解放农民"的学者[1],此后,关于什么是第三次解放农民众说纷纭,言扬从国民待遇的给予来论述了第三次解放农民[2],也有的学者认为允许农民进城是农民的第三次解放[3],董辅礽认为加速城镇化进程是第三次解放农民。[4] 本书以党的十八大提出从城乡一体化是解决好"三农"问题的根本途径为视角,认为保护农民权利能够进一步解放农民,是第三次解放农民。

(二) 城乡一体化有利于为保护农民权利创设平等的法律环境

客观地看,自从提出统筹城乡发展与新农村建设之后,有关涉农的法制建设取得了较大的进展,尤其在立法层面,立法理念更加注重城乡统筹。例如对《选举法》的修改实现了城乡之间选举权上的平等,《城乡规划法》明确了城乡统筹规划的管理思路,等等;在立法的价值取向上,更加注重"多予、少取、放活",支农惠农政策力度加大,涉农收费得到严格控制,涉农行政许可逐步得到清理;在立法重点上,更加注重农村经

---

[1] 胡鞍钢:《中国需要进行第三次"解放农民"》,《中国经济快讯》2002年第35期。
[2] 言扬:《国民待遇:农民的第三次解放》,《财经时报》2005年12月12日第A07版。
[3] 张志海:《农民进城:中国农民的第三次解放——中国工业化、现代化的必然的自然过程》,《山西煤炭管理干部学院学报》2005年第3期。
[4] 董辅礽:《加速城镇化进程第三次"解放农民"》,《领导决策信息》2003年第12期。

济社会全面协调可持续发展，尤其在农村社会事务立法、农村环境保护立法、农产品质量安全立法等方面都取得了很快的发展；在制度设计上，更加注重政府的管理创新，突出服务功能。

我国农民权利保护既存在着赋权不足的问题，也存在着治权更加不足的问题。完整的权利，应该是赋权和治权二者的统一，两者缺一不可。从法律角度而言，赋权就是立法，从法律上给予权利；治权就是在法律制定以后，对权利的维护，就是维权，也就是对权利的保护。在"法律""法规"以及"法制"这些词语当中，"法"的含义就是赋权，"律""规"和"制"说的就是治权。我国法律对农民的赋权存在不足，农民做事情往往碰到做这不行、做那也不行的问题，就是因为赋权不足。例如，农民自己在宅基地基础上建立的住房却不能像城市居民一样加入到市场中进行产权交易。相对于赋权而言，农民的治权显得更加不足，导致农民的权利常常被剥夺、被侵蚀和残缺。比如，国家在法律和政策上都对农民承包的土地作出了一定的保护，但是农民的土地权利还是经常受到侵害。这就属于职权的问题。仅仅有赋权而没有治权，也是非常成问题的。因为赋权和治权是统一的，缺少了任何一个方面，权利都无法得到保护。

城乡一体化发展战略的提出，为农民构建保护农民权利的法制环境建设提供了契机。以《城乡规划法》的制定为例，1990年颁布施行了《城市规划法》，这是我国第一部确立了城市管理与编制的主干法。但是，随着改革开放以及市场经济发展的不断深入，这部法律越来越凸显出了它的缺陷：立法理念落后和法治化程度不高；技术理性色彩浓烈，政策意义较为模糊；公众参与规划的制度缺失。特别需要指出的是这部法律还有一个重大的问题，就是没有涉及农村。城市的范围是在随着城市化进程的加快而发展变化的，其规划也应该是动态的，城市规划设置和管理不可能和农村没有关系。这种缺陷导致城乡结合部管理和规划出现混乱，城乡土地利益关系矛盾不断。2008年开始施行的《城乡规划法》对《城市规划法》做了修正和补充，在空间布局、土地规划、资源利用和生态环境方面强调城乡统筹、一体化规划。《城乡规划法》突破了城乡二元分治思维，打破了城乡分别对待，就城市论城市、就乡村论乡村传统惯性，建立了城乡规划协调机制，突出了工业反哺农业、城市支持农村的城乡一体化大局观，有利于城乡共同发展、共同繁荣、相互依托的新型城乡关系。①

从理论而言，法律的演进与经济体制和社会背景的变化具有非常密切的关系。2004年《中华人民共和国宪法修正案》突出了公民权利，确认了公民的私有财产不受侵害的基本原则，完善土地征用制度，进一步强调了保护人权。可以预言，城乡一体化战略的推进，必定要求作为上层建筑内容的法律制度予以不断的修订与革新，从而为保护农民权利创设更优的法制环境，但是这也需要彻底解决涉农立法中的一些关键性问题，包括：第一，彻底打破城乡二元结构。一方面，一些妨碍城乡一体化的法律正在修改。这种修改是渐进性的、不系统和不完全的，大量影响城乡一体化、固化城乡二元结构的法律大量存在。另一方面，这些有利于城乡一体化的法律真正全面落实也是渐进性的。第二，必须在一些关键性的问题上取得实质性进展，例如《土地管理法》的修订就必须解决一些基础性的理论问题：农村土地的主要功能是什么？农村土地产权的基本性质是什么？协调城乡土地流转收益分配关系的原则是什么？农村集体经济组织成员资格如何认定？如果法律不能彻底回答这些问题，城乡一体化的土地制度很难取得根本性突破。第三，在发展现代农业基础上保护好农民的经济权利。发展现代农业要求农业生产必须规模化、标准化、机械化，而这又和我国实行的一家一户的分散化经营相冲突。近年来在我国一些地方农业合作社发展很快，但是合作社名不副实，合作社"不合作"的问题比较突出，怎样发挥合作社的引导功能使农民在合作的基础上发展现代农业，需要认真研究。除了立法之外，不少涉农执法单位常常局限在罚款和扣押等行政强制措施上，缺乏相应的行政指导和行政给付，执法单位不愿意涉足执法标的较小的民间纠纷，这不仅自己给自己新创了执法障碍，还导致农民对法律产生片面的看法。②

（三）城乡一体化为农民权利保护创建有利的发展性社会环境

中国农村在生活质量、投资环境、社会服务、教育、社会保障、医疗

---

① 孙忆敏：《从〈城市规划法〉到〈城乡规划法〉的历时性解读》，《上海城市规划》2008年第2期。
② 罗怀熙：《涉农立法与新农村法制建设》，《中国发展观察》2010年第9期。

等方面总体上落后于城市，形成独特的"城市像欧洲、农村像非洲"的景观。

城乡一体化，突破了把农村和城市隔绝开来的思维定式，跳出了就农村谈农村的窠臼，从而把农村的发展和农民权利保护通过城市与整个社会的发展交织在一起。中国农村落后衰败有其独特的社会体制根源。农村经济社会的落后有其自然方面的因素，但农村发展水平远远落后于城市主要是由于体制方面的原因。中国"农业、农村、农民"三农问题凝结到一个问题上，就是农民问题。农民的问题实际上就是农民权利问题，只要农民的权利得到有效尊重、保护和实现，农业和农村问题就可以通过农民权利这个总开关迎刃而解。

城乡一体化有利于改变以牺牲农民权利为代价的发展模式。在很长的一个历史时期内，在国家与社会的关系中，农民所面临的社会环境整体上就是一个压制发展农民权利的环境。农民为国家作出突出贡献，国家对农民的保护却显得特别模糊化，权利与义务关系严重失衡，进而使国家与农村社会关系失衡，农民不仅无法实现与市民的同等权利，更无法抵挡国家对农民权利的侵蚀。

据有关资料统计，进入 21 世纪以来，我国多项经济社会发展指标相继超越生存型社会的临界值。就恩格尔系数来看 2000 年城市达到 39.4%，农村达到 49.1%，均低于 50% 的临界值。同年，第一产业就业比重首次降至 50% 的临界值。2001 年，第一产业比重降至 14.1%，首次低于 15% 的临界值；第三产业比重达到 40.7%，首次超过 40% 的临界值。2003 年，城镇化率达到 40.5%，首次超过 40% 的临界值。根据这些指标，我们可以得出结论：早在 21 世纪初，我国已经开始由生存型社会向发展型社会转变了。[①] 最近几年来，国家出台了针对三农问题的多项政策和措施，试图减少城乡差别，但农村经济并没有出现理想效果。如果不能从根本上调整国家与社会的关系，不能为农民的个人权利追求创设一个发展性的社会环境，农民就只能始终陷在接受国家政策救济的被动地位中，在发展型社会中难逃边缘化命运。发展型社会首先解决的是社会为

[①] 孙士鑫：《构建新农村公共文化服务体系的基本理论分析》，《当代经济》2011 年第 7 期。

"谁"发展的问题。

城乡一体化明确了社会发展的目标,为农民权利保护开创了现实路径。城乡关系的变迁是沿着乡育城市—城乡分离—城乡对立—城乡联系—城乡融合—城乡一体的路径变迁的。[①] 很显然,城乡一体化是现代化和城镇化的最高阶段和发展目标,在城乡之间实现经济、社会、文化、生态等的一体化过程中,在两者互为资源、互为市场、互为服务的过程中,农民权利保护的社会环境自然而然产生并深入人心。城乡一体化绝不是所有乡村都变成都市,也不是城市乡村化,而是要彻底消除城乡之间差别,使高度发达的物质文明、政治文明与精神文明、生态文明达到城乡共享。这本身就自然而然地形成了一个良好的城乡共享文明的社会舆论和社会心态。

城乡一体化有利于缩小城乡差距,这种发展和以权利为基础的发展是一致的。"二战"以来,"发展"代表了当代一种主流的国际意识,但片面单一的经济增长并不能实现社会同步发展。基于对此的反思,理论界提出了以权利为基础的发展,其基本含义是:人是发展的主体,因此,人应当成为发展权利的积极参与者和受益者;所有的人单独地和集体地都对发展负有责任,这种责任本身就可确保人的愿望得到自由和充分的实现。[②] 农村经济社会的发展要有利于缩小城乡之间差距,有利于农村享受基本公共物品和社会福利,有利于农民权利的增进,这才是以人为本的发展模式,才是农村经济社会发展的方向。概言之,为农民创设发展性的社会环境,就是要通过实现与保障农民权利来促进农村经济社会发展,这正是城乡一体化的题中之意。[③]

(四) 城乡一体化为农民的现代性成长提供有利的文化环境

18 世纪发端于工业革命的现代化大大加快了人的现代性聚集,促进了人的现代性成长。

---

① 周加来:《城市化·城镇化·农村城市化·城乡一体化》,《中国农村经济》2001 年第 5 期。

② 左停、李鹤、李小云:《以权利为基础的发展范式》,载张晓山《全球化与新农村建设》,社会科学文献出版社 2007 年版,第 352 页。

③ 龚向和:《农民宪法权利平等保护与农村经济社会发展》,《江西社会科学》2010 年第 1 期。

现代化描述的是人类从农业社会向工业社会、由农业生产向工业生产转变的一种不以人的意志为转移的世界潮流。现代化包括物质现代化、制度现代化和人的现代化等。其中物质现代化，也就是经济现代化是现代化的物质外壳。人的现代化是现代化的核心。而现代性是指在这种变迁过程中人的精神层面的进步状态。现代性这个词汇也是语义复杂的，但是比较一致的看法就是认同现代性实质上就是一种向上的精神状态，它体现和反映了一个人身上的现代化程度。也就是说，人的现代性在现代化的三层结构之核心部分人的现代化中，处于主要部分。

农民的现代化是农村现代化的重要组成部分，其核心实质上就是其价值观、心理状态和行为模式上凸显的现代性不断增强、传统落后性不断降低的过程。其中，农民的现代性主要是指农民的独立性、自主性、创造性和能动性，这种现代性和社会发展的前进方向是一致的，和农村、农业的发展节奏是一致的。

从某种意义上讲，中国现代化归根结底是农民的现代性问题。从数量上和现代性获得的难易程度上来看，农民是中国的人口主体，农民长期处于自然经济的状态，决定了国民性就是农民性，国民性改造的主体就是农民。中国的现代化就是一个对生活在农村的农民的改造过程，就是农民的现代性不断积累和质变的过程。农民现代性的获得过程与中国经济社会和政治的大环境密不可分的，是互相促进、相辅而成的关系。新中国成立以来，特别是改革开放以后，中国人的现代性获得有了突出的进步，公平公正意识、市场竞争意识、独立自我意识、开放理性等深入人心。改造农民，提高农民的整体素质成为中国现代化发展中具有基础意义的问题。

城乡一体化为农民现代性的提升创造了有力的文化环境。现代性的获得并不是天赋的。农民现代性的获得和增长，是在社会和政治的大环境条件下，通过现代化适应和持续学习形成的，从而反过来也推动农村社会发展。20世纪70年代，韩国政府在农村全面开展"新村运动"，突出农民的主体地位，大力开展农民教育活动，提高农民素质。这也为我国开展农民的现代性获得提供了有益的经验。通过发展农村教育，提高农民素质，是促进农民现代性成长的必由之路。城乡一体化也意味着要统筹城乡文化，城乡文化的交流和互动是城乡一体化的应然逻辑。城乡文化一体化就是要坚持统筹兼顾，下大力气改革文化领域的城乡二元结构和推动城乡文化协调发展，在文化政策、文化资源和文化规划上实现文化权利的平等，最终实现整个社会的科学发展。

农村文化的交流对于农民的现代性获得具有重要的理论意义和实践价值。伊里亚·普里戈金（Ilya Prigogine）的"耗散结构论"（dissipative structure）认为，只有通过与外界不断地进行物质和能量的交换，有机体才能从混沌无序到宏观有序，才能保持活力，并不断获得进展。也就是说，农民必须与外界进行文化交流互动，才能不断超越自我。具体地说，在城乡文化一体化所提供的互动中，农民通过沟通、交流、合作，在外部世界中的影响下，不断改变自己旧有思维习惯和生活方式，完善自己，提高自己的现代性水平。这种通过满足农民实际需要的城乡文化的交流和互动，能提高农民的主体意识，也是农民现代性成长的重要途径。城乡文化交流与互动的实现需要充分而便捷的载体，电视、广播和网络等大众传媒载体在21世纪的农村已经有了较高的普及率，文化下乡也有了一定程度的开展。城乡一体化文化发展将潜移默化地改变农民的传统价值观和行为模式，培育和强化农民的参与意识、自由意识、权利意识和主体意识，促进其现代性的有效成长[①]。现代性的成长有利于提高农民自我的权利维护和实现意识。

二　保护农民权利才能有效推进城乡一体化向前发展

（一）农民权利保护状况是衡量城乡一体化得失成败的基本尺度

农民是城乡一体化的主体，保护好、维护好、发展好农民权利，是推动城乡一体化的基础。在城乡一体化的过程中，通过保护农民的权利，在物质上保护农民的经济权利，政治上维护农民的民主权利，社会权利方面维护好农民基本的生存权，文化上保护农民教育权利，使每一个人都享有作为一个人的权利和尊严。通过在城乡一体化中保护农民的权利，才能真正调动和激发农民的积极性和主动性，凝聚人心和智慧，形成合力，进一

[①] 孟芳、葛笑如：《农民现代性视域中的农村文化事业发展问题研究》，《理论月刊》2011年第6期。

步推动城乡一体化发展。如果把城乡一体化简单地当作城市建设，就会忽略城市与农村的协调发展和农民权利保护。伴随着人们对物质发展的需求到人的自身全面发展追求的提升，私人产品向公共产品需求的不断升级。一方面，全社会公共需求全面快速增长；另一方面，公共服务不到位、基本公共产品短缺，这二者之间成为新阶段的突出矛盾。在发展的新阶段，广大农民公平发展将是发展的重要推动力。对农民坚持"多予、少取"，促进农村发展，赋予农民公平的发展机会，提高农民的发展能力，这是实现广大农民权利的重要途径。在这个特定背景下，城乡一体化的目标是促进广大农民权利的自身发展和公平发展，其实质就在于承认和保护农村居民享受与城市居民同等的利益。

可以说，农民权利保护状况是衡量城乡一体化进程得失成败的基本尺度。农民权利保护与城乡一体化进程相互促进，相互制约。全面推进城乡一体化，保护农民权利是一个主要支撑点，使农民能够合理分享城市化红利。不仅如此，城乡一体化还要加快产业布局调整，不断推进劳动密集型产业、涉农工业和农产品加工业从城市向农村转移，进一步加快城乡产业结构调整，优化城乡产业布局，强化城乡产业之间的协作和联系，鼓励城市资金、人才等生产要素进入农村，积极改变资源从农村向城市单向流动的格局，要按照公平的原则配置公共资源，尤其是财政资源以及公共服务资源。总之，城乡一体化以城乡基本公共服务均等化为导向，不断优化财政支出结构，推进城乡公共服务制度对接，以缩小城乡收入差距，这些政策实质是通过实现城乡居民权利一体化，以保护农民权利为核心，加快城乡一体化进程。

（二）解决农民权利保护问题才能突破城乡一体化发展瓶颈

我国赶超型现代化所形成的制度设定，在促使农民为国家作出突出贡献时，并没有给予他们应有的公平回报。

新中国成立后，我国一系列政策和制度安排使农民、农民工在为国家建设作出巨大贡献的同时，并没有公平地获得经济和社会发展所带来的收益，这种权利缺失一直积累到今天。农村中的许多问题尤其是农民权利问题，已成为当今国家必须着力解决的关键问题。这直接关系到我国改革、稳定、发展的大局，没有农民权利的巩固和拓展，就不可能有政局的长期稳定和社会的持久和谐。一系列瓶颈因素正在制约城乡一体化发展的深度推进，这些因素包括：第一，城乡差距没有得到有效遏制。改革开放以来，农民收入应该说有了很大提高，但相对于城市居民的收入而言，相对于他们所享受的公费医疗和社会保障而言，农民的人均收入增长是非常缓慢的。城乡收入差距的扩大很容易造成农民强烈的失落感。第二，各类形式的对农民的身份歧视。因为所持有的农村户籍，使农民深受身份歧视之苦。这种人为区分开来的二元分割的人口管理制度，使城市居民享受各种好处，但是农民所持有的户籍，使农民受尽歧视、隔阂和冷漠。第三，社会保障的低层次供给。从"十一五"时期开始，我国开始对农村的医疗、养老进行改革以建立农村社会保障网。但是农村的社会保障网是低层次的，其保障水平、保障范围还是不够，和农民的期待还有距离。第四，治理乏术和基层腐败。一些地方的农村民主流于形式，贿选、操纵选举的现象比较严重。一些村干部和乡镇干部和房地产开发商相互勾结，存在着较严重的腐败问题。

　　城乡一体化有利于促进农民和城市居民共享发展成果，实现城市和农村的共同发展。同时，农民在中国社会发展中扮演着重要角色，农民的权利必须引起高度重视，从现实性看，保护农民权利对于突破城乡一体化发展瓶颈、对于城乡经济可持续发展具有非常直接的意义，这表现在以下几个方面：

　　第一，保护农民权利，才能确保为我国城市经济发展输送足够的劳动力。城市是经济建设的发动机和主要推动力量。改革开放以来，农村为城市的现代化建设输送了大量的劳动力，使我国城市经济得到了快速发展。在我国农村劳动力价格长期没有增长的情况下，城市经济和我国经济建设取得了骄人的成绩，获得了丰厚的利润。应该说没有农村这个廉价的蓄水池，就没有今天我国经济总量的大幅度跨越。然而，我国已经进入老龄化社会，城市的劳动力欠缺和不足问题将会逐渐显示出来。农民在相当长的时间里仍然是城市发展和我国现代化建设的主力军。在经济权利、社会权利等都无法得到保护的情况下，城市将无法得到高素质的劳动力。

　　第二，保护农民权利，才能为扩大内需提供足够的内部消费拉力。自20世纪90年代以来，我国出口强劲，但是内需低迷。在拉动经济增长的消费、投资、出口三驾马车之中，消费是最主要的马车和 GDP 增长的主导因素。我国消费占 GDP 的 50%—60%，而国外消费在 GDP 比重一般高达 70%—80%，美国、英国等发达国家甚至高达 85% 以上。[①] 因此，我国经济现代化最根本的最关键的仍然是要刺激国内消费。而扩大消费最重要的是提高消费信心。我国消费对经济的刺激作用远远低于发达国家，也低于同等发展中国家。造成我国消费率长期低迷的一个重要原因是农村消费的低水平。我国农村存在着巨大的消费市场。农民消费潜能的释放，直接对我国经济结构的调整产生决定性影响，进而有效扩大内需。没有稳定的利益预期很难真正拉动消费。不真正保护农民权利，稳定的利益预期也无法产生。

第三，保护农民权利，才能为实现和谐社会的稳定局面奠定坚实的政治支持。自新中国成立以来，农民在城乡二元结构的背景下，成为我国最大的弱势群体，最大的权利受害群体。1952—1980 年，国家仅工农业产品价格剪刀差一项就提取农业剩余达 5000 亿元以上，这恰恰与 1953—1980 年全民所有制各行业基本建设的新增固定资产总额相当。这是城乡关系农村支持城市发展阶段，有一定的合理性。但仅 2001 年政府通过征地廉价剥夺农民资金仍然高达 8000 亿元，一年超过 1952—1980 年 28 年剥夺农民资金的总和。[②] 在城乡平等发展阶段这样做是不应该的。城乡一体化阶段保护农民权利就是城乡协调的问题。它要求矛盾双方在权利运动过程中达到双赢结局，从而促使社会内部的各个利益集团和社会层次结构走向和谐，避免权利冲突导致整个社会的对立和无序状态。我国是建立在黄土地上的农民国家，农民数量庞大，全国 13.4 亿人口中有 6.5 亿人居住在农村。中国农民长期支持党的领导和国家的政策，但是，越来越大的城乡差距以及权利保护的巨大反差，农民已经不满。因而，要建设好和谐社会必须继续推进农民权利的保护建设，消除城乡二元结构，从而赢得农民对党和国家的政治支持。

[①] 张吉：《提高国民消费率的税收政策研究》，《世界华商经济年鉴·理论版》2011 年第 6 期。

[②] 景天魁等：《社会公正理论与政策》，社会科学文献出版社 2004 年版，第 28 页；刘国光：《研究宏观经济形势要关注收入分配问题》，《经济参考报》2003 年 4 月 22 日第 5 版。

第四，保护农民权利，才能实现人和自然的和谐发展。自然界的资源是有限的，而且环境的自我调节能力也是有限的。从生态环境保护的角度看，我国的环境问题也是层出不穷。努力建设美丽中国，实现中华民族永续发展，不能不重视农村的生态保护。根据2010年国家统计局发布的信息，我国农村国土面积占全国总量的94.7%[①]，农村的生态质量直接决定了中国的环境质量。农村山水美丽，则整个中国山水美丽；农村生态污染严重，则整个中国可持续发展难以为继。保护农民的生态权利，农民才可能掌握生态可持续发展的基本知识和基本方法，激发他们保护生态环境的积极性，把保护环境看作自己的事业，成为农村自然环境的守护神和呵护者。

三 城乡一体化中保护农民权利的条件已经具备

马克思说："权利决不能超出社会的经济结构以及由经济结构制约的社会的文化发展。"[②] 他还说："消灭城乡之间的对立，是共同体的首要条件之一，这个条件又取决于许多物质前提，而且任何人一看就知道，这个条件单靠意志是不能实现的。"[③] 但这并不是说经济是唯一的影响因素。在当代，由不平等走向平等，保护农民权利的条件已经具备。这里面有经济的动因也有非经济的动因。

（一）保护农民权利的物质条件

按照历史唯物主义的观点，经济基础决定上层建筑。市场经济的发展、工业化、全球化构成了在城乡一体化进程中保护农民权利的物质前提，推动了农民权利意识的提升。

1. 市场经济对农民权利的积极推动作用

20多年来，我国围绕着建立社会主义市场经济体制这个目标，推进

---

① 《中华人民共和国2009年国民经济和社会发展统计公报》，《人民日报》2010年2月26日第15版。
② 《马克思恩格斯选集》第3卷，人民出版社1995年版，第305页。
③ 《马克思恩格斯选集》第1卷，人民出版社1995年版，第104—105页。

经济体制以及其他各方面体制改革，使我国成功实现了从高度集中的计划经济体制到充满活力的社会主义市场经济体制、从封闭半封闭到全方位开放的伟大历史转折。我国自改革开放以来特别是加入世贸组织后，市场经济体制建设取得了巨大进展，我国的市场化程度已经达到很高程度，截至2016年上半年，全球已有81个国家承认中国完全市场经济地位①。

在社会主义市场经济条件下，我国实现了人民生活从温饱到小康的历史性跨越，实现了经济总量跃居世界第二的历史性飞跃，极大调动了亿万人民的积极性，极大促进了社会生产力发展，极大增强了党和国家生机活力。市场经济发展对农民权利平等的推动作用主要表现在以下几个方面：

（1）市场经济促进了身份平等。市场与计划都是资源配置手段，但它们对城乡居民的平等与否产生了重大差异。农民权利不平等很大程度上是由计划经济造成的。计划经济条件下，城市控制着占支配地位的利益再分配机制，主导着城乡居民之间的利益配置，使城乡居民之间失去了权利、身份、机会的平等，进而也失去了结果的平等，城乡收入差距扩大。因此，从很大程度上说，城市偏向是由国家偏向所造成并通过国家对社会经济的控制来延续的。

市场既是一种配置资源、组织生产的机制，又是一种在社会成员中对社会财富和资源进行利益分配的机制。作为一种配置资源、组织生产的机制，它比计划经济更有效率，有利于城乡经济发展。作为分配机制，市场经济的发展意味着由国家权力主导的再分配机制逐渐失去在城乡之间进行资源配置的支配地位，从而影响了工农、城乡关系的变革。

一方面，市场经济意味着政府权力分配机制的弱化，在市场化红利阶段有利于缩小城乡收入差距。在计划经济条件下有权力的人控制着占支配地位的再分配机制，他们不需要市场，市场主要是由没有特权和权力的人们所使用的。经济转轨初期阶段再分配机制仍然制造着不平等的情况下，市场则在短期内起到了一定的抵消作用，有利于城乡收入差距的缩小。②但是，由于市场经济的运行以财产私有为基础、以自由竞争为基本原则，

---

① 《韩国承认中国市场经济地位好处多》，《中国青年报》2016年12月13日第4版。
② 孙立平：《从"市场转型理论"到关于不平等的制度主义理论》，《中国书评》（香港）1995年总第7期。

因此其长期运作必然导致贫富强弱的分化。

另一方面，市场经济意味着身份的平等，有利于生成平等的经济权利。虽然市场经济有它自己的问题，但它所产生的身份平等的效应则是可持续的。托克维尔在论述美国身份平等发展的原因时就指出：工商业方面的每一改进都可以"在人们中间创造出与其相适应的新的平等因素"。① 市场经济促使个体摆脱了身份等级的束缚，肯定了每个人都可以通过市场不受干涉地追求和拥有各自的利益的正当性，从而肯定了个人的基本权利。② 这种基本权利就是社会化大生产条件下商品经济、市场经济所要求的机会平等，当生产要素要求的机会平等上升为经济关系主体的平等要求时，机会平等就以法律用语的形式表现为权利平等。③ 而且，也只有在人们能够作为平等的市场参与者进入市场的情况下，市场才能发挥作用。所以，改变农民权利不公平状况是顺应自由市场的需要而产生的，而且它只是市场经济发展所带来的公民权利发展的一个侧面。

人权是以道德权利的形式存在的公民权利和利益，市场经济条件下人权的发展说明了市场经济对于城乡公民权利和利益的积极意义。

（2）市场经济推动农民合作社等农村社会组织的发育。④ 农村社会组织可以定义为农民根据生活和利益的需要，为了维护自身利益而自由、自愿、自发形成的符合农村具体情况的团体。20世纪90年代中国确立了"小政府、大社会"的改革目标，为农村社会组织的发展提供了较为广阔的空间。在这种背景下，农村大量出现农村社会组织。

就农民合作社而言，截至2013年年底，全国农民合作社达到95.07万家，成员7221万户，占农户总数的27.8%。全国各级示范社已突破10万家，开展内部信用合作的合作社已有近2万家，联合社5600多家、联合会2554家。同时，还有1.49万家合作社在2.7万个社区设立了2.3万

---

① [法]托克维尔：《论美国的民主》上卷，董国良译，商务印书馆1997年版，第6页。
② 王小章：《公民权利、市场的两重性和社会保障》，《学术论坛》2007年第7期。
③ 俞德鹏：《社会主义市场经济与机会平等、权利平等》，《北京社会科学》1996年第2期。
④ 李锦顺：《重建农会：我国农村持续发展的新能量》，《农业现代化研究》2003年第6期。

个直销店，7500万人受益。①

农村社会组织的出现是市场经济发展到一定阶段上必然要出现的一种社会政治现象，是市场经济发展的必然要求。这一点已由许多发达国家的历史所证明。从理论上说，农村社会组织之所以与市场经济之间产生必然联系，这是由市场经济的本性和农业的特点决定的。只要有市场存在与发展，就必然要有竞争。由于农业的弱质性，存在着市场风险、自然风险等和其他不确定因素，竞争则必然要极大地牵动农民的权利和利益的追求。当农民个人的权利表达遇到困难的时候，人们便求助于团体，希望借助于团体的力量来表达。只有联合起来，组成一个上下内外相互协作的利益共同体，才有可能抗御市场风浪的侵袭，减少经营风险。

从政治上看，建立农村社会组织可以有效地减少乡村政府管理的成本，有利于保持农村社会稳定，优化农村治理体系和提高农村治理能力，有利于改进社会治理方式，实现政府治理和农村社会自我调节、农民自治的良性互动。习近平同志指出，我国的治理体系和治理能力总体上是好的，并且有独特优势。同时，我们在国家治理体系和治理能力方面还有许多亟待改进的地方，在提高国家治理能力上需要下更大气力。② 优化农村治理体系和提高农村治理能力要重视农村社会团体的作用，他们是社会发展的正能量。

在中国，由于农村社会组织发育迟缓，政府人员不得不直接面对农民，与原子般的农民一对一地打交道，造成乡级政府机构臃肿，招聘和临时编制人员众多，行政经费入不敷出，使政府的农村政策也难以在乡村有效推行，造成行政成本高昂。据著名农村社会问题学者米格代尔的分析，分散的农民可能是"革命者"的社会基础，而有组织的农民则可能是改良主义者甚至是保守主义者的社会基础。如果通过农民自组织把分散的农民组织起来，农民的愿望就容易通过秩序化的组织渠道得到表达，一些突发事件也可以得到缓冲和调解。

从经济上看，发展农村社会组织有利于保护农民的经济权利，发展现

---

① 马荣才：《增强农民合作社活力和竞争力的思考》（上），《农民日报》2014年5月24日第8版。

② 《习近平：坚定制度自信不是要固步自封》，《中国党政干部论坛》2014年第3期。

代农业、参与国际竞争。重视提升农村社会组织的社会治理能力，是现阶段推进我国和谐社会建设的重要路径。让农民富裕起来本身就是一种降低社会矛盾的治理。对于农村社会组织而言，最重要的是让农民在市场经济中得到实惠，否则，农村社会组织便失去了存在的根据。农村社会组织应主要提供以下服务：

（1）供给服务——统一组织农民购买所需生产资料和生活资料。通过集中、大量、有计划地购买，可以享受厂价或批发价，防止农用生产资料、生活资料滥涨价；能够保质、保量、及时地供应农业生产和农民生活；能够实现流通合理化，减少流通费用；可以较好地解决农民"买难"的问题，提高农民在市场竞争中的地位，有效地防止坑农、害农事件的发生，极大地方便农民的生产和生活。

（2）销售服务——日本农协统一组织农产品的销售办法值得我们学习，它把农民送交的稻米和蔬菜水果等，在农村社会组织的分类中心由技术人员进行等级分类，产品贮入仓库或冷库。然后根据市场需求，把农副产品委托给市场批发公司，批发公司以拍卖的方式，通过竞争报价取得有利的销售价格。这能较好地解决了农民"卖难"的问题，有效地防止了对农副产品收购中的压级压价、打"白条"等现象的发生，提高了农民的收入。同时，通过订单生产、计划上市，避免了农副产品集中上市所造成的价格较大波动及淡季无货、旺季积压的现象；通过大批量销售，实现了农副产品流通合理化，节约了流通费用；解决了农民，特别是中老年农民无力销售的困难，极大地方便了农民。

（3）信用服务——农村社会组织会员手中的剩余资金开展以农村社会组织会员为对象的信贷业务。坚持信贷服务不以营利为目的，资金主要用于发展农业生产，提高农民生活水平；同国家的农业政策和金融政策密切配合；要求会员将闲置资金存入自己的信用组织，如存入商业银行则视为背叛行为；狠抓资金的投放和信誉，保证用在农业生产和农民生活两大领域，确保信用工作真正成为会员办事的金融组织。

（4）生产指导和保险服务——农村社会组织对农民的生产指导应该非常全面，包括生产技术的提高、生产计划的安排制订、种植业结构调整等，还可进行农产品的开发，使组织起来的农民增加经济效益。由于农业在国民经济中的软弱地位,且极易受到市场和自然条件的制约,还应该建立风险基金制度,号召会员发展互助协作精神,共同解决面临的问题,并确保农民由于意外灾害或事故遭受损失时能得到一定补偿,提高农业抵御自然灾害的能力。

从文化上看,建立农村社会组织有利于提高农民素质、培育公民意识。

辛亥革命推翻了君主制,新民主主义革命建立了中华人民共和国,公民意识有了一定程度的基础和发展。但在乡村民主政治中,仍然存在着许多问题。我们同西方大国家之间有差距,中国现在自己也承认在许多方面同先进国家有差距,但差距最大的是人民的公民意识方面的差距。在当今中国社会,由于农民没有自己的社团组织而显得自由涣散和难于聚合。组织起来的农民参与了以市场为导向的一体化经营,他们得到的绝不仅仅是经济实惠,更重要的是从价值观念、思维方式到行为习惯等方面的脱胎换骨般的更新改造。其主人翁意识、法治意识、合作协助意识和科技文化素质以及契约精神,在市场和合作经营中经受锻炼和提高。

需要指出的是农村社会组织不再是政权组织,而是被纳入法制化、规范化轨道的农民社团。它和政府是相互补充、相互促进的关系。政府属于行政组织,而农民自组织是社会组织,它对政府来说是补台而不是拆台。我们要警醒的是反对一些人另有图谋利用这个概念和组织,用这个反对社会主义制度。

2. 工业化和城市化对农民权利发展的推动作用

农民权利的缺失是在进行工业化的资本原始积累的背景下发生的,同样,工业化和城市化的发展也在为城乡权利关系的变革、农民权利的发展创造着一定的条件。

(1) 工业化为"反哺"创造条件。农民权利的增进在某种意义上是对农民的"权利反哺",资金上的"反哺"是这种"权利反哺"的主要表现形式。"反哺"的前提是农业产值比重下降和农业劳动力比重下降。改革开放以来,工业经济进入腾飞期,一个具有一定技术水平的、门类比较齐全的、独立的工业体系已经建立起来,产业结构发生了重大变化。实际上,根据指标体系,从20世纪90年代中期开始,中国就进入了工业化的中期阶段，已经基本具备了保护农民权利和"反哺"的条件①。

中国科学院可持续发展战略课题组通过对中国各地区实现现代化的目标依据、能力依据和过程的分析、归纳和统一对比，列出了在中国实现现代化的地区排序以及各自到达现代化目标的时间表。该报告的研究结论是，中国作为一个整体，将在2050年全面达到当时世界中等发达国家的水平，实现以工业化为主的现代化目标。② 这意味着到2050年，我国农业将实现现代化和城乡经济一体化，农民将大量减少。

工业化的发展不仅可以为"工业反哺农业，城市支持农村"尤其是增加对农村公共事业的投入创造条件，从而更好地保护和实现好农民的社会权利，而且国民经济的发展和经济福利水平的普遍提高也可以更好地实现农民的政治权利。科恩认为，合理水平的经济福利是民主的条件。虽然在普遍享有繁荣的社会，民主也可能因非经济的原因而不完备或根本无法实现，但是如果只有少数享有繁荣而广大民众处于屈辱贫困中，民主是不可能实现的，以"民主"为名，不过是欺世盗名。在公民主要或完全关心自己或家庭生存问题的经济条件下，是不可能产生有生气的民主的。极端贫困使参与者愚昧无知，即使是广泛的参与，也不过是表面文章，民主必然失败。只有丰衣足食的人才有时间和精力去做一个热心公益的公民。需要指出的是，经济福利是一回事，经济（结果）平等是另一回事。改善穷人的命运与实现经济平等这两个目标，既相互联系，又相互区别。经济平等虽然值得争取，但它不是民主严格的条件。城乡居民政治权利平等的条件不是城乡收入差距的消除，而是农民摆脱贫困，享有合理的经济福利。③

（2）城市化对农民权利增进的影响。与工业化相伴的是人口的城市化。改革开放前，由于城乡二元结构、城市基础设施落后的国情困境，城市化进程异常缓慢。改革开放后，城市化进程明显加快。我国城镇化率从1978年的18%攀升至2012年的52.57%，城镇常住人口达7.1亿人。城

---

① 李锦顺：《反哺农村战略：我国城乡关系的内生应然逻辑》，《经济问题探索》2006年第1期。

② 郝铁川：《论我国人大代表的两个问题》，《法律科学——西北政法学院学报》2004年第5期。

③ ［美］科恩：《论民主》，聂崇信译，商务印书馆2005年版，第110—120页。

市数量从1978年的193个增加到2011年的657个，建制镇从2173个增加到19410个。①

城市化水平的提高对农民权利发展的推动作用是多方面的：

首先，在任何社会中都难以实现少数对多数的"反哺"，城市化水平的提高、农业人口的减少是实现"工业反哺农业，城市支持农村"的重要条件，因而也是农民社会权利发展的动力。

其次，农民人口众多，就难以产生统一的、强有力的集体行动，而城市化的发展和农民人数的减少可能更有助于农民阶层采取集体行动，争取自己的权利。

最后，城市化可以为工农政治权利的平等创造条件。《选举法》规定的"城乡不同比"的合理性是与城市化水平低的人口状况相联系的。在农民占总人口绝对多数的情况下，如果实行城乡同比，就意味着人民代表大会会变成一个农民占多数的代表大会。城市化水平的提高将有助于推动城乡代表比例平等问题的解决。

（3）交通通信的发展有利于权利的保护和发展。工业化给农村带来的一个重大变化就是推动了农村地区交通通信的发展。这一发展可以从多个方面推动农民权利的发展和实现。

首先，交通和通信的发展，使农民了解和获取相关权利信息方便，通道更加顺畅。向农民提供高质量的相关公共服务是保护农民权利的一个低成本途径。② 农村交通和通信技术的发展有助于实现农民的知情权，有利于提高农民自身的权利意识，有利于国家政策法规所赋予的政策性权利和法定权利。国家有关农村、农业、农民问题的政策和文件通过报纸、电视、广播直接进入农户的家中。由于农民生活条件的改善和国家在广播电视方面加大对农村地区的投入，农村地区的大众媒体覆盖率大大提高了，农民了解中央政策的渠道更为通畅了。③

其次，交通和通信技术的进步，有助于增强农民维护自己权利的能

---

① 刘文宁：《城镇化建设：在奔跑中调整步伐》，《工人日报》2013年3月28日第2版。
② 世界银行东亚与太平洋地区：《改善农村公共服务》，中信出版社2008年版，第68页。
③ 仝志辉：《农民国家观念形成机制的求解》，载［美］黄宗智主编《中国乡村研究》第4辑，社会科学文献出版社2006年版，第184页。

力。这种科学技术对农民主张自己的权利的重要影响主要表现在：手机短信和网络在农民集体维权行动中发挥了重要作用，复印和录音技术的发展也大大降低了农民在保护农民权利过程中获得、展示和自发传播政策、法律的成本。另外，农村交通的发展也使农民进城表达权利诉求更便利了。

最后，交通和通信技术的使用，有助于"个人生态范围"的扩大。"个人生态范围"是由美国加州大学伯克利分校著名政治学家斯廷奇科姆提出的一个概念，指的是一个人的大部分问题得以从中产生并得到解决的一系列社会关系。[①] 农民"个人生态范围"由一个村庄、一个地方市场到城市、到外省的扩大，意味着原本属于农民个人的问题，如就业、保障、教育等，一步步转化为必须由越来越高层级的政府出面解决的社会问题，意味着农民的许多需求正在不可避免地转化为公民权问题。这种因为交通和通信造成的生态范围的扩大，使农民的权利保护成为一个引人关注的社会性问题，成为一个国家不得不认真考虑的一个问题。

3. 全球化对农民权利发展的推动作用

尽管全球化加剧了世界经济的不平衡，拉大了贫富差距，但是经济全球化已经成为一个不可逆转的世界发展趋势。加入WTO，就是我国融入经济全球化的一个重要步骤，也是我国全面把握全球化所带来的历史机遇，顺应时代潮流，趋利避害，回应全球化所带来的挑战。

为了适应全球化趋势，我们需要在各个方面和世界接轨。尽管西方在全球化中占尽先机，掌握了一定程度的话语霸权，但中国共产党为农民谋利益的属性，决定了我国并不一定亦步亦趋，也并不表明中国共产党为人民谋福祉是被迫的，参与进去也并不等于我们向西方世界看齐。但是全球化对我国人民的权利和农民的权利的确起到一定程度的推动作用。

改革开放以来，中国与其他国家和组织的人权对话开始加强，从而对包括农民权利在内的中国公民权利的发展产生了重要影响。

在新中国成立以后的相当长时期内，党和政府不仅在宪法和法律上不使用"人权"概念，而且在思想理论上也曾将"人权"问题视为禁区。1985年6月，针对国际敌对势力对中国的攻击，邓小平从与西方人权观

[①] ［美］斯廷奇科姆：《社会结构与政治》，载［美］格林斯坦编《政治学手册精选》（上），竺乾威等译，商务印书馆1996年版，第525页。

相区别的角度，提出了社会主义中国可以讲人权以及讲什么人权的问题。1991年11月，在应对国际敌对势力的"人权"攻势的背景下，国务院新闻办公室发表《中国的人权状况》白皮书，将人权称为"伟大的名词"，并强调实现充分的人权是"长期以来人类追求的理想"、中国社会主义所要求的"崇高目标"，首次以政府文件的形式正面肯定了"人权"概念在中国的地位。1997年10月中国政府签署《经济、社会、文化权利国际公约》，1998年10月签署了《公民权利和政治权利国际公约》。2001年2月全国人大常委会批准了《经济、社会及文化权利国际公约》。2001年12月中国加入世贸组织，"国民待遇"原则逐渐转化为社会共识，人们对加入WTO后农民的人权状况十分担忧，甚至有人断言："农民的社会等级地位不改善，国民待遇不落实，城乡二元制度不破除……三农问题就不可能得到解决，并将使农民成为我国加入WTO后的最大受害者。"[①] 2001年为了落实WTO附属条款中的"自由迁徙权利"条款，中央政府和地方政府都出台了一系列户籍制度改革措施。[②] 2002年11月，党的十六大再次在主题报告中将"尊重和保障人权"确立为新世纪新阶段党和国家发展的重要目标。2004年3月，第十届全国人民代表大会第二次会议通过了《宪法修正案》，首次将"人权"概念引入宪法，明确规定："国家尊重和保障人权。"另外，中国还加入了《消除一切形式种族歧视国际公约》《消除对妇女一切形式歧视公约》《禁止酷刑和其他残忍、不人道或有辱人格的待遇或处罚公约》《儿童权利公约》等国际人权公约。这些都极大促进了农民的权利。

（二）城乡居民权利平等的思想

1. 城乡社会对城乡弱势群体都具有强烈的同情心和理解能力

费孝通先生认为，中国的农村社会就是一个差序格局的社会，都是一个以自己为中心扩散开去的人伦结构，凡事都要弄清楚了对象是谁、与自己存在何种关系之后，才能决定拿出什么标准来。[③] 冯崇义教授进一步解

[①] 林光彬：《社会等级制度与"三农"问题》，《改革》2002年第2期。
[②] 景天魁：《城乡统筹就业：打破二元社会结构的突破口》，《浙江经济》2002年第19期。
[③] 费孝通：《乡土中国：生育制度》，北京大学出版社1998年版，第36页。

释认为，中国人的"关系"和"人情"具有强烈的排他性，它"只存在于亲族或熟人的关系圈中"[①]。人们推测，这种"排他性"传统加上城乡二元结构的长期作用，培养了市民高人一等的意识，自我感觉良好的优越感意识可能就是农民市民化的非正式制度障碍[②]。但是，笔者在调查中发现，农村71.4%的被访者认为进城农民工和城市贫困人口是同样值得同情的，持这一看法的农村大众、知识精英、城市干部和农民工的比例更是高达75%、82%、75%和70%（见表2-1）。人们广泛猜测的城市阶层对农民工的普遍的贬低和道德歧视并非明显存在。

这表明社会发展到目前阶段，大部分城乡居民已经超越城乡界限产生"兼爱"心理结构，工人和农民权利平等的社会道德基础基本建立。也就是，随着个人生态范围扩大，超越"差序格局"的道德准则基本形成，"兼爱"条件已经具备。

表2-1　　　　　农民工和城市穷困人口谁更值得同情？

群体来源	主要职业	农民工更值得同情	贫困市民更值得同情	两者一样值得同情	说不清	合计
城市	知识精英	14%	2%	82%	2%	100%
	城市干部	17%	3%	75%	5%	100%
	城市大众	23%	10%	65%	2%	100%
	经济精英	34%	5%	60%	1%	100%
农村	乡镇干部	21%	3%	73%	3%	100%
	农村大众	18%	5%	75%	2%	100%
	农民工	25%	3%	70%	2%	100%
	平均	20.2%	5.8%	71.4%		100%

2. 城乡居民都有缩小城乡差别的良好愿望

有一传统观点认为，我国城市偏好的政策之所以存续至今，是因为城

[①] 冯崇义：《农民意识与中国》，中华书局1989年版，第17页。
[②] 李生校、娄钰华：《失地农民市民化的制约因素分析及其对策研究》，《农村经济》2004年第9期。

市居民的反对意见和舆论压力对政府决策产生了负面影响。① 也就是说，作为从农村获得大量利益的城市居民是反对给予农民平等权利的。笔者的调查汇总结果不支持这个推断。在回答"面对我国城乡生活反差，应该具有的态度"选项，城市精英主张采取强力措施的高达70%，城市板块只有12.5%认为应该顺其自然。与城市大众的态度相对应，74%的农村大众持"采取强有力措施消除差别"的态度。可能的解释是，作为城乡社会中的弱势群体，他们都对依赖国家公共权力有强烈的渴望，只不过城市大众希望采取措施改变现状，农村大众强烈希望改变现状。在这个问题上，城市干部与乡镇干部存在明显分歧，对缩小城乡差别所持态度的乡镇干部和城市干部的比例分别为20%和38%，对缩小城乡差别持稳健态度的乡镇干部和城市干部的比例分别为10%和18%（见表2-2）。之所以如此，可能是县乡干部享有的福利水平远低于城市干部，所以城乡差别在前者身上产生的道德成本低于在后者身上产生的道德成本，也就是说后者比前者更感到城乡差别是不道德的。②

表2-2　　　　　　　　　对待城乡差距的态度调查结果

群体来源	主要职业	国家应该采取强力措施	国家应该采取措施	顺其自然	合计
城市	知识精英	70%	25%	5%	100%
	城市干部	52%	38%	10%	100%
	城市大众	55%	34%	11%	100%
	经济精英	44%	32%	24%	100%
农村	乡镇干部	62%	20%	18%	100%
	农村大众	74%	15%	11%	100%
	农民工	77%	11%	12%	100%
	平均	62%	25%	13%	100%

---

① 蔡昉:《城乡收入差距的政治经济学》，《中国社会科学》2000年第4期。
② 美国法学家德沃金认为，错误的判决不仅仅带来经济成本，也带来道德耗费即道德成本。《法律的原则》，中国大百科全书出版社1996年版，第26页。

3. 对国家实现城乡平等充满期待

随着农业份额的下降和国家财政能力的增强，城乡统筹、城乡一体化已经提上日程，城乡差距受到遏制甚至逆转是"可以期待"的。① 从"价值能力"的角度来看，国家基本具备了促进城乡基本公共服务均等化的物质条件。从我们的调查结果来看也印证，社会各阶层"相信"国家有能力实现城乡平等的比例为54.1%，大部分人持"相信"和"确定"的态度。也就是说，人们对于实现城乡平等的"价值预期"总体上高于国家推进城乡平等的"价值能力"。② 在这个问题上，乡镇干部的态度仍然引人关注，他们中59%的人"不相信"国家有能力实现城乡平等，高出平均值28个百分点（见表2－3）。可能的解释是，由于乡镇财政的普遍困难，县乡干部对国家能力尤其是其财政能力更加缺乏信心。

表2－3　　对国家实现城乡居民利益平权能力的调查结果

群体来源	主要职业	相信	不相信	说不准	合计
城市	知识精英	69%	15%	16%	100%
	城市干部	56%	31%	13%	100%
	城市大众	37%	35%	28%	100%
	经济精英	57%	27%	16%	100%
农村	乡村教师	39%	45%	16%	100%
	乡镇干部	23%	59%	18%	100%
	农村大众	74%	15%	11%	100%
	农民工	78%	11%	11%	100%
	平均	54.1%	29.7%	16.1%	100%

总的来说，城市阶层针对农民和农民工的歧视以及对缩小城乡差别的

---

① 王绍光：《大转型：1980年代以来中国的双向运动》，《中国社会科学》2008年第1期。
② 美国政治学家格尔（Ted R. Gurr）在20世纪70年代提出了革命理论中的相对剥夺理论，即每个人都有某种价值期望，而社会则有某种价值能力；当社会变迁导致价值能力低于价值期望时，就会引发普遍的挫折感，并导致某种程度的敌意行为。见［挪］斯坦因·U.拉尔森主编《政治学理论与方法》，任晓等译，上海世纪出版集团2006年版，第242页。

排斥，远没有人们想象得那样严重，所谓的农民工市民化的"文化障碍"① 并不存在，大部分人也并不认可城乡差别的合理性，并不期望农民权利受损的状况延续下去，对国家是充满期待的。换句话说，城乡利益关系变革的"临界点"已经来临。相对而言，城乡利益关系变革的积极力量更多地来自农民工和城市经济精英。农民工的公民意识已经觉醒，他们对改革城乡关系态度积极。② 这与一些发展中国家"第一代农村移民由于缺乏对政府的信任，所以往往表现出保守主义和对政治权威的顺从"③ 有很大的不同。一般而言，中产阶级各阶层中最激进的部分是知识分子。④但是，当代中国的知识精英在城乡关系问题上并不"激进"，倒是作为市场经济产物的经济精英更加具有变革精神。城乡关系改革应以就业制度和"城乡同比"的政治关系的改革为突破口，并采取首先在县的层次上进行自觉推进的策略。乡镇干部是非农业人口中对户籍制度的作用看得最轻的阶层，在县的层次上进行城乡关系制度的深层次变革遇到的阻力将是最小的。大中城市则可以继续采取对农民进城务工进行适应性变革的方式来维护农民权利。在劳资之间、贫富之间、干群之间的利益冲突日益凸显的情况下，人们对农民和市民之间存在的利益矛盾的感受性并不强⑤，现阶段人们不会因城乡居民利益差别问题而产生普遍的"敌意行为"，城乡关系变革可以在一个比较宽松的社会舆论及文化环境中进行。

---

① 李澍卿认为，农村人口进入大城市面临着"文化障碍"，乡村文化与城市文化的明显差异使市民与农民之间的隔阂难以消除。参见李澍卿《农村人口迁入大城市户籍制度创新研究》，国务院人口普查办公室与国家统计局人口和社会科技统计司编：《转型期的中国人口》，中国统计出版社 2005 年版，第 433 页。

② 有研究者甚至认为，农民工还可能成为推动民间社会生长和社会体制改革的内在动力。参见 Dorothy J. Solinger, China's Transients and the State: A Form of Civil Society? *Hong Kong Institute of Asia-Pacific Studies*, Chinese University of Hong Kong, 1991: 46。刘开明《农民工：中国改革的动力》，李真主编《流动与融合》，团结出版社 2005 年版，第 66 页。

③ [美] 塞缪尔·P. 亨廷顿：《变化社会中的政治秩序》，王冠华等译，三联书店 1989 年版，第 255 页。

④ 同上书，第 264 页。

⑤ 李培林教授在对中国城市居民社会观念进行分析时发现：每个客观职业阶层的人们都很少有人认为农民和市民之间存在利益矛盾；在对劳资之间、贫富之间、干群之间、农民和市民之间利益冲突强度的排序中，农民和市民之间的利益冲突处于末位；而且认为农民和市民之间存在利益冲突的人数百分比的分布在各个阶层也没有太大区别。参见李培林等《社会冲突与阶级意识》，社会科学文献出版社 2005 年版，第 140 页。

第三章

城乡一体化中农民权利存在的问题

在新民主主义革命中，在社会主义革命中以及在社会主义假设过程中，为了保护农民的各种权利，中国共产党进行了不懈的努力和长期的奋斗。党的十六大以来，中央每年都开农村工作会议，每年都颁布中央一号文件，为推进农民权利的保护制定了比较全面的方针政策和创造了良好的政策环境。各地各部门在保护农民权利方面进行了大胆探索，积累了宝贵经验，取得了巨大的成就。但也要清醒地认识到，保护农民权利是一项长期而艰巨的工作。这是因为，我国仍处于社会主义初级阶段，生产力发展水平不高，城乡二元结构的破除程度，城乡一体化的实现程度，归根结底取决于经济社会的生产力发展水平，这是不以人的主观意志为转移的客观规律。同时我们还要看到，保护农民权利不仅涉及农村内部利益关系的调整，而且涉及工农、城乡之间利益关系的重大调整，改革越是深入，改革的难度越大。因此，对保护农民权利的认识，必须牢牢把握基本国情和利益关系调整的特征，对农民权利的调整要坚持正确的态度。对中国共产党所取得的成绩既不能视而不见，也不能怨天尤人，满腹牢骚，对政府进行不符实际的批评和责难。

特别是中国共产党第十八次全国代表大会以来，改革开放取得重大进展，我国经济平稳较快发展，人民生活水平显著提高，城乡居民收入较快增长，城乡最低生活保障标准和农村扶贫标准大幅提升。这些成就更加增强了我们对中国特色社会主义的道路自信、理论自信和制度自信。这"三个自信"是鸦片战争以来、中国共产党成立以来、新中国成立以来、尤其是改革开放以来中国人民艰辛探索的结果，也是一代又一代中国共产党人带领中国人民勇于实践的智慧的结晶。

自信不是自满，自信意味着我们要敢于坚持正确的理论和经验；自信意味着要敢于正视发展中的问题，既要反对动摇社会主义的信念基石，也反对僵化封闭，要在前进的道路上，正视困难，不断发展中国特色社会主义。我们的农村工作中还存在许多不足之处，前进道路上还有不少困难和问题。城乡之间发展中不平衡、不协调、不可持续问题依然突出，就城乡一体化农民权利存在的问题而言，实现权利平等的任务艰巨，在教育、社会保障等关系农民切身权利的问题也比较多。对这些困难和问题，我们必须要高度重视，进一步认真加以解决。解决了这些问题，能够有力地推动中国梦的早日实现。

一 城乡一体化中农民的政治权利保护存在的主要问题

农民由于其自身经济状况、生活方式、文化素质、地缘条件等的影响，常常难以表达自己的意志。《中共中央关于推进农村改革发展若干重大问题的决定》提出要完善与农民政治参与积极性不断提高相适应的乡镇治理机制，实行政务公开，依法保障农民知情权、参与权、表达权、监督权。[①] 这些对我们研究和探索农民的政治权利有着重要的指导意义。

我国当代农民政治权利存在的主要问题有以下几方面。

（一）社会公共事务的自主决定权

近代民主革命先驱孙中山先生说："政治两字的意思，浅而言之，政就是众人之事，治就是管理，管理众人之事便是政治。有管理众人之事的力量，便是政权。"[②] 因此，对社会公共事务的管理既是政治应有的任务，也是公民政治活动的重要方面。公民能否对社会公共事务进行自主管理是公民是否完全享有政治权利的重要体现。就法律层面而言，公民对社会公

[①] 《中共中央关于推进农村改革发展若干重大问题的决定》，《人民日报》2008年10月20日第1版。

[②] 《孙中山选集》，人民出版社1981年版，第692—693页。

共事务的管理权主要表现为以下几个方面：一是选举权，即选择公共权力行使者的权利；二是参与立法权；三是特定事项的决定权。农民作为公民的一部分，自然也与其他主体一样应当享有同样的权利，这是从应然的角度而言，但是，从实然角度来看，农民在对社会公共事务管理方面所享有的权利无论在立法上，还是在实际上都存在着不平等。

1. 选举权

作为政治权利的构成要素，选举权是表达和展现民意的基本手段。选举权是指选民依法选举代议机关代表、特定组织人员和特定国家机关公职人员的权利。我国宪法明确规定：我国18周岁的公民，"不分民族、种族、性别、职业、家庭出身、宗教信仰、教育程度、财产状况、居住期限，都有选举权与被选举权；但是依照法律被剥夺政治权利的人除外"。根据《选举法》的规定，我国宪法赋予公民的选举权具有平等性与普遍性两个特点。所谓平等性就是指每个选民在每次选举中只能在一个地方享有一个投票权，每票的效力相等。不允许任何选民享有特权，更不允许对任何选民非法加以限制或歧视，在各级人民代表大会代表名额的分配上，采取以一定人口数为基础的原则；所谓普遍性是指一个国家内享有选举权的公民的广泛程度，根据我国《选举法》规定，享有选举权的基本条件有三个，即具有中国的国籍、是中华人民共和国公民，年满18周岁，依法享有政治权利。但是农民所享有的选举权与城镇居民相比在《选举法》的规定上就是不平等的，选举权的普遍性原则也没有得到体现。

从1953年的《选举法》对我国农村和城市代表人口的比例8∶1规定来看，也没有做到这一点。按农村与城市的8∶1模型设计，假设农村人口占80%，城市人口占20%，则农村选出的全国人大代表也应占到33.3%，这与实际出入也很大。如果考虑到非农代表也能代表农民的权利，那似乎能理解这一现象，但这样一来，对农村与城市每一位代表所代表的人口数作出不同的规定就没有意义了。对照少数民族的政治平等权，国家则给予充分的尊重。少数民族人口占全国人口8%左右，在历届全国人大中所占的份额最低是四届人大的9.4%，最高则是七届人大的15%，九届人大为14.4%，并且保证各个民族都有至少一名代表，这对于实现各民族的大团结发挥了积极的作用。政协中的农民委员就更稀少了。在1000

多名第七届全国政协委员中仅有两名是农民①。2012年2月29日，第十一届全国人大代表实有2978人，其中官员、公务员代表2491人，民企员工代表16人（包括农民工3人），农民代表13人（以村党组织书记为主）。② 2013年3月召开的第十二届全国人民代表大会第一次会议，也没有看到情况有明显的改观。《选举法》在选举权问题上，将农民和其他群体采取了"差别对待"，就国情而言有一定道理，但事实上造成在选举权方面农民所享有的权利与其他社会主体相比存在一定的歧视。这种差别是和我国政府1998年签署的《公民权利和政治权利国际公约》的要求是不匹配的。

城乡选举权的不平等造成农民代表的数量不能满足主张权利的要求，不利于保护农民的权利。在国家权力机关中代表数量不足使得农民很难充分表达自己的意志，造成了农民长期以来在政治、经济、教育以及资源占有上居于弱势地位的政治原因。要建设和谐社会，保护农民的选举权，进一步提高社会主义政治文明程度，推进基层民主进程，必须把落实农民选举权和被选举权作为政治重点。

2. 参与立法权

立法是特定国家机关在社会主体的参与下，通过创设法律权利与义务、权力和责任，对利益关系进行正当性再分配的决策活动，是社会利益要求的国家意志化。立法不但具有公利性，而且具有公意性。立法的公利性要求立法以绝大多数人的利益为原则，从绝大多数人的利益出发；立法的公意性则要求立法应当充分而准确地反映社会公共的认知和意愿，不能仅仅反映少数人的利益要求。③ 马克思明确指出："参与立法权就是参与政治国家，就是表明和实现自己作为政治国家的成员、作为国家成员的存在。"④ 因此，农民享有多大的参与立法权不但是国家性质的体现，也是农民之所以成为公民的重要象征。所以说，保障公民的参与立法权是保障公民政治权利的重要内容。

然而，农民作为我国最大的公民群体，并未真正享受到参与立法权。

---

① 周其明：《农民平等权的法律保障问题》，《法商研究》2000年第2期。
② 徐恒杰：《"同票同权"有利于农民扩大话语权》，《农民日报》2012年3月12日第2版。
③ 刘华：《创制良善之法——立法伦理探讨》，中国法律教育网。
④ 《马克思恩格斯全集》第3卷，人民出版社2002年版，第147页。

在我国，立法是国家有权机关履行职责的活动，是指国家有权机关依照法定程序，创制、修订、废止规范性文件的活动。在这样的理论指导下，所有的立法权都是由国家有权机关来行使。具体来说，宪法规定得十分详细：全国人民代表大会享有制定、修改宪法的权力，同时对基本法律享有立法权；全国人民代表大会常务委员会享有基本法律以外的法律的立法权；国务院享有行政法规的立法权；部门规章的立法权则由国务院各部门享有；省、直辖市人大及其常委会享有地方性法规的立法权；政府则享有地方政府规章的制定权；各级行政机关则可以制定其他规范性文件。当然，由于立法本身是一个相当复杂的过程，也是行使国家权力的象征，所以立法权必须由一定的国家机关来行使，也就是说，人民已将立法权授予一定的国家机关。当然，虽说人民将立法权授予一定的国家机关，但人民仍可以参与、监督，如立法机关可直接听取意见，人民也可通过其选举的代表反映意见，包括农民这个最大的群体应有权表达自己对立法、执法的意见建议。"在古希腊许多城市国家（city state）中，公民团体不但享有选举官吏之权，并且享有直接立法之权"，"公民团体参与立法的方式，约有两种：一为'复决'（referendum），又一为'创制'（initiative）"。[①]

所谓复决，就是将立法机关所通过的法律案或宪法案，交付公民投票表决，以决定其应否成为法律或宪法的活动。

确保人民享有参与立法权的另一种方式是创制。创制是承认公民达到若干人数，就有权提出关于法律或宪法的建议案，目的在于防止立法机关拒绝制定民意所要求的法律。在这方面，《立法法》第13条虽说规定了"一个代表团或者三十名以上的代表联名，可以向全国人民代表大会提出法律案"；第25条也规定了"常务委员会组成人员十人以上联名，可以向常务委员会提出法律案"。事实上每年全国人民代表大会上都会有一些农民代表或基层干部代表提出几百件要求立法或修改法律的议案。但由于农民代表在全国人大代表中所占的比例很小，加之农民代表对法律的了解程度相对较低，所以《立法法》所规定的创制权，在中国农民身上直接体现的难度较大。

农民往往成为制度的接受者，没有成为制度的设计创制者。如规范村

---

① 王世杰、钱端升：《比较宪法学》，商务印书馆1999年版，第203页。

民自治最重要的法律是 1998 年颁布的《村民委员会组织法》。这是一部关乎农民政治生活的十分重要的法律。《村民委员会组织法》规定了村民委员会的性质是村民自我管理、自我教育、自我服务的基层群众性自治组织，它的运作模式是民主选举、民主决策、民主管理、民主监督的村民自治模式。这样的制度设计是党和政府"还政于民"的重要步骤。但是，在实践中，《村民委员会组织法》从立法试行到修订定型，直接听取农民的意见并不多。因此，农民并没有成为村民自治制度的设计创制者，而只是该制度的被动接受者或者说是践行者。目前在我国立法中逐渐实行听证制度，注重听取公民的意见建议，农民可直接对立法发表意见、表达民意。今后随着民主化进程的加快，相信我国农民参与法律的复决与创制的发言权和深度将会有很大程度提高。

3. 特定事项的决定权

根据宪法和《地方组织法》的规定，重大事项决定权是人民代表大会及其常务委员会的重要职权，这样的立法本意在于通过人民代表大会的形式确保国家重大事项的决定权由人民行使。所谓的重大事项自然是关系到人民的基本生活，关系到人民的基本权利的问题，比如国家预算决算、重大工程的投资建设规划、涉及本行政区域内的其他重大事项等。这一规定从制度设计层面上说是符合立法程序规定的，也能反映民主决策的要求。但具体操作上，可以发现农民对国家重大事项是很难真正拥有决定权的。因为我国人大代表是通过直接选举与间接选举相结合产生的。县、乡级的人大代表通过直接选举产生，市、省及全国人大代表则通过间接选举产生。按理来说，在县、乡一级由于农民在数量上占绝对优势，又是通过直接选举产生代表，被选为代表的应当也以农民居多。按理对县、乡政府的重大事项农民可以发言，但事实上，农民代表的知情渠道少，认识程度参差不齐，农民的真实想法和意见很难得到充分的表达，决策程序上也没有设定，很难行使对特定事项的决定权。所以，农民其实并未真正享有对重大事项的决定权。

（二）农民担任国家公职的权利

担任公职的权利是国际人权公约和国内法都予以保护的公民的基本政治权利，根据公民行使宪法和法律权利的要求，只要是在法律上没有被剥夺政治权利的人都可以担任公职。具体来说，公民担任国家公职的权利主要有两方面的体现。

1. 被选举权

被选举权是担任国家公职的法定条件权。在现代社会，担任公职常常需要经过选举，能否具有被选举权决定了担任公职的机会。也就是被选举权是连接选举和公职的中间桥梁。从人权角度来看，被选举权具有平等性。除非法律所规定的特殊情形之外，被选举权应当平等地适用于每一个公民，公民享有被提名和当选的权利。当然与选举权相比较，被选举权受到的限制会更多，因为要担任国家公职，所以与选举权相比较，被选举人本身还需要一定的能力，被选举权必然要比选举权受到的限制要多。为此，在原来的选举法下，虽然公民的被提名权可以获得充分的保护，但由于选举程序中有一系列候选人酝酿、协商机制存在，往往在这过程中民主意识程序差一点，农民获得作为正式候选人的机会变得非常渺茫。为保证合格的公民有充分地被提名和担任正式候选人的机会，2004年经过修改的《选举法》建立了预选制度，弥合了以前的选举的制度弊端，在保证公民的被选举权实现方面迈出了一大步。但是农民的被选举权并未因为选举法的修订、预选制度的确立而有所改观。由于户籍、身份等原因，农民仍处在被选举为国家公务人员的范围之外，也就难以实现其被选为国家机关领导人的权利。

过去村级干部优秀的可以选拔到乡镇以上国家机关工作，现在公务员法颁行后，干部选拔的这一渠道中断了。现实中，能成为国家公务人员的方式只能是具有城镇户口的人员才能参加的国家公务员考试，这也使农民担任公职的机会大大减少。

2. 担任国家公务员的权利

公务员在西方被称为"政府文官"，在我国即指国家行政机关干部。公务员的范围界定为各级国家行政机关中除工勤人员以外的人员。国家公务员掌握着社会公共权力，不同的岗位承担着相应的国家事务、公共事务的管理责任，是国家经济和社会发展的推动力量。他们执行政策、设计方案、组织实施并进行监督反馈，左右着社会的发展方向和前进步伐。因此，国家对公务员的录用设定了较为严格的条件。除了具备国籍、年龄、品行以及身体条件之外，最为重要的是必须具备符合职位要求的文化程度和工作能力。迄今为止，由于大学毕业生就业的压力，而公务员是相对比较稳定的职业，社会地位较高，公务员成为毕业大学生竞相争取的职业。过去，由于存在城乡二元户籍的问题，从中央到地方，国家机关要录用工作人员，必备要件就是要有城镇户口。这实际上就是对农村户口的农民增加了一道门槛，也就是农民基本上被排除了担任公职的可能性。最近，有些省市允许农民参加全省公务员录用考试，使农民获得竞考县级党政机关工作的权利和机会，但毕竟凤毛麟角，能如愿者很少，看上去农民已开始拥有了担任国家公务员的权利，但是与城市居民相比仍存在实际上的不平等，比如学历的要求、工作经历的要求，等等。

（三）农民对国家权力监督的权利

农民应该享有对国家权力进行监督的权利。下面以批评建议权和罢免权两个方面为例看看农民享有权利的状况。

1. 批评建议权

批评建议权是将批评权与建议权合二为一的称呼。我国宪法第 41 条规定公民对任何国家机关及其工作人员，有"提出批评和建议的权利；对于任何国家机关和国家机关工作人员的违法失职行为，有向有关国家机关提出申诉、控告或者检举的权利。……对于公民的申诉、控告或者检举，有关国家机关必须查清事实，负责处理"。当前农民行使该项权利的方式主要有参加村民会议，参加上级指定的有关会议，农民中的人民代表、政协委员参加"两会"提建议意见，还有就是信访、上访和法律诉讼。

目前农民的上访已经成了中国社会治理中的一个特有的现象。上访是农民行使批评建议权的一种形式，是农民权利受到侵害时为维护自身权利所作出的一种诉求方式。近几年来，农民上访的量非常大，上访的内容也是五花八门，在上访的农民中，大部分都不是一次性上访，不少是多次上访、重复访。具体表现出以下几个特征：第一，上访申诉的对象主要是县级以上党政机关，而且更多的是到市、到省，甚至是到中央。第二，上访控告的对象，主要是损害其权利的基层政府、团体机构、企业等，而以基层政府为多。第三，上访的目的是试图借助上级机关的权威，来约束基层政府机关及其官员、代理人利用公共权力作出的侵害农民合法权利的行为，以保护农民的权利。近十年来，农民上访的主题一直在发生变化，从计划生育、税费征收，到学杂费多收、干部腐败，再到拆迁安置、征用土地、环境保护受到侵占等，都与基层政府的施政有关。应该说通过上访，农民的很多合理诉求得到了较好的解决，但也有不少是上级让下边继续调查和了解情况，并没有作出任何实质性的解决。而农民上访所付出的政治和经济代价却很大。经济上农民需要付所有的旅费，还要承担误工损失，并且是告地方政府和官员的状，承受的压力是显而易见的。这几年中央高度重视解决上访问题，要求各级党委、政府采取切实措施，认真排查群众上访的原因，尤其要对重复访、群访问题提出针对性的处理意见，并组织各级干部下访，解决了一批问题。但目前正处在社会转型期、矛盾凸显期，老的矛盾新的问题交织，历史遗留问题与现实问题相互交织，经济利益诉求和谋求政治权利相互交织，合理要求与不合法方式相互交织，多数人的合理诉求与少数人的无理取闹相互交织，利益群体和非利益群体交织，这使得上访量仍然居高不下。自 1993 年全国群众来信来访总量已经持续上升了 10 年。其中农民、农业和农村是焦点。[①] 从 2005 年开始，通过建立健全体制机制，齐抓共管的信访工作大格局基本形成，连续 7 年保持信访总量、集体上访、重信重访、非正常上访数量下降和信访秩序才明显好转的"四下降一好转"总体态势。[②] 但是尽管如此，国家信访局人满为患。但是 2014 年 5 月 1 日起将实施《关于进一步规范信访事项受理办理程序引导来访人依法逐级走访的办法》[③]，规定了不能跨级本级和上级，规定逐级上访，阻止越级上访。

农民向政府表达意见方式的选择，多以对政府权威和现行制度的信念为基础，这反映了他们对党和政府的信心和价值取向。换言之，他们对政府有什么样的信念和看法，就会采取相应的行为方式。

当他们对上级党政组织充分信任时，就往往采取"沟通性"行为。当他们对上级党政组织的信任尚未完全丧失时，就有可能采取"逼迫性"

---

① 《群众信访总量持续 10 年上升 周占顺指出中国已进入信访活跃期》，《领导决策信息》2003 年第 46 期。

② 《让人民群众的合法权益得到有效维护——党的十六大以来信访工作成就综述》，《中国青年报》2012 年 10 月 26 日第 3 版。

③ 许路阳、邢世伟：《国家信访局新规 跨级上访不予受理》，《民主与法制时报》2014 年 4 月 28 日第 13 版。

行动。如果不再相信任何一级党政组织,他们就有可能采取"敌视性"行动。① 总的来看,目前绝大多数农民上访是采取"依法上访"或"以法抗争"方式来维权的,但也有的地方上访激化了矛盾,有的采取非合法途径,甚至以暴力反抗方式参与上访,一些地方发生了群体性事件。农民持续不断的上访表明农民把解决问题的希望放在中央,而不信任地方基层党政组织。其实这也是片面的看法,绝大多数县、乡政府是为农民谋利益的,是真心帮助农民排忧解难的。但也要看到我国毕竟是处于社会主义初级阶段,不可能把所有人的所有问题、困难都能解决。当然,也确有少数地方政府不保护农民权利,甚至侵犯、伤害农民的利益,农民在地方上求助无门,只能寄希望于上访来解决问题。当然也有一些农民是采用非合法途径提出利益诉求,也有的上访户是无理要求、缠访,也有少数重复访、非法访并已终结的信访继续上访。现实中,总体来看农民行使批评建议权的渠道比较狭窄,批评建议权并未能完全实现。

2. 罢免权

罢免是选举权的延伸,是选举程序中的一种特殊形式,也是公民对国家权力实施监督的重要手段。对此我国不但宪法有规定,而且《村民委员会组织法》也有规定。《村委会组织法》第 16 条规定:"本村五分之一以上有选举权的村民联名,可以要求罢免村民委员会成员。罢免要求应当提出罢免理由。被提出罢免的村民委员会成员有权提出申辩意见。村民委员会应当及时召开村民会议,投票表决罢免要求。罢免村民委员会成员须经有选举权的村民过半数通过。"由此看来,在我国村委会的选举制度中,选举权和监督权是不可分割的整体,监督权是选举权的后续,是对选举权的保护。监督的形式有多种多样,如提出批评、意见和建议等,其中,最根本、最重要、最严厉的一种形式就是罢免。

但是由于法律条文的规范不足,甚至出现文字上的矛盾。罢免村委会干部很难行得通。但是,由于法律的不完善,甚至相互冲突,导致农民的罢免权无法实现。②

---

① 肖唐镖:《二十年来大陆农村的政治稳定状况》,《二十一世纪》2003 年第 4 期。
② 陈丽平:《村民罢免村官法律适用难》,《法制日报》2005 年 10 月 18 日第 4 版;周建邦:《村民为何难以依法罢免村官》,《新华每日电讯》2013 年 2 月 20 日第 3 版。

(1) 法律规定相互冲突，引起罢免争议。案例：PQ 区 L 村，于 2010 年 11 月对村委会主任实施罢免，结果市民政局认为罢免无效，但是地方人大却认为罢免有效。从本案来看，无论民政部门还是地方人大常委会都是从《村民委员会组织法》出发，却得出截然相反的结论，主要原因就是法律条文本身相互冲突。市民政局根据的《村民委员会组织法》第 16 条："召开村民会议，投票表决罢免要求。罢免村委会成员须经有选举权的村民过半数通过。"因为人数没有超过半数，所以民政局认为罢免无效。而人大则依据的是同一部《村民委员会组织法》的第 17 条，要召开村民会议，需要有"本村三分之二以上户的代表参加，所作决定应当经到会人员的过半数通过"，按照第 16 条只要有选举权过半数就可以罢免，因为人数没有过半，所以罢免未能通过，但是根据第 17 条，户代表过半了，所以罢免有效。因此，法律规定的冲突，自然使得村民无所适从。

(2) 法律对可以罢免的事项考虑不足，造成罢免无法可依。村民罢免村委会成员的程序设定空缺，对违法行为人无法律责任的规定。PQ 区 G 村，400 名村民联名要求罢免本村村委会成员。偶然发现，在 139 人同意罢免的村民中，有 19 人虽然有罢免签名，但被告知的却是土地发包等事情的签字，还有 7 人属于未成年人，有 9 人重复签名，另外还有 15 人属于冒名签名，这 139 人不到全村村民的五分之一。镇政府按照法律撤销了罢免案。按照《村民委员会组织法》条文规定，经过五分之一以上村民的提名就可以提出对村委会成员的罢免案。但是如何惩罚虚假罢免，法律却没有明确规定，只能对相关人员进行批评教育。

由于罢免村委会成员的法律条文缺陷，对违反选举制度的违法行为人无任何法律责任的追究，必然造成选举、罢免的无序化。

二 城乡一体化中农民的经济权利存在的主要问题

(一) 农民劳动权利问题

根据国家统计局《2013 年全国农民工监测调查报告》，2013 年全国农民工总量比 2012 年增长 2.4%，达到 2.6894 亿人，净增 633 万人。其中举家外出的农民工达到 0.3525 亿，比 2012 年增长 4.4%。东部农民工主要从事制造业，西部农民工主要从事建筑业，中部地区两者兼而有之。① 农民工已成为我国产业工人的主体，在一些大中城市的餐饮、商业、环卫、服务业等领域充当了主力军，在城市的加工制造业中农民工成为生产、技术骨干和管理人员。农民外出打工还为农民增收做了贡献。但是如此庞大的打工队伍，在权利上却得不到应有的保证。

1. 平等就业权的缺失

由于我国长期以来实行的城乡分割的二元社会治理结构，城乡就业政策也是分割的，城镇居民可以由政府安排就业，农民只能在农村有限的土地上从事农业劳动，就业很不充分。大多数的研究认为我国农村剩余劳动力在1.5亿以上。我国的《劳动法》对职工的劳动权是明确的，但农民难以选择进城就业，更不能平等地享受城市劳动资源和劳动条件。农民进城开始被称为"盲流"，后来被称为"外来工""外来妹"，现在逐步成了"新××人"，这些都反映了农民在城乡割裂状态下，其劳动权的缺失。潜意识里农民只能守在土地上劳作，不能进城市工厂就业，使得现实中农民的劳动就业权缺乏可靠的保护。国家和地方政府还出台相关政策直接对农民就业进行限制和侵害。根据笔者在PQ区的调查，农民外出务工中反映没有平等就业机会和有平等就业机会的分别为51%和47%，反映受到歧视、待遇不公平的分别为17%和29%。国家为了解决农民的就业需求，积极推进建立城乡劳动力市场的措施。但是要消除就业方面存在的歧视，实现城乡就业权利的平等，仍需经历一段长时间的路程。考察一些地方的就业政策发现，国家强调要积极解决农民工就业，但地方政府为此出台的政策却优先解决本行政区域内的农民工就业，形成了地域歧视，造成本地区的农民工和外地农民工的不平等竞争。地方政府不得不面临一个就业率的政府政绩考核指标的问题。因此鼓励企业招聘本地农民工就业政府给予补贴的案例就非常多了。"对企业新招用持《再就业优惠证》人员予以支持。3年内按实际招用人数予以定额依次扣减营业税、城市维护建设税、教育费附加和企业所得税。"② 在此类政策驱动下，外来农民工的

---

① 《2013年全国农民工监测调查报告》，《中国信息报》2014年5月13日第1版。
② 就业促进处：《长春市人民政府关于采取积极措施稳定就业局势促进就业创业的实施意见》，长春市人力资源和社会保障网，2012年10月11日。

就业压力也随之增加。

这种缺失还表现在农民选择职业的权利不平等。在目前状况下，农民进城务工，没有可能对工作职业挑三拣四或选择能发挥自己专长的工作。大部分农民进城后只能干打小工、做苦工、出临工、卖力气的活，有不少是随着农村建筑工程公司、劳务公司进城，从事繁重的体力劳动，有的进了城市工厂单位，也大都在苦脏累的岗位上，农民工人实际上替代了城里人的苦累工种，顶在第一线劳作，城里工人转到企业白领，管理着"乡下人""外来工"。有些地方政府还出台政策规定，明文限制民工职业。一些城市将行业和工种划分为农民工禁止进入、限制进入、允许进入3种类型，针对农民工筑起产业壁垒，使农民进城就业限制在脏、累、重、险行业及工种的极小范围内，保留大量行业、工种，作为有城市户口居民的"就业特权"。这些做法使得农民工被排挤在次级劳动力市场里就业。[①] 根据笔者在PQ区的调查，会计、出纳员、收银员、话务员、出租车司机等工作，不允许没有城市户口的外来人员从事，极少有农民工能够从事这种职业。有的地方政府为了解决城镇下岗职工再就业和本地新增劳力就业问题，规定了比例就业的政策，即要求企事业单位招收外来农民工就业，必须同时安排相应的城镇居民就业，这些都限制了农民工选择职业的权利。一些工种只有优秀的农民工才能进入，广东佛山2010年3月发出《关于取消佛山市优秀农民工入户城镇2010年准入工种目录的通知》[②]，也只是规定的是优秀农民工。总的来看，发达地区的政府对于外来农民工的就业限制政策已经开始消除。但在就业领域的不平等仍然存在。

2. 农民工取得劳动报酬权利的不平等

从我们调查了解的情况看，农民工进城，干着最苦、最累、最险的工作，劳动强度大，工作时间长，工资水平却大大低于同行业同岗位城市正式工人的工资，有的只有一半。有的不签劳动合同，用"试用"办法用工人，少支付劳动报酬，逃交社会保险费用。许多企业用农民工的初衷就

[①] 程丽红、卜令伟：《取消农民工职业工种限制》，《人民政协报》2010年11月11日第A3版。

[②] 邓柱峰：《今年农民工入户 暂取消工种限制》，《广州日报》2010年3月17日第A19版。

是认为"农民工便宜","农民工可以不缴保险",对城市职工和农民工实行不同的分配政策和保险缴费政策,同工不同酬。就这样农民工的工资还经常被恶意克扣、拖欠,导致近几年政府把清欠农民工工资列入一个重要工作来抓。2001年农民工工资遭拖欠现象引起社会关注。建筑、餐饮等劳动密集型企业中的欠薪最为突出。2003年10月,时任国务院总理的温家宝为重庆农村妇女熊德明追讨2000多元的工资震动全国。2004年国务院要求追回的工程款,优先支付被拖欠的农民工工资。2005年通过清欠旧账,还清了2003年以前建设领域拖欠农民工的工资330多亿元。2008年欠薪问题又卷土重来,人力资源和社会保障部强调不欠薪是"底线",2009年开展专项检查,为农民工讨回10亿元血汗钱①。2010年国务院办公厅下发《关于切实解决企业拖欠农民工工资问题的紧急通知》,欠薪问题一直持续到现在。②2012年元旦、春节期间共为129万名农民工讨回被拖欠的工资及赔偿金59.24亿元。③ 还有一些地方规定的农民进城要办证件,如暂住证、计划生育证、健康证等,也属于变相收钱,剥夺农民工权利。2013年也不容乐观,农民工劳动报酬权仍然存在诸多隐忧,与雇工单位或者雇主签订劳动合同的比率比2012年下降了2.6个百分点。④

3. 农民工获得劳动安全卫生保护的权利不平等

农民工不敢奢望能够获得劳动保护,他们认为这对他们来讲简直就是天方夜谭。农民工进城打工往往是在一些危险岗位和从事有职业病的工种,城里人不肯干,农民工去顶替,并且缺乏相应的保护措施。农民工从事的职业,安全卫生条件很差,而一些农民认为只要有工作,有几个钱拿,对劳动保护的要求也不敢提,提了也没有用。据国家统计局对全国2.9万名城市农民工的调查,在特殊岗位就业的农民工中,只有34.7%的有严密和较为严密的劳动安全防护措施,51.5%的有一些劳动安全防护措

---

① 白天亮:《治理欠薪 十年历程》,《人民日报》2010年12月31日第13版。
② 《国务院办公厅关于切实解决企业拖欠农民工工资问题的紧急通知》,中华人民共和国中央人民政府网,http://www.gov.cn,2010年2月5日。
③ 王君平、孙秀艳:《积极稳妥推进农民工进城落户》,《人民日报》2012年11月13日第2版。
④ 《2013年全国农民工监测调查报告》,《中国信息报》2014年5月3日第1版。

施，13.8%的农民工没有任何劳动安全防护措施。① 一些"黑心"的企业老板昧着良心把农民放到劳动卫生安全保护条件不具备的岗位工作，一旦发生职业病，一纸合同解除就让走人。近几年发生的煤矿安全事故就是个例证，伤亡绝大部分是农民工。农民工大多住在员工集体宿舍、租住房屋、工棚等场所，住宿条件简陋，大多从事较为危险、有害身体健康的工作，企业考虑的是生产成本，无视农民工工伤保险权利，一旦发生工伤事故，农民工只能得到一小部分一次性赔偿或治疗，接受初次治疗后，用人单位则与他们不再有关系，更别说医疗之外的其他伤残补偿了，更有甚者，有了工伤事故无人过问，相互推诿。

4. 农民工享受社会保险和福利权利上的不平等

目前，绝大多数农民工进城没有享受到与城市职工相同的参保的权利。

（1）劳动合同关系不明确。不少企业不与农民工签订劳动合同，有的一"试"几年，有的一直签订试用合同，试用期满了就让走人，逃避国家社保政策的监督。

（2）社会保险参保面低。许多农民工没有参保，有的即使参保，与在同一岗位上的城市职工计缴标准也不同。2011年度全国农民工参加基本养老保险的农民工人数为4140万人②。农民工家养老保险人数极少，仅占农民工总数的16%；参加医疗保险的农民工人数为4641万人，参保率为农民工总数的18.4%；参加失业保险的农民工人数为2391万人，参保率为农民工总数的9.5%；参加工伤保险的农民工人数为6828万人。没有挂靠单位的农民工几乎没有参加任何工伤保险。女性农民工签订劳动合同、享受社会保险的比例低，其中办理生育保险的比率更低，几乎得不到生育保险。③ 社会福利更是难以享受到。建立起与城里职工共享的退休和退休生活保障制度是农民工不敢想象的。2013年与2012年相比，外出

---

① 国家统计局课题组：《城市农民工生活质量状况调查报告》，《调研世界》2007年第1期。

② 《2011年度人力资源和社会保障事业发展统计公报》，《中国组织人事报》2012年6月6日第4版。

③ 张莉莉、张烨、田斌：《城市化进程中农民工社会保障权益存在的问题及对策探析》，《现代农村科技》2012年第22期。

农民工参加工伤保险的人数比率提高了 4.5 个百分点，养老保险提高了 1.4 个百分点，医疗保险和失业保险提高了 0.7 个百分点①。但新的短板出现了，与东部地区相比，中西部地区的农民工与东部相比较，社会保险和福利权利保护水平更低。

5. 农民接受技能培训权利的不平等

职业技能培训是提高农民工作能力的重要途径，也是提高农民就业竞争力的重要手段。对职工进行职业技能培训是劳动法规定的用人单位必须履行的义务。就进城农民工而言，大多数农民进城未能接受到培训，劳动技能、劳动力素质受到限制，进城务工后也不能享受到接受培训的权利，不少农民工只能在体力劳动繁重的岗位上工作。国家统计局的调查表明，没有参加过任何技能培训的农民工占多数，青年农民工更倾向参加非农职业技能培训。在农民工中，接受过农业技术培训的占 10.5%，接受过非农职业技能培训的占 26.2%，既没有参加农业技术培训也没有参加非农职业技能培训的农民工占 68.8%。青年农民工接受非农职业技能培训的比例要高于年长的农民工；与此相反，年长的农民工接受农业技术培训的比例要高于青年农民工，年龄层次越低，接受农业技术培训的比例也越低，这说明青年农民工正逐渐丧失从事农业生产的技能。② 2012 年，这一趋势没有明显变化，没有参加过任何技能培训的农民工占多数③。这几年各地逐步取消了对农民工进城务工"门槛"政策的限制，消除了"政策壁垒"，但事实上现在一些地方"技能壁垒""知识壁垒"还严重制约着农民进城务工和获得相应的报酬的权利。要通过技能培训使农民工进城获得选择职业权利，获得相同劳动报酬，获得良好的劳动保护还要消除种种政策障碍。

（二）农民财产权利问题

一般地说，财产权是以所有权为核心，同时包含了物权、债权、知识

---

① 《2013 年全国农民工监测调查报告》，《中国信息报》2014 年 5 月 13 日第 1 版。
② 国家统计局：《2011 年我国农民工调查监测报告》，《中国信息报》2012 年 4 月 30 日第 1 版。
③ 朱剑红：《2012 年全国农民工监测调查报告发布 我国农民工总数超 2.6 亿》，《人民日报》2013 年 5 月 28 日第 9 版。

第三章　城乡一体化中农民权利存在的问题　／　111

产权等传统私法上的权利以及公物使用权（如国有土地使用权、水利权）等多项权利要素。财产权是宪法保护的公民的基本权利。依照我国宪法的规定，国家、集体和公民个人都享有财产权。而在农民财产权中，房屋、劳动资料、生产工具等物权固然重要，而土地问题是农民财产权的核心问题、关键问题，也是"三农"问题的最难的课题。这里笔者讨论的所谓农地财产权，指基于农村土地而产生的财产权利的总称，它包括农地的占有权、使用权、收益权、处分权等，其中土地处分权又是土地产权的核心问题。

马克思认为："土地是一切生产和一切存在的源泉。"[①] 中国的最大问题是农民问题，农民的最大问题是土地权利问题。土地包括构成自然界一切组成部分的土地资源、矿石资源、水资源、森林资源等的全部土地，是人们赖以生存的基础。随着生产力的发展，土地制度的变迁便成为生产方式变革的先导和生产力发展的推动力。在农业社会中，土地私有权的确立代表人类历史上一次意义深远的制度变革。春秋战国时期废除的"井田制"就是中国由奴隶社会转变为封建社会的重要标志。我国新民主主义革命成功起因于土地革命的胜利，社会主义的建立也是从土地改革开始的，改革开放的初始成功也是从土地联产承包制的改革起头的，现在全面建设小康社会也要从土地制度创新来突破。这表明我们生产力的发展、生产关系解放是由土地制度的变革开始的，土地是农民的命根子，是农民的"饭碗"，因而也是解决农民经济上致富、政治上当家的核心问题。这里需要说明的是，我国农村应该坚持农村集体所有制，走土地私有化的道路是要不得的。私有制是万恶之源。只有坚持土地集体所有制，才能保证我国制度的社会主义属性。坚持土地私有的最终导向是要倾覆我国的社会主义制度。对此我们必须保持足够的警惕。

1. 农地制度中农民土地产权主体虚置，农民有地无权

产权是财产权（Property rights）的简称。关于产权的概念，登姆塞茨认为："所谓产权，意指使自己或他人受益或受损的权利。"[②] 巴泽尔认

[①]《马克思恩格斯选集》第3卷，人民出版社1995年版，第299页。

[②]［美］登姆塞茨：《关于产权的理论》，《财产权利与制度变迁》，刘守英等译，上海三联书店、上海人民出版社1994年版，第59—67页。

为："人们对不同财产的各种产权包括财产的使用权、收益权和转让权。"① 我国《民法通则》第71条：财产所有权是指所有人依法对自己的财产享有占有、使用、收益和处分的权利。从以上定义我们可以得出产权有以下规定性：（1）产权通常是指人们是否有权利用自己的财产去获得收益或损害他人的利益。（2）产权是一种权利，它包括占有权、使用权、收益权和处分权。（3）产权是可以分解的，产权所包含的占有权、使用权、收益权和处分权是可以分离的，即分成不同的权能掌握在不同的主体手中。产权的可分解性可以使同一资源能够满足不同主体的需要，提高资源配置效率。通常认为产权的效率取决于产权的完整性，所有权是权能最完整的产权。现代产权概念的演变一般沿着两个方向，一是产权的非物质化，由物权扩大至债权、知识产权，强调对产权价值的保护；二是产权的社会化，强调限制财产所有权的绝对支配权，法律禁止所有者以"反社会"的方式使用其财产。

对农地产权我国宪法、法律涉及的主要有三部：宪法对农地产权本身作出基本的规定；《土地管理法》主要涉及农地产权变更的问题；《农村土地承包法》则是专门性的关于农地产权实现形式的法律。我国宪法、《土地管理法》和《农村土地承包法》都规定农村土地属于农民集体所有，《土地管理法》第8条规定农村和城市郊区的土地、宅基地、自留地和自留山属农民集体所有。但是这里面存在着以下几个问题：

第一，农民集体所有，但所有权虚置，产权主体模糊。《土地管理法》规定了三个产权主体，即村农民集体、村内两个以上农村集体经济组织的农民集体和乡（镇）农民集体。但是现行法律中对农民集体并无准确界定，也无法申请法人登记，这样就使农民集体成为抽象的、虚拟的、没有法律人格的所有权主体。第二，农民不能选择自己的委托代理人。集体所有即意味着土地属于集体中的每一个成员所有，由每个成员委托代理人来进行管理，这是集体中的每一个成员的权利。但是现行的法律却为农民规定了代理人。《土地管理法》第10条规定依法属于村农民集体所有的土地，"由村集体经济组织或者村民委员会经营、管理"；分属

---

① [美]巴泽尔：《产权的经济分析》，费方域等译，上海三联书店、上海人民出版社1996年版，第183页。

村内两个以上农村集体经济组织的，则"由村内各该农村集体经济组织或者村民小组经营、管理"；属于乡镇农民集体所有的，则"由乡镇农村集体经济组织经营、管理"。这样的安排实际上就剥夺了农民选择其财产代理人的权利。第三，实际管理权的缺失。农村土地所有权主体的虚置，导致农民并没有真正成为自己土地的权利主体，根据法律，村委会、村民小组和乡（镇）政府都拥有管理权，对土地进行管理、控制和处置，但是土地的真正主人却没有了控制和处置的权利。农民土地承包经营权缺乏保护，包括承包的期限和土地财产权利常常遭到侵犯。出嫁、离异、丧偶的妇女的所有权一直成为各地农村争论的问题。

2. 农民土地使用处分权缺失，有地无益

土地使用处分权是指农民通过土地承包获得的自主经营的权利。名义上农民获得了土地使用权，但实际上，农民土地的自主经营权受到种种限制，并不能够自主地使用土地按照自己的意愿进行自主生产。这在《土地管理法》说得很透彻，禁止占用"基本农田发展林果业和挖塘养鱼"，如果农村集体经济组织要兴办企业使用农用土地，必须办理审批手续，"由省、自治区、辖市人民政府批准"。《农村土地承包法》也明确规定，农民承包的土地必须用于农业生产，不能用于非农建设。换句话说，拥有使用处分权的农民无权更改土地用途，只能维持农业生产，不得变更土地用途，尽管种植某种作物赔钱，也不能追求效益的最大化，把种植粮食的土地改作种植果树和蔬菜。

我国现行法律规定农民可以进行转包、出租、转让、互换或其他方式流转，但是在《土地管理法》中进行了明确的限制，如果农民集体经济组织以外的单位或者个人承包土地从事生产经营，"必须经村民会议三分之二以上成员或者三分之二以上村民代表的同意，并报乡镇人民政府批准。"也就是说，农民土地使用处分权不属于农民个人所有，而属于三分之二的村民所用、属于乡级政府。这就给基层政府和村委会等管理者侵犯使用处分权预留了极大的操作空间，并且还规定，除承包的"四荒"地外，土地使用权不能抵押、担保和上市交易。土地转包时，农民做不了主，有的由村委会出面；以土地入股时，农民难以以土地承包权进行工商登记，难以确认其财产权利；在操作中控股的老板占大头，收益多少往往操作在控股方手里；在土地转让进行收益分配时，农民没有参与决策的权利，由村集体经济组织或上级政府来决定。这种权利结构不利于农民权利的保护。

3. 农地征用中农民土地收益权受损，成为新的社会热点矛盾

如果说农民土地使用处分权缺失，农民的土地收益权受到的伤害更大。我国1998年《土地管理法》国家可以为了公共利益对土地实行征收、征用并给予补偿；国家征用土地要由县级以上人民政府发布公告并组织实施，土地所有权人和使用权人在公告期限内，根据土地权属证到土地主管部门进行补偿登记。但是第47条对事关土地收益权的核心问题的补偿标准却是这样规定的，对于征用的土地按照其"原用途给予补偿"。这种制度设计实际上是政府垄断了农用土地非农使用的一级市场，企业等法人或者其他自然人使用农村的集体土地，必须从政府手中所形成的土地二级市场中购买。更不公平的是，这种土地的征用补偿标准不是由其所有者确定，而是完全由政府来确定，在土地转让相关事项上，作为土地承包人的农民和作为所有者的集体在法律上没有资格作为土地交易的一方参加谈判，无权讨价还价。农地征用中农民土地收益权受损的实质是农民失地又失权，农民被排除在土地中征用和补偿的过程之外，享受不到土地收益权。

（1）耕地减少太快，容易使农民在失去土地之后，生活保障也随之失去。美国学者布朗曾经发出"谁来养活中国"的魔咒，但是中国农业用地存量的状况却使中国可能不得不面对这一挑战。人均耕地面积0.8亩是生存性危机的临界点，这是世界的一个共识。但我国约2000个县，有660多个低于这个数字。在1996—2006年这10年间，全国的耕地面积就减少了1.24亿亩[1]。这种状况不仅迫使我们坚守18亿亩耕地红线，也使我国完全失去土地或部分失去土地的农民就高达4000万—5000万人，同时每年还要新增300多万人[2]。如果考虑违规占用耕地，目前失地或部分失地农民的数量可能高达4000万—5000万人。按照城镇化率每增加1%，

---

[1] 《缺粮的中国：18亿亩耕地红线失控 过半省份难自给》，《中国经济周刊》2013年第25期。

[2] 马骏：《城市化进程中的大国之本——评〈城市化推进中失地农民就业安置模式研究〉》，《中国社会科学报》2012年8月6日第B01版。

就需要占用耕地190万亩、需要安置农民266万人计算。到2020年，中国的城镇化率如果达到60%，届时将会新增加4260万失地农民。[①] 宝贵而有限的耕地资源低价买进高价卖出，既损害了农民的权利，又对国家的可持续发展构成了威胁。进入城市后，农民生活费用猛增，而城市的社会保障又没做好配套准备，造成生活消费水平下降。失地农民大部分文化水平和劳动技能差，不适应城市的就业岗位，这样就出现了结构性就业问题，一部分劳力既失地又失业、失利。失地农民的权利问题已成影响安定的潜在威胁。

（2）对失地农民补偿标准低，注重生存权忽略发展权。在城乡一体化进程中，部分农用土地转为非农用地是不可避免的。但是对于农民而言，问题在于影响了农民的权利。我国许多地方兴建工业园区和开发区，没有资金，大多是依赖大量征地，出卖土地获得原始积累，低价补偿，高价卖出，土地大幅度增值但是农民不能参加增值收益。现在一些地方为了兴办工业园区和城市建设，大量征地圈地，部分商业房地产用地低价征用高价出售，农地转用的增值收益农民不能分享，这些都损害了农民土地权利。应该在承认政府和商业开发的投入使土地升值的同时，让农民有一定比例得到这一升值的利益。《土地管理法》规定征用农民耕地的补偿费为耕地原用途前三年平均产值的10—16倍，最高不超过30倍。政府征用土地之后按50—70年出让土地使用权，相对于50—70年，这30倍的补偿标准是很低的。政府征用农民土地是一次性作价"买断"，买断之后，农民土地便与农民没有任何联系。

（三）农民投资权利问题

1. 财政收益权

国家财政收入来源于国民财富的创造，国家财政权是以公民财产权为存在的前提和基础的，是以实现公民各项基本权利为目的和方向的。随着社会的发展，公民权利诉求日益增强，公民权利保护会越来越依赖于国家财政的支持，没有公共资助和公共支持，权利就不能获得保护和实施。换句话说，就是所有的权利都需要公库的支持，权利依赖于政府，公民的福

[①] 王明珠、江竞：《我国失地农民的安置问题》，《城市发展研究》2008年第2期。

利权和私有财产权都有公共成本,这必然带来一个逻辑上的后果:权利需要钱,没有公共资助和公共支持,权利就不能获得保护和实施。①

政府行使财政权力的公共性越广,则意味着政府对于公民的财产权利的干预越多,私人权利对财政的依赖就会越大。公共财政作为政府实现公共利益的一种工具和手段,存在的基本前提是作为社会公共利益的载体。国家财政权作用的力度和范围是以满足社会公共需要和促进公民全面发展为界限的,超过此界限,财政权就构成对公民基本权利的侵害②。

现行财政体制没有为农民的财政权利提供充分的保护。在城市化和城乡一体化进程中,农业越来越不能成为一个盈利的产业。但是农业对保持一个国家的政治和经济稳定起着巨大的作用,农业维持的是整个国家和社会的稳定。农民投资农业,就有了取得平均社会利润和收益的权利。我国对农业的重视早期主要是基于农业剩余的提取,而当前主要考虑的是粮食安全。虽然随着农民生产自主权不断增长,农业的功能日趋多元化,但国家的投入仍然主要着眼于固化农业的粮食安全。

就我国财政支农而言,财政的绝对投入量在明显增长,但相对于国家财政支出的总量而言,其投入比重并没有明显增加。从1978年到2010年这32年期间财政支农增长了55.93倍,实现了从150.7亿元到8579.7亿元的跨越。但是我国财政支农占国家财政总支出的比重在1978年达到历史最高峰值13.4%后,总体上就开始呈现出下降趋势。1990—1999年10年间这个比重也曾四次达到或者超过10.0%,而在2000—2010年11年间,再次突破10.0%,平均值为8.2%,最高值和最低值分别是9.5%和7.1%。③ 就国际比较而言,我国财政支农水平是比较落后的。这一比重在印度、泰国等发展中国家均达到15%以上,而欧盟2007年的农业预算就达到了其总预算的45%。④ 就我国财政支农占农业GDP的比重来看,这一比重从2007年以来有了较大的增长,但是与西方发达国家的30%—

---

① [美]史蒂芬·霍尔姆斯、凯斯·R. 桑斯坦:《权利的成本——为什么自由依赖于税》,毕竞悦译,北京大学出版社2004年版,第3页。
② 张泽荣、齐风芹:《浅谈我国财政体制改革中财政权的定位问题》,《地方财政研究》2006年第12期。
③ 资料整理来源于《2011中国农村统计年鉴》,中国统计出版社2012年版。
④ 张晓林:《山西财政支农的现状及对策研究》,《经济师》2009年第7期。

50%的支持水平比重相去甚远。①

与国家财政支农占财政总量的比例不高形成强烈对照的是，国家财政经常性收入从 1978 年到 2010 年 32 年时间里增长了 73.39 倍，实现了从 1132.26 亿元到 83101.51 亿元的历史跨越，收入增幅在 10 个百分点以下的仅仅只有 2 年；增幅在 10—15 个百分点的有 5 年，增幅在 15 个百分点以上的有 17 年，其中有两年增幅还超过 29 个百分点。②

我国农业法规定国家财政支农的增长幅度应高于国家财政经常性收入的增长幅度。但是从 1991—2010 年这 20 年期间，有 11 次国家财政支农增长幅度低于财政收入增长幅度，只有 9 次达到法律规定。其中从 2005 年 10 月中共中央《关于制定国民经济和社会发展第十一个五年规划的建议》把"建设社会主义新农村"作为我国现代化进程中重大历史任务提出来以后，国家加大了对农业的财政支持力度，从 2006—2009 年连续 4 年支出增幅明显高于国家财政经常性收入的增幅，但在 2010 年国家财政支农再次低于国家财政经常性收入的涨幅。③

对农业财政投入低直接影响到农民的财政收益权，造成农民的财政收益低，生产积极性不高。这样就不难理解农民的收入为什么这么低了。农民进行生产投资的前提是必须要有资金来源。按照社会再生产规律，农民作为生产者欲要延续生产活动或扩大生产规模，需将部分的收入再次投入生产，因此，农民的收入状况是决定农民在不借助外力的情况下自身是否具有投资能力的前提条件。但是我国城乡收入差距远远高于世界发达国家和中等收入国家城乡收入差距比 1.2:1—1.5:1。即使一些收入分配高度不发达的发展中国家，差距也不像中国这样大。我国城乡居民收入差距 2000 年为 2.79:1，2001 年为 2.9:1，2002 年为 3.1:1。到了 2010 年，我国城乡收入差距为 3.23:1，中西部城乡收入差距 4:1 以上。2011 年城镇居民人均可支配收入与农村居民人均纯收入之比为 3.13:1，2010 年该收入比为 3.23:1。④

---

① 张珺：《我国农村公共产品供给》，社会科学文献出版社 2008 年版，第 96 页。
② 资料整理来源于《2011 中国统计年鉴》，国家统计局编，中国统计出版社 2012 年版。
③ 同上。
④ 2011 年全国城乡居民收入稳定增长，《中国信息报》2012 年 1 月 23 日第 1 版。

因此，国家公共财政支农的幅度要加大，保证财政支农支出不低于财政经常性收入增幅，这是保护农民财政受益权的根本。

2. 农民金融权

金融权利是经济主体在金融经济活动中所获得的一切经济权益的总称，表现为权利形式，以金融利益为其"内核"。金融权利是一种人权。人权可分为应有的人权、法律上的人权和现实中的人权三类。农民的金融权利是一种应有的人权，从社会公平正义的角度来说，农民理应与其他社会群体一样获得金融权利，通过金融支持实现自身的发展。农村大量存款通过银行系统转移到了城市。法国学者安迪·罗思曼发现，我国农村地区向银行体系提供了总存款的三分之一，但是仅仅获得十分之一的贷款。世界银行指出，甚至连中国农业银行也逐渐成为把资金从农村地区转移出来的中介机构。[①]

农民金融权利主要包括：（1）金融贷款权。金融贷款权有利于实现农民改变初始要素配置获得更高生活品质和发展机会。（2）农业保险权。农业很容易遭受自然灾害以及意外事故导致农民的经济收入受到影响。农业的弱质性需要建立完善的农业保险制度。（3）金融合作权。开展金融合作能带动农产品和农业生产资料的生产、加工、营销，实现农业产业化、市场化和非农化的收益。农村金融非农垄断性决定了农民无法通过金融功能达到农村资源的有效整合。[②]

目前的金融体制不能满足农民金融权的需要。农民金融权不仅事关农民的发展权，也事关农民的基本生存权。农民的生存和进一步发展都需资金，但是农民这一最大弱势群体的迫切需求无法得到满足。城乡一体化要求农民与其他社会主体一样，具有获得足够金融支持以平等参与市场竞争的机会和条件，改变享有金融资源无法满足农民需求的状况。

金融资源是市场经济中的一种稀缺资源，也是农村社会快速发展必不可少的关键环节。农民金融权缺失，主要是指农民金融权不能得到有效满

---

① ［法］安迪·罗思曼：《外国学者看中国的"三农"》，陆炜璐译，《东方》2002 年第 8 期，第 25 页。

② 张燕、吴正刚、高翔：《论新农村建设中的农民金融权利保护》，《农村经济》2009 年第 1 期。

足，金融资源配置不当。具体体现就是农村金融机构缺乏、金融资源逆向流出严重、现有服务农民的金融机构职能在不断弱化、农民融资渠道单一等几个方面。出现这种状况的根本原因是我国城乡二元经济结构下，国家的重城轻乡的政策，重视对城市的金融投入，忽视对农村的投入，造成金融资源配置严重的城乡失衡。而农民贷款难实质上体现了市民金融权与农民金融权的不平等，二者之间，居于弱势一方的是农民金融贷款权。截至2009年6月，全国县域金融服务网点13.9万个，全部金融机构涉农贷款余额8.2万亿元，仅占全部金融机构贷款余额的20%。在财政补贴政策支持下，提高基础金融服务覆盖工作顺利推进，2010年年末全国金融机构空白乡镇为2312个，同比减少480个。[1] 至2010年9月，我国县域金融服务网点不但没有增加反而减少，每个乡镇平均仅2.13个网点，而平均50多个村才有一个金融服务网点，[2] 而且这些金融机构以农民作为供给主体的也不多。国家对农村的金融服务的要求多样化、多领域、多层次、多类型，但真正落实的少；对农村金融服务"锦上添花"的多，"雪中送炭"的少；农村金融需求方式增多，但是服务的金融创新较少。

根据笔者的调查，农民融资的水平和方式能够清晰地说明农民权利保护的不足（见表3-1）。

表3-1　　　　　　　　　　农民融资方式的调查

融资渠道	银行	亲友	其他方式
发生额度	95	280	57
比例	23%	65%	12%

资料来源：根据问卷调查结果整理。

在有效的432位农村有效受访对象当中，有280位选择亲友融资，占65%；有95位选择银行融资，占23%，这个数字远远低于亲友融资。因此，农民自筹资金进行农业生产投资仍然是目前农民所采取的主要投资方

---

[1] 蒋定之：《倾力发展县域金融　全力助推县域经济——在中国县域经济发展高层论坛上的讲话》，银率网，http://bank.hexun.com/2011/dhlt/index.html。

[2] 徐新：《金融给力县域经济发展的思考》，《湖北日报》2011年11月3日第13版。

式。也就是说，选择银行融资的比例很少。通过访谈，得知主要原因是：

首先，贷款利率高。我国商业银行是自主盈亏的商业实体，具有操纵本行资本利率的权利，诸多研究结果显示，银行的期望收益与资本率之间表现为"倒U"形的变化特征，银行制定资本利息的原则是在保护收益的同时规避风险。高利率一方面来自农民的主观意识，农民的收入水平相对较低，农户的货币效用值普遍高于城市居民，即使在相同的利率水平下，处于不同水平等级的农民也对利率的高低产生主观意识上的偏差；另一方面，农业生产收益的不确定性增加了贷款的风险，即便是农民认为期望利润值足以弥补贷款利息，但为了规避风险，农民也更希望银行可以降低利率以规避贷款进行生产经营的风险。

其次，银行贷款条件严苛。农业放贷和信贷员的责任直接挂钩，加上农业贷款安全保障少，银行对向农户放贷非常谨慎，绝大部分信贷需求需要提供严格的担保，且条件比较严格。然而，在农村符合担保条件的人数也并不多，加上农村房屋产权制度尚不完善，房屋用于贷款抵押的有效性有限。另外，银行存单也可以作为贷款抵押的主要资产，但一般需要借款的农户都是缺乏自身储蓄，因此，绝大多数农户都难以符合放贷条件。

最后，贷款手续烦琐，贷款金额少、贷款期限短。随着社会信用环境的恶化，金融服务机构与服务对象之间普遍存在信息不对称、农户信用品质无法考察等问题。为了保障信贷市场还款的成功率，金融服务机构不得不制定严格的贷款担保条件，并附以烦琐的贷款程序，最大限度地规避银行放款的风险，从而进一步增加农户银行贷款失败的概率，阻碍了农民的融资。

三 城乡一体化中农民的文化权利存在的主要问题

文化之中蕴含着巨大的正能量，对国家和民族具有重大意义。习近平同志在《干在实处走在前列》一书中明确指出，"文化是民族的灵魂，是维系国家统一和民族团结的精神纽带，是民族生命力、创造力和凝聚力的集中体现。文化的力量是民族生存和强大的根本力量"。就发展农村文化对国家而言，发展农村先进文化，有利于增强农村形成团结一致、齐心协力发展的凝聚力、向心力和创造力，为农村发展提供精神动力和智力支持。

作为公民的基本权利，文化权利在国际上没有形成统一的定义。文化权利是指每个人按其本质和尊严所享有或应该享有的文化待遇、文化机会以及所可以采取的文化态度和文化习惯。① 文化权利包括文化平等权、文化认同权、文化自决权、文化发展权。② 有学者认为其基本内容包括享受公共文化服务权、享受文化科技进步权、参与文化生活权、接受教育和培训权、文化创意权。③ 有学者认为，文化权利至少应该包括参与文化生活活动的权利、共享文化成果的权利、文化成果收益得到保护的权利④。综合这些学者的观点，笔者认为农民的文化权利应该包括农民文化生活权、文化基础设施使用权、公共文化服务权、文化参与和管理权四方面的内容。

在城乡一体化进程中，农民的文化需求增长迅速，且向多样化方向发展，国家对农民文化权利日益重视，对农村公共文化服务的投入力度也在不断加大，农民文化生活水平不断提高。但问题也不少，就农村而言，笔者认为其存在以下权利和问题。

（一）农民文化生活权匮乏

目前覆盖农村的公共文化服务体系没有建立起来，农村居民不能较为便捷地享受公共文化服务，平等享有公共文化服务权没有得到更好保护。在农村极少有图书馆、文化馆、博物馆等各种公共文化基础设施。尽管随着农村经济的发展，农民对生活品质的要求不断提高，对文化生活的需求不断增长，但是在调查中发现，在城乡一体化进程中，由于多方面原因，当前农民文化生活总体较单调贫乏，主要表现在以下两方面。

农村文化建设滞后，农民的文化生活十分单调。经济的发展使农民的物质生活得到很大改善，绝大多数农民都有较多的休闲时间。在432名农村有效受访对象当中，每天空闲时间1—3小时的占53%，3—5小时的占

---

① 唐海清：《略论非物质文化遗产国际人权法保护中的权利冲突》，《法学评论》2013年第1期。
② 同上。
③ 嵇亚林、李娟莉：《公民文化权利与公共文化服务》，《艺术百家》2006年第7期。
④ 邓如辛、周宿峰：《论公民基本文化权利的内涵及保障》，《学术交流》2013年第6期。

25%，5—8小时以上的占9%（见表3-2），但农民的休闲方式十分单调乏味。主要的文娱活动以看电视（54%）、打扑克和打麻将（31%）、聊天（10%）等为主，而诸如读书看报、看电影、体育健身、唱歌跳舞等其他文娱活动所占比例较少，几乎可以忽略不计。单调、沉闷成为农民文化生活最大的特点（见表3-3）。

农民公共文化生活和群体文化生活萎缩。农民的社会接触面相对狭窄，文化生活空间较为狭小，精神文化生活空间封闭，农民经常参与的看电视、上网、读书看报等文化活动大部分可以纳入"私性"文化的范畴。相反，农民的公共文化生活和群体文化生活却在不断萎缩。在一体化进程中，出现了一个农村文化发展不和谐、不均衡的格局：农村的"私性"文化在蓬勃发展，农村的公共文化在萎缩倒退。农村公共文化的衰落已成为当前农村文化的一个鲜明特点和重大不足。[①] 调查中发现，农民对村里的公共文化活动参与度较低。被调查农民中，63%的人从不去村里农家书屋，63%的人不参加村里组织的各类集体文化活动，只有7%的人经常参加这类公共文化活动，表明了农民在消费公共文化，享受政府、社会、集体社区所提供的文化资源方面，是相当欠缺的。

表3-2　　　　　　　　农民闲暇生活调查：时间

闲暇时间	1—3 小时	3—5 小时	5—8 小时	说不清	合计
发生额度	228	108	39	57	432
比例	53%	25%	9%	13%	100%

表3-3　　　　　　　　农民闲暇生活调查：娱乐方式

闲暇方式	看电视	打麻将	打扑克	聊天	看书	体育健身	唱歌等	合计
发生额度	233	108	26	44	8	8	5	432
比例	54%	25%	6%	10%	2%	2%	1%	100%

资料来源：据问卷调查结果统计。

---

① 吴理财等：《农村公共文化的陷落与重构》，《中共浙江省委党校学报》2009年第3期。

（二）文化基础设施使用权不足

我国农村文化基础设施滞后于农村经济发展的需要。尽管随着农村社会经济的全面进步，农村文化设施建设取得了很大成就，但是总体上看，农村文化基础设施仍相当落后，滞后于经济建设发展的需要，与农民群众的精神文化需求不相适应。

农村公共文化设施建设落后，不能满足农民需要。农村公共文化设施是农民开展和组织各种文化活动的载体和设施，包括场所、工具、设施等，是农村文化活动的有效载体和平台。农村文化设施大致可以分为以下几种：一是场地设施，包括剧院、戏台等；二是学习设施，例如图书馆、农家书屋等；三是文化娱乐设施，例如卡拉OK机、游戏工具；四是体育设施，例如篮球场、乒乓球室等。

开展农村文化活动必须要有文化设施作为基础和后盾。随着文化强国理念的弥散开来，政府部门越来越重视农村的文化建设，农村文化基础设施建设有了较大发展。从农村文化设施的分类来看，它承担的主要功能是休闲娱乐、体育锻炼、文化传承和学习功能。但是和城市的文化设施对比来看，农村远远比城市落后得多。不论是资金的投入，还是基础设施的状况，都远远落后于我国经济发展水平。既落后于农民的需求，也落后于时代的发展。当前我国农村公共文化设施建设存在的问题主要体现在两方面：

1. 部分地区农村公共文化基础设施逐步萎缩，且现代化水平低

过去乡镇都有文化站，目前文化站要么名存实亡，要么连个名字都没有。用来开展文化活动的场地和房子要么破败不堪，设施破旧，堆在角落里面无人过问，要么出卖给私人，要么转化成商场。有的文化站尽管牌子还挂着，但是里面显示不出一点数字化气息，见不到计算机、光盘等物品的影子。这也可以部分地解释为什么文化站人气不旺。

多数农民从不去村里的农家书屋的原因，选择太远的占7%，选择书屋的环境差的占47%，选择图书的质量不高的占36%。也就是说，大多数农民并不嫌弃农家书屋太远，拥挤、简陋的书屋环境以及书籍本身并不适合农民胃口，才是主因，两者之和高达83%（见表3-4）。

表3-4　　　　　　　　不去村里的农家书屋的原因调查

	太远	书屋环境太差	书的质量不高	其他	合计
发生额度	30	203	154	43	432
比例	7%	47%	36%	10%	100%

资料来源：根据问卷调查结果整理。

2. 农村公共文化设施利用率低

乡镇文化站还停留在"四个一"的低水平上。"四个一"就是一块牌子、一个位子（一名工作人员）、一枚章子、一间房子，甚至有的连独立的房子都没有。有的乡镇有公办的文化场馆，但大多数也是面积狭小，房屋破旧，甚至有的被鉴定为危房；文化器材供给严重不足，很难开展活动。从村庄这个层次看，一些经济落后的村庄连个篮球场都没有，更不用说文化活动场所了。在农村，农民可以使用和消费的文化资源总量是偏少的，质量是不高的。

许多农村不仅文化基础设施薄弱，而且利用率较低。笔者在调查中发现，尽管有些富裕乡村建起了粗具雏形的文化活动场所，但是大多数农村文化设施的投入是不足的。有的前些年建立起了文化设施，但是后续资金不足，导致文化设施又被挤占、挪用，甚至变卖。

目前电视节目已经覆盖城乡，但有线电视入户率却有较大差距，其原因主要是光纤入户费及收视费用太高，其结果当然会影响到农民观看电视节目的数量和质量，最终影响到农民从电视节目中获取的信息量，从而与城市居民有较大差距。绝大多数村庄都通电话、电视网，根据村干部介绍，农民认为光纤入户费及电视收视费偏高，因此只有不到一半的农户安装了电视光纤，一些农户自行安装"锅盖"式天线接收电视信号。

由于文化经费短缺等原因，农村许多文化设施被闲置，文化活动难以开展。笔者调查的很多行政村已经建成图书室或"农家书屋"，但多数是设在村委会内部，少数农民不知道地点，很多知道的也觉得不方便去。农村文化活动室的覆盖率虽然达到47%，但经常去村里文化活动室参加活动的农民也只占5%，大多数农民从未去过。图书室的网络开通了宽带网，但是网络的利用率也很低，经常到农家书屋上网的并不多，一是从不上网，最主要的原因是不会使用电脑和上网条件差，不方便上网。

(三) 公共文化服务权残缺

我国农村农民文化需求与服务之间存在着突出的矛盾。我国农村经济的发展推动着农民对文化生活和精神产品的的需求，即使偏僻落后的农村区域，村民们也不再仅仅满足于无物质生活水平的提高，更渴望享有更加丰富多彩的精神享受。但事实与之相反，除了孤独的个案以外，农村文化建设相当落后。能够满足农民的供给与需求存在着突出的矛盾，主要表现为以下两点：

1. 文化产品和服务供给不足

我国农民对文化生活的需求是多种多样的。从需求结构而言，农民对文化精神生活的需求水平也越来越高。因此，可以说，随着农村经济社会的发展，农民的文化生活需求在量上是越来越大，越来越多。然而，在文化服务的供给方面，却远远不能满足农民的需要，形成了供不应求的局面。

公共文化服务是指目标界定于保护公民的基本文化生活权利，以政府为主导、社会参与、向公民提供公共文化产品与服务的制度和系统的总称。[1] 应该说，公共文化服务是保障农民公共文化生活需求得到满足的重要渠道。政府在公共文化服务体系中发挥主导作用，这是其不可推卸的责任。因此，公共文化服务对于满足广大农民的文化生活需求而言，其重大意义不言而喻。

但长期以来，各级政府在农村建设中存在重经济轻文化的倾向，在文化建设中又存在重形式轻建设、重活动轻服务的现象，造成了公共文化产品供给不足，难以满足广大农民文化生活需要的现状。其主要表现为公共文化产品和服务尤其是官办文化的供给主要停留在乡镇一级，没有深入广大农村，缺乏农民广泛参与。

进入 21 世纪关于官办文化和民办文化的文章多了起来。例如《"官办文化""民办文化"：一个都不能少》[2]《让"官办"文化活力重现》[3]

---

[1] 蔡辉明：《新农村公共文化服务供给均等化的制度设计》，《老区建设》2008 年第 10 期。
[2] 原碧霞：《"官办文化""民办文化"：一个都不能少》，新华网，2005 年 1 月 10 日。
[3] 徐海：《让"官办"文化活力重现》，《新华每日电讯》2007 年 11 月 17 日第 6 版。

《湖北"官办"文化悄然萎缩"民办"文化百花竞放》[①] 等。官办文化就是文化产业主要由政府部门创建，资金由政府筹集，建设主体是政府；民办文化恰恰相反，就农民而言，民办文化则是指文化产业主要由村民创建，多采用自筹资金的方式，建设主体是农村的农民。

从农村文化的供给来看，尽管农民喜欢三下乡活动，但是三下乡去的地方有限，待的时间较短，对农村文化生活提高的真正效应有限。要满足农民的高质量、多层次的文化需求，必然要加大对农村文化消费的投入。

2. 文化产品和服务的供给不符合农民现实需求

公共文化服务的供给的另一个问题是供给的文化产品和服务与农民文化生活需求产生错位，即"所供非所需"。官办文化是公共文化的主要组成部分。而政府在倡导和推行官办文化过程中，往往强化了政府导向或者带有政府的主观倾向。在政府未对农民文化生活的真实需求了解和掌握的情况下，常常出现一种情况，就是政府所提供的文化产品、服务与农民的文化生活需求产生脱节，在农民群众中得不到反响，最终使耗费人力物力财力的官办文化达不到预期效果。

与官办文化不同的是，民办文化在文化产品和服务的供给上具有得天独厚的优势。民办文化的主办者多为民间组织和农民个体，相对于官办文化，对农民的文化生活需求更加了解。同时，民办文化少了官办文化天然带有的政治性、限制性，从农民的现实生活出发，更容易获得农民的欢迎。因此，现实中民办文化显示出勃勃生机。尽管改革开放以来，我国的文化建设取得了长足进步，然而农村文化建设仍然相对滞后，公共文化服务资源短缺，公共文化服务不力。从总体上来看，当前农村地区文化具有很强的滞后性，提供的文化服务很少，也不能够满足老百姓的需要。这在一定程度上阻碍了农民享受公共文化服务权利，文化产品和公共文化服务供给不足仍然是农民文化生活单调的主要原因。

政府部门组织的和村委会组织的文化活动供给是不能满足农民需求的。调查得知，在2012年，有的村接受过当地政府组织的各种文化下乡活动，但是政府开展的各类文化下乡活动持续性不强，常常是一锤子买卖

---

① 艾启平：《湖北"官办"文化悄然萎缩"民办"文化百花竞放》，中国新闻网，2003年8月5日。

性的,开展的活动次数也很有限。

参加村集体组织文化活动的农民很少。经调查,在受访农民中,有68%的人没有参加过一次村里面的集体文化活动。理由是村里本身就没有组织过任何活动或者活动内容枯燥,就再也不想参加了(见表3-5)。

表3-5　　　　　　参加集体组织文化活动情况　　　　　　(%)

	农家书屋	参加村里集体文化活动	参加村里其他人组织的文化活动
经常去	5	7	8
偶尔去	22	17	11
从不去	63	68	70
说不清楚	10	8	11
比例	100	100	100

资料来源:根据问卷调查结果整理。

事实上,农民对集体文化活动的需求很强烈,在被调查者中,有65%的农民希望村里经常开展群众性文化娱乐活动,希望一季度开展一次活动的占25%(见表3-6)。

表3-6　　　　　受访村民对农村集体文化活动的期盼

	经常开活动	一季度开展一次活动	无所谓	别开展活动	合计
发生额度	280	108	30	14	432
比例(%)	65	25	7	3	100

资料来源:根据问卷调查结果整理。

与此相对照的是一些地方农村传统民俗文化生活越来越少。

改革开放以来,随着农村经济的发展、城市化进程的加快,农民的生产与生活方式发生了巨大的变化,农民的思想观念、审美情趣等也随之发生改变。同时,外来文化、网络文化给传统民俗文化带来了巨大冲击。我国农村地区的传统民俗文化和本土文化在发展过程中常常受到忽视,遭受冷遇,甚至一些农村地区的优秀传统文化正在趋于消亡。如戏曲等艺术形式在很多老年人中较受欢迎,在大部分年轻人当中却少有市场。如今呼吁拯救民间艺术的文章经常见诸报端,与此相反,除了逢年过节,农民尤其是年青一代农民的文化生活中却越来越难以看到传统民俗文化的影子。有研究者在文章中指出,"在一些传统民间文化底蕴丰富的地方尤其是少数民族地区,在现代化环境长期忽视的情况下,很多传统民间文化走向衰落。过去家家户户懂山歌、唱山歌的福建某村,如今会唱山歌的居然都是90多岁的老人,而年轻人都听不懂"①。而老年人普遍喜欢的戏曲节目,在年轻人的文化生活中也少有市场。

(四) 农民的文化参与和管理权缺失

农民的文化参与和管理权缺失主要体现在两个方面:一是外在因素,农村文化管理中的民主缺失;二是内在因素,农民自身的文化参与意识不强。

1. 农民文化生活缺乏民主管理

从前面的分析可以发现,农村文化管理中普遍缺乏民主管理,一些文化活动老百姓并不知情。由于一些基层政府部门没有深刻认识到文化对社会生活和经济建设的重要性,对农民的文化权利认识也出现偏差,在制度设计上忽视了对农村文化的科学和民主管理,组织的文化产品的数量和质量都不令人满意,这些都影响了农民的权利。因为没有设立意见箱和电话,老百姓有建议也没有合适的渠道。

表3-7 受访农民对农村文化管理的期盼

	管理人员中应有村民参与或应从农民中选拔	文化活动应该征求老百姓意见	公开文化设施和文化活动经费	合计
发生额度	203	194	35	432
比例(%)	47	45	8	100

资料来源:根据问卷调查结果整理。

事实上,农民希望参与文化生活民主管理的愿望较高,调查中有45%的受访农民希望开展集体文化活动时征求他们的意愿;47%的受访农

① 黄永林:《农村文化建设与传统民间文化》,《学习月刊》2006年第10期。

民认为农村文化管理人员中应有村民参与或应从农民中选拔,村民还要求公布公开文化设施和文化活动经费,这一比例是 8%(见表 3-7)。

2. 农民的文化参与意识薄弱

农民的文化参与意识薄弱与文化供给的程度和满意度紧密相关。文化供给不能满足农民的需求,和农民的生活实际脱节,也会导致农民的文化参与意识薄弱。

另外,由于一些农民受到自身文化水平的限制,或者迫于生活压力,对任何公共文化活动都不感兴趣。在初中文化程度这一组里,如对村里的集体文化活动不感兴趣的占到受访者的 18.7%,而对村里的文化设施、文化生活,也有 14.5% 的受访者漠不关心,持无所谓的态度。12.3% 的受访者因为对文化活动不感兴趣而从不去文化站(见表 3-8)。

表 3-8　　受访初中文化农民对公共文化活动的参与意识调查　　(%)

问卷问题	回答	比例
为什么不去村里的文化活动室	对该活动不感兴趣	12.3
为什么不去村里的"农家书屋"	我不喜欢读书看报	8.51
为什么不参加村里的集体文化活动	对这些活动不感兴趣	18.7
为什么不去看电影	我不喜欢看电影	12.3
对"文化下乡"活动有什么看法	我不关心这类活动	11.5
您认为村里的文化设施、文化生活需要村民参与民主管理吗	无所谓	14.5

资料来源:根据问卷调查结果整理。

四　城乡一体化中农民的社会权利存在的主要问题

社会权是国家在解决因为市场化、工业化所带来的社会危机的过程中形成的概念,这个概念随着时代的发展、学术累积和各国立法的发展,其内容更细腻。社会权概念有两层含义:一是公民有依法从社会获得其基本生活条件的权利;二是在这些条件不具备的情况下,公民有依法向国家要求提供这些生活条件的权利。[①]

在这个系统中，笔者认为主要包括三个方面的权利，即社会保障权、环境权和受教育权。这三种权利按照一定的分工紧密结合在一起，发挥出权利系统的效力。社会保障权是基本前提，而受教育权和环境权则是社会保障权的有益补充。

(一) 城乡一体化中的社会保障权问题

社会保障（social security）意为"社会安全"。《牛津法律大辞典》称为"是对一系列相互联系的，旨在保护个人免除因年老、疾病、死亡或失业而遭受损失的法规的统称"。社会保障权与法律紧密地联系在一起。作为一个法律概念，社会保障最早出现在美国1935年颁布的《社会保障法》中。

笔者认为，社会保障权属于公民的合法权利，不是政府对公民的恩惠，也不是慈济，而是法定权利。

社会保障权的权利主体是全体公民，义务主体是国家和社会。社会保障的是全体社会成员，而不因为身份、职业、等级等诸多因素的差别而差别。也就是说，在享有社会保障权方面，农村人口与城镇居民有着同样的权利。国家对此负有不可推卸的义务，在社会保障的制度安排方面国家是必须有积极作为的。

社会保障权保障的是"最低限度生活"，主要是以物质上保障公民的最低限度生活，解决其生存问题。对公民而言，不切实际的保障请求不仅难以实现而且影响社会秩序的建立和巩固。对政府而言，制定的同社会经济发展不适应、承载不了的社会保障政策充满危机，一旦无法实现，既失掉民众的信任，又造成政府危机。

社会保障权在政府保障社会弱势群体的基本生活的同时，公民个人自身要努力，积极主动地全力谋求自己生活的幸福。公民在获得物质帮助的同时也仍要自强不息、克服困难，寻求发展、脱离贫困，而不能一味依赖国家，依赖政府。

宪法和有关法律规范中关于社会保障权的规范并没有区分城市市民社

[①] 林喆：《社会权：要求国家积极作为的权利》，《学习时报》2004年6月21日第2版。

会保障权和农民社会保障权。《劳动法》中也没有区分城市人口和农村人口，应包括所有公民。但事实上在享有社会保障权和劳动权方面城镇居民和农村人口有着事实上的不平等。

在社会保障待遇水平上，和城市居民相比，农民保障水平偏低。郑功成教授指出："在城乡居民中，存在着社会保障项目多寡与水平高低等差异。"[①] 我国城市已经基本建立起来了系统的全面的现代社会保障制度，而农村是我国社保制度的薄弱环节。由于城市有大量的企事业单位为市民缴纳社会保障金，同时国家对社保基金的拨款也主要用于城市，城市有条件建立较高水平的社会保障制度，而农村集体经济衰败或者消失，土地的社会保障功能和家庭保障功能弱化，我国的各种社会保障制度并没有全面覆盖农村。农村的社会保障仅仅有五保供养、特困户基本生活救助、优抚安置等项目，新型合作医疗刚刚起步，住房保障制度、工伤保险、剩余保险等在农村根本尚未建立。

我国农民社会保障权存在以下三大问题：

1. 社会养老保险需求旺盛，但保障水平创新不够

我国老龄化社会已经到来，农村年轻人口的城市取向，使农村养老保险需求旺盛。我国与发达国家相比较，人口老龄化特征具有不同的特征。西方国家的老龄化，具有城市高于农村的特征，而在我国，农村人口老龄化水平是农村高于城市。农村老龄化水平要高于城市1.24个百分点。而且，农村是未富先老。2030年，我国农村、城镇老龄化率将分别达到17.39%、13.1%，2050年可能会达到26.4%和22.2%[②]。世界银行2012年发布《中国农村老年人口及其养老保障：挑战与前景》指出，中国城乡老年人口抚养比差距将从2008年的4.5个百分点扩大到2030年的13个百分点。届时，2030年农村老年人口抚养比将达到34.4%，而城镇仅为21.1%。[③] 过高的养老负担需要是农村人口老龄化的沉重负担。

我国农村社会养老保险制度开始于1992年民政部颁布的《县级农村

---

① 郑功成：《社保对财富分配的合理调节作用尚未充分发挥》，《中国人才》2010年第10期。

② 王红梅：《建立和完善新型农村社会养老保险制度的思考》，《长江论坛》2011年第5期。

③ 韩璐：《中国农村人口老龄化问题更突出》，《健康报》2012年4月10日第1版。

社会养老保险基本方案》，这是我国历史上第一个针对农民的正式保险法规。但是1999年要求停止新业务，当时国务院的解释是我国农村不具备普遍进行农村社会保险的条件，并提出有条件的地方要过渡到商业保险。停止新业务的1999年，农村养老保险已经在全国广泛进行，参加养老保险的人数已经在短短的几年内达到8000万人。至此，我国农村的养老保险开始进入困顿期，城乡悬殊。近年来，城乡社会保障覆盖率比例为22:1，城乡人均社会保障费的比例为24:1。[1] 我国农村养老保险制度还远远没有建立起来，仍旧缺乏真正意义上的社会养老保险制度。

党的十七大之后，国务院宣布从2009年起开展新型农村社会养老保险试点。根据《2011年度人力资源和社会保障事业发展统计公报》，2011年年末，全国有27个省、自治区的1914个县（市、区、旗）和4个直辖市部分区县开展了国家新型农村社会养老保险试点，试点地区参保人数32643万人，比2010年年末增加22367万人[2]。与旧的农村养老保险相比，新农保制度设计表合理，政府出资责任明确。但其缺陷也明显地显露出来。

现行保障水平偏低。国务院出台的《关于开展新型农村社会养老保险试点的指导意见》把农民个人每年缴费的标准设定为100元、200元、300元、400元、500元5档，要求地方政府参保农民进行补贴，标准是每人每年不低于30元，退休农民的基础养老金标准为每人每月55元。但是大多数农民和政府都选择的是最低标准，即农民缴纳100元，政府补贴30元。按照这种标准一个16岁的农村青年，经过不间断地投保需要44年才能在年满60周岁后拿到每月养老金153元。依靠每个月100多元养老金，这样的养老水平是非常低的，很难达到目前和未来的养老水平。这样就造成16—44岁农民参保积极性不高的情况，这样低的保障水平也很难让老百姓真正享有养老保险的权利。

衔接机制缺乏。新农保形成之前，全国各地已经出台了一些养老保险的措施。包括计划生育扶持政策、农民工养老保险和失地农民养老保险

---

[1] 翁建华：《当前新型农村养老保险制度存在的问题及其对策》，《黑龙江金融》2011年第5期。

[2] 《2011年全国社会保险情况》，《中国劳动保障报》2012年6月29日第3版。

等。即使同一项制度在不同的地方其政策和措施也是不同的。民工养老保险政策是千差万别的。北京市为农民工单独设计的独立养老保险模式；上海将农民工养老和医疗、工伤等放在一起承办；广东将农民工的养老保险放入城镇职工养老保险体系中；浙江省实行的是"低门槛，低标准"模式，使农民工享受到的待遇稍低于城镇职工[①]。但是这些创新和目前的新农劳保无法衔接起来。另外，我国农村养老保险业务的经办系统是由县（市、区、旗）、乡镇和行政村三级组成的，而这三级系统的信息化建设参差不齐，未实现信息互联和整合，不利于人口流动和转移。

因为这些困境，我国农村养老保险很容易像以前一样陷入停滞和倒退，重新回到依靠家庭养老和个人养老的旧路中去，导致大部分农民养老保险的权利缺失。

2. 新型农村合作医疗保障力度和理赔范围不够

新中国成立后毛泽东非常重视农村医疗卫生事业，要求把医疗卫生工作的重点放到农村去。1965 年 6 月 26 日，他严厉批评卫生部重城轻乡的工作倾向。在毛泽东的大力倡导下，合作医疗制度很快在全国普及开来。参加农村合作医疗的比重，在 1979 年保持在 90%。[②] 20 世纪 80 年代以来，随着家庭承包责任制的推行，曾创造过历史辉煌的农村合作医疗制度迅速瓦解。城市医疗卫生改革导致的"看病难、看病贵"使普通市民为之心忧，经济生活状态大大落后于城市的农民更是不敢看病了。

2002 年是我国新型农村合作医疗制度具有突破性进展的一年，从此政府开始为解决农民的医疗卫生这一民心工程开始大规模投入。2002 年我国颁布了《关于进一步加强农村卫生工作的决定》，提出了到 2010 年要建立以大病统筹为主、基本覆盖农村地区的新型农村合作医疗制度的奋斗目标。对于资金筹集方式，该决定强调政府组织、引导和支持，要求农民自愿参加，个人、集体和政府多方筹资；2011 年财政通过转移支付对参加的农民每年按人均 200 元进行补贴[③]；2012 年起，财政补贴标准升至

---

① 张华贵：《论城乡统筹背景下农民工养老保险制度的立法保障》，《西南政法大学学报》2009 年第 4 期。

② 李朝峰、胡兵、赵海强：《我国农村健康保障制度的回顾与发展》，《中国初级卫生保健》2006 年第 1 期。

③ 黎晓艳：《医保补助标准提高》，《黄石日报》2011 年 4 月 21 日第 1 版。

到每人每年240元；2013年新农合财政补助标准提高到280元，人均基本公共卫生服务经费标准由25元提高到30元。①

政府对农村合作医疗的投入力度不够。之所以屡次提高补贴的支持力度，是因为财政支持的力度不够。相对于市民的医疗而言，政府对农村合作医疗的支持力度是不够的。市民的医疗保险人均筹资水平和补偿回报的待遇都很高，这也很容易导致农民对国家居民医疗保险不满，形成新的社会矛盾。我国全体国民不论是居住地如何，不论是农民还是市民，都应该均等享受基本医疗卫生服务，这是每一个公民的权利，是实现农民社会保障权的基本形式。政府有责任来支持和保证这一权利的实现。世界上大多数国家都向其公民提供基本医疗服务，作为脱贫致富、提高家庭收入的重要举措。

参加新型农村合作医疗的农民账户，由个人缴费用于门诊、买药的个人账户和由各级财政注资，用于大病统筹治疗的社会账户组成。2003年我国农村合作医疗只有人均30元的水平，2013年除了农民的个人缴费外，新农合财政补助标准提高到280元。然而，根据运行状况来看，这个比例依然不高。根据笔者的调查认为力度合适或者足够的占23.4%，力度不够的占74%。也就是说，相当一部分的农民认为政府补贴不足，补偿标准还是偏低（见表3-9）。

表3-9　　　　农村合作医疗的财政投入满意度调查

	力度合适	力度足够	力度不够	说不清	合计
发生额度	56	45	320	11	432
比例（%）	13	10.5	74	2.5	100

新型合作医疗制度的受益群体主要是大病住院治疗的参保农民，病种是容易造成倾家荡产的大病。但对于农民而言，得大病的终究是少数，在平常生活中经常得的都是小病。而得小病则需要在一般门诊就诊看病，用的是自己缴纳的钱，不能享受到国家财政的补贴。即使大病住院治疗，也并不是所有的费用都可以报销，要受到定点医院和起付线的限制。

---

① 温家宝：《政府工作报告》，《人民日报》2012年3月19日第1版。

表 3 – 10　　　　　　　农民愿意参加农村合作医疗的模式调查

	门诊医疗	大病医疗	说不清	合计
发生额度	240	175	17	432
比例（%）	55.6	40.5	3.9	100

即使患大病住院治疗，由于受定点医疗机构和起付线的限制，受益人群范围也是狭窄的。另外，新型合作医疗的药品范围、诊疗项目范围等都比较小，也对受益面产生一定影响。以至于在调查中发现，老百姓更愿意参加门诊医疗，这一比例高达55.6%，选择住院模式的占用40.5%（见表3–10）。

县乡定点医院设备条件差，医疗设施老化，医护人员的水平低。到层次比较高的医院治疗，报销的比重就越少。大病农民不愿意到这些定点单位看病，常常希望到市级和省级医院就诊。大病补偿并不是所有的大病都能报销，到2013年仅仅有肺癌、胃癌等20种疾病属于大病保障范围。大病设有起付线及较低的封顶额度，即在起付线以上、封顶额度以下的才能够得到补偿。有些像癫痫病等病种在定点医院是没有相应的科室或者技术支持能力强的科室，只能到非定点医院去治疗，这样的费用是不能报销的，只能由农民自己支付。由此可见，政府的投入和农村经济发展水平相比较是不够的。正是由于政府投入力度不够，农村合作医疗作用不佳。

报销不畅。新型农村合作医疗报销的手续比较烦琐。到市级和市级以上的医院住院，需要农民结清所有费用，一周以后才能回到住院医院复印相关材料，再回到县里的农合中心报销。农村一般离大城市和县级农合中心都比较远，这样一来，就无心增加了农民负担。农民对报销之类的并不熟悉，有时需要来回往返数次，才能把情况搞清楚，有些医院并不热心为农民报账，为了报账，农民还需要想方设法找关系才能得到报销。这些太多的中间环节，致使农民的救命钱不能及时到位，舟车劳顿，使成本骤然升高。当农民离开家乡到其他地方打工，如果生小病需要就诊，因为尚未建立省级联网而不能享受新型农村合作医疗。

3. 农民社会保障权法制化落后，内容不全面

我国社会保障制度法制化建设落后，社会保障制度实施多年，但是到

目前为止还没有出台过一部专门的《社会保障法》。落实农民的社会保障权,依据主要是2002年《中共中央、国务院关于进一步加强农村卫生工作的决定》和2009年的《国务院关于开展新型农村社会养老保险试点的指导意见》这两个文件。其他的文件主要是在这两个文件的基础上修改形成的。因为是文件,就缺少法律效力,可变性强。全国各地依据这两个文件建立的各种社会保障,也是五花八门,运营、发放和筹集,都是政府的意志,甚至为政绩服务。

农民的社会保障权是一项高度复杂的系统性工程,涉及的利益环节错综复杂,没有强制性的法律,也就没有应有的惩罚、查处的追究制度和清除整治的司法保障体系。要想加强企业做好安全生产保障善待农民工,要想改变政府机构为农民办事的工作作风,提高办事效率和人民的满意度,没有强调强制性立法是很难的,违法者的违法成本是很低的。

按照我国社会保障制度的内容,社会保障权可以细分为社会救助权、社会保险权、社会福利权与社会优抚权。这四项权利构成了一个权利谱系,犹如希腊建筑的柱廊支撑起一个屋顶,使人联想到它对社会所致的深远意蕴。和城市居民相比,农民的社会保障权内容不全面,存在的问题多。下面仅就社会救助权和社会保险权这两种农民社会保障权进行讨论。

社会救助权指为了使公民达到国家定义的最低限度的生活水准,提供给公民的社会援助。就农村而言,就是公民在无法维持国家和社会规定的最低生活水平时,获取满足其最低生活需要的物质援助和社会服务的权利。农民的社会救助权主要内容就是提供给农民的五保户供养制度和农村的最低生活保障。这种权利相对于市民的最低生活保障来说,农民的社会救助权存在的主要问题是权利的资金保障不足以及保障力度不够。这种低水平的保障无法真正落实农民的社会救助权。

社会保险权,也称为社会福利保险权或者劳动保险权,是社会保障权利谱系中最核心的权利。这种权利是指劳动者在失业、生育、疾病、伤残和年老失去劳动机会和劳动能力而丧失了劳动收入源泉时,国家社会保险制度赋予的失业保险权、生育保险权、医疗保险权、工伤保险权和养老保险权等权利,以使其得到物质帮助、维持基本生活。农民的这些权利是残缺的,事实上真正执行的只有养老保险权和医疗保险权。从总体上看,农村卫生经费和农村人均卫生费用都在不断增长。《2012年我国卫生和计划生育事业发展统计公报》显示，2012年中国卫生总费用约28914.4亿元，比2011年增长18.8%。2011年农村居民的医疗卫生费用仅占全国卫生总费用的23.7%，而城市居民却花费了76.3%的卫生费用。生育保险权是保障农村妇女身体健康和生育期间的基本待遇，减少因人口的增加而造成家庭冲击，提高妇女身体素质。我国生育保险权的主体是国有企业和集体企业的职工，农村妇女的该项权利没有得到保障和满足。就是到城市里面进行打工的女性农民工，该项权利也很难得到满足。

必须指出的是，社会保障权是一种社会公共产品。当农民的人格尊严因为失业、生育、疾病、伤残和年老困境而受到影响时，他们对国家和社会机构的期盼是中国梦的应然内容。只有把人的尊严和人的价值建立在货真价实的社会保障基础之上，公民人格才能有得以全面成长的基础。有人说，我国针对农民的社会保障喜忧参半，笔者认为应该是忧大于喜。的确我国农民的社会保障权改革开放30多年以来已经基本确立起来，有些也已开始实施。但是相对于城市居民，以及与社会保障权做得比较好的国家相比，这种权利的保障范围是不够的，保障水平是很低的，实现程度是初步的，立法上存在空白区域，农民还没有真切地体验到这种权利。法律上还没有农民生育保险权和农民因为遭受自然灾害的损失补偿权条文。从这些来看，问题多于取得的成绩，更不用说，针对农民的社会保障运行的规范化、运行和监督机制问题了。我国农村社会保险制度缺乏立法，社保的管理也是条块分割，各自为政，没有法规体系，造成无法可依，也缺乏有效的资金筹措机制，甚至有些地方出现了挪用和截留扶贫资金和救济物资等现象。

（二）城乡一体化中的环境权利问题

习近平同志强调，生态兴则文明兴，生态衰则文明衰。他提出了对待生态环境的认识有三重境界：第一境界是人们在发展之初，一切为发展让路，只要金山银山，不要绿水青山。第二境界是人们在发展过程中逐渐感到保护生态环境的重要性，开始认识到，既要金山银山，又要绿水青山。第三境界是科学发展的实践启示人们，破坏生态环境就是破坏生产力，保护生态环境就是保护生产力，改善生态环境就是发展生产力，绿水青山就是金山银山。经济增长是政绩，保护环境也是政绩。不重视生态的政府是不清醒的政府，不重视生态的领导是不称职的领导，不重视生态的企业是没有希望的企业，不重视生态的公民是不具备现代文明意识的公民。

改革开放 30 多年以来，我国以经济建设为中心，促进了城市化和工业化的急剧扩张，我国像其他国家一样，环境问题成为经济发展的伴生现象。我国制定的国民经济发展指标胜利完成，GDP 每年也在一路凯歌，但是作为我国环境的世外桃源的农村，却付出了沉重的代价。城市中的产业升级和环境整治运动迫使大批污染水源、土壤、空气的项目和设施向农村转移，城市所产生的大量建筑垃圾和生活垃圾也开始向农村转移，农村成了城市的垃圾填埋场和堆放地。农村发展经济的饥渴症和个人承包制的局限性，造成农村出现户户点火、村村冒烟的乡镇企业和家庭作坊迅猛发展，农地的过度营养化、河流的富营养化问题普遍存在以及杀虫剂除草剂的推广。点源污染和面源污染交织在一起，农业生产污染和农民生活污染交织在一起，农村环境工作和居民生态环保意识薄弱交织在一起，构成了我国农村环境污染和治理的特点。我国城乡一体化中农民环境权利存在着以下问题：

1. 农民的环境使用权受到影响

农民环境资源使用权也就是日本的中山教授所提出来的"环境的共同使用权"，他认为该权利就是"生活环境使用权""自然公物使用权"和"特定自然环境使用权"。[①] 这里面他仅仅谈论的是生存权问题，但是该权利还包含发展权。也就是说，农民的环境使用权是指农民享有在没有被污染的、良好适宜的环境中生存和利用环境促进发展的权利。生存权包括免受环境侵害的权利，发展权主要是指利用和开发土地、山林、水体等权利。

2012 年暑假期间，笔者组织了华南农业大学社会学系 30 名学生对广东两翼和北部山区的农村进行了调研。这些地点包括西部的遂溪县、电白县，北部的怀集县、翁源县、曲江县和东部的饶平锡县、丰顺县。选取的县在地理位置分布上具有较强的代表性，兼顾环境污染明显的区域和一般性区域。珠三角核心地带的农村没有选取，因为这里的农村实际上已经被城市化了，农民实质上也不是真正意义上的农民。这些遴选的区域因为属

[①] 周纪昌：《中国农村环境侵权问题研究》，经济科学出版社 2007 年版，第 50 页。

于我国改革开放的前沿,其农村环境污染问题因其工业化城市化的典型性也具有研究的典型意义。

本次调研最终通过当地村干部协助发放问卷和访谈员进入农家访谈形式进行。发放问卷 420 份,其中有效问卷 380 份,对 70 多位农民进行了面对面的访谈。

在农村总体环境评价方面,43% 的农民认为"与以前相比,环境非常差",40% 的农民认为"与以前相比,环境较差",17% 的农民认为"与以前相比,说不准"(见表 3-11)。

表 3-11　　　　　　　　　　总体环境评价　　　　　　　　　　(%)

群体来源	与以前相比,环境非常差	与以前相比,环境较差	与以前相比,说不准	合计
农民	43	40	17	100

农村环境污染主要表现在水源污染、土壤污染和农产品污染。排名第一的水源污染,在有效问卷中占 45%;排名第二的是土壤污染,占 43%;农产品污染居于第三位,占 11%。和城市相比,农村的空气污染没有出现大的问题,农民普遍比较满意(见表 3-12)。

表 3-12　　　　　　　　　　主要污染　　　　　　　　　　(%)

群体来源	水源污染	土壤污染	农产品污染	空气污染	合计
农民	45	43	11	1	100

农村污染的直接原因主要是工厂废水排放、固体废物处置、农药污染和化肥过度使用。在调查数据中,认为废水排放造成的污染是直接原因的占 40%,垃圾堆放的占 35%,农药和化肥过度使用引起污染的占 25%(见表 3-13)。

表3-13　　　　　　　　　　污染的直接原因　　　　　　　　　　（%）

群体来源	工厂废水排放	垃圾堆放	农药污染	化肥过度使用	合计
农民	40	35	17	8	100

珠三角城市化进程加快，从某种角度讲，就预示着城市的工业废物、生活垃圾、建筑垃圾和医疗垃圾等开始增多。换句话说，城市化也就是垃圾下乡，城市垃圾向农村转移。同时，随着农村生活水平的提高，来自农村的垃圾数量和垃圾构成也发生了巨大变化。传统的农业垃圾可以再次利用，当作肥料肥田。现在农村垃圾工业用品增多，成分复杂多样，难以再次降解，并且农家肥的收集和整理比较麻烦，多数农民业已弃之不用了。

广东农村外来和本地投资办厂的都比较多。笔者发现，农村环境状况和农村投资办厂的数量呈正相关关系，工厂越多，环境状况越差；工厂越少，生态环境要好很多。但这并不表明农村环境状况是由于垃圾堆放这一唯一原因造成的。农民对五金、电镀、化工、造纸、采矿企业这些扎根农村的企业又爱又恨，一方面，他们需要工厂给自己带来收入，另外一方面，农村的污染的确来自于这些工厂的污水排放。珠三角的农村饮用水的质量普遍优于城市，许多地方的村民依旧引用泉水、井水，但是直接饮用河水的数量并不多。由于自来水的水质比较稳定，农民也意识到地下水水质在逐渐变差的问题。工厂所排不达标污水，浸入地下，成为破坏农村地下水，破坏农村环境的罪魁祸首。

广东地少人多，因此农业对化肥和农药的依存度大。农田由于农药和化肥的介入，对环境的破坏是明显的。在问卷中，认为土质变差的占52%，土质没有变化的占45%，仅仅有3%的认为土质正在变好。在土质变差的多项选题中，认为不能再耕种作物的占4%，可以耕种作物的占75%，有56%的认为农作物大量减产。水源调研与此类似。这里面就有一种非常吊诡的现象，农民一方面意识到由于污染造成土质和水质变差，也认识到其中的危害，但是认为可以耕种作物的占75%、可以浇灌庄稼的却占94%。这反映了他们需要利用水资源和土地资源进行生产的无奈（见表3-14、表3-15）。

表 3-14　　　　　　　　　耕地变化和水源变化　　　　　　　　　（%）

	变差	没有变化	正在变好	合计
土质	52	45	3	100
水质	82	10	8	100

表 3-15　　　　　　　　土地质量和水质的变差后果　　　　　　　　（%）

土地质量变差			水质变差		
不能耕种作物	可以耕种作物	耕种农作物减产	不能直接浇灌庄稼	可以浇灌庄稼	浇灌作物减产
4	75	56	6	94	35

农民对农村空气质量的看法是比较满意的。92%的人认为"农村的空气很好",7%的人认为农村空气质量较差,只有1%的人说不清楚。

农村的大气污染和城市不同。城市中的空气污染现在已经成为《新闻联播》中的"亮点"了,中度污染居多,常常陷入雾霾之中。2013年1—4月,100天中竟然有46天,这让农民印象深刻。而农村虽也有空气污染,但主要是焚烧秸秆和烧煤,这对农民来讲可以忽略不计。

由于没有专门的检测设备,农民对环境的判断只能够根据他们个人的观察和感受。尽管广东省近年来在农村开展以沼气池建设为中心,实施改厨、改厕、改圈配套工程"三改一建"工作,改善了农村环境状况。但是这种改善只能是缓解,并不能达到治本的目的。个人身体受到环境污染的实质伤害的农民达到21%,个人身体没有受到环境污染的实质伤害的农民达65%。有人说,这个数据很小,不值得大惊小怪。其实不然,因为环境污染造成的伤害具有隐藏性,疾病的暴发需要多年,甚至是十多年。这个数据已经在用强大分贝提醒人们农村环境污染已开始走向普遍性的直接伤害(见表 3-16)。

表 3-16　　　　　　　　　　　实质伤害　　　　　　　　　　　（%）

群体来源	个人身体受到环境污染的实质伤害	个人身体没有受到环境污染的实质伤害	说不清	合计
农民	21	65	14	100

农民环境资源使用权受损和农村没有专门的环保机构紧密相关。1994年12月颁布的《关于全国环境保护管理机构规范化建设的意见》规定省级环保行政主管部门的行政编制为：直辖市不少于120名；经济发达、经济比较发达、经济不太发达的省编制分别不少于70、60、50名；一类市、二类市、三类市不少于75、60、40名；经济不太发达的市编制不少于30名。县级的行政编制从一类县到三类县分别不少于20、15、10名，四类县根据实际定编。而乡级政府设立环境保护办公室，工作人员2—3名；不设环保机构的乡设环境管理员1名。从这个文件我们可以明显地感觉到我国环保机构的设立主要是针对城市环境，要解决的是工业对城市的污染问题。

在2012年发布的《全国环境统计公报（2010年）》中，乡镇环保系统机构仅仅1892个，配备人员7154人；县级以下根本就没有环境监测站。[1] 我国目前有乡镇30000多个，数字对比多么悬殊！在环境监测、环境监察的机构设置和人员编制方面根本没有乡镇级。[2] 环境管理很难向乡镇、农村延伸。[3]

与城市相比，农村环境管理更加艰巨，不仅监管面积广大，而且其管理对象的排放具有很强的分散性、隐蔽性和随机性特点，客观上要求大量的人力物力和资金的投入。2012年，我国环境污染治理投资总额为8253.6亿元，占GDP的1.59%，其中，城市环境基础设施建设投资5062.7亿元，老工业污染源治理投资500.5亿元，建设项目"三同时"投资2690.4亿元，分别占环境污染治理投资总额的61.3%、6.1%、32.6%。[4] 由此可以看出，2012年我国根本就没有对农村环境治理进行过投资，财政资金投向了城市，实际用于农村环保的资金可以忽略不计。

---

[1] 中华人民共和国环境保护部：全国环境统计公报（2010年），http://zls.mep.gov.cn/hjtj/qghjtjgb/201201/t20120118_222703.htm。

[2] 国家环境保护局：《2005年全国环境统计公报》，http://www.sepa.gov.cn/plan/hjtj/qghjtjgb/200606/t20060612774318.htm，2007年4月1日。

[3] 朱德明等：《关注城乡统筹发展中的二元环境结构》，《现代经济探讨》2005年第6期。

[4] 《2012年环境统计年报》，http://zls.mep.gov.cn/hjtj/nb/2012tjnb/201312/t20131225_265542.htm。

2. 农民环境知情权缺失

农民环境知情权，是农民获取与自身生产生活密切相关的环境状况、国家环境管理政策等信息的权利。

农民环境知情权是农民参与环境治理和保护环境应该拥有的与自身所处环境紧密相关的信息权利。通过多年的艰苦努力城市环境的治理取得了一定时效，遏制住了环境继续恶化的势头，享受干净明亮的天空的天数开始增加。与此形成巨大反差的是，农村的生态环境却面临着严重的破坏和威胁。城市环境治理成就的取得，市民环境权的改善，从某种意义上来说，是以牺牲农村的环境和农民的环境权作为代价的。城市工业污染的转移严重侵犯了农民环境权利。在对城市污染企业的关停并转中，一些破坏生态环境的企业开始转向农村，加重了农村环境的恶化。

公开环境信息，保障农民的环境知情权，是农民参与环境保护的必要前提，也是进行环境民主管理的重要步骤。在信息社会，公众及时而全面地获取环境信息，是参与环境管理的基础。《里约环境与发展宣言》指出，各国应通过广泛提供资料来鼓励公众的认识和参与。信息不公开，环境保护将是一句空话。我国 2008 年 5 月 1 日实施的《环境信息公开办法（试行）》（以下简称《办法》）具有以下特点：企业环境信息纳入公开的范围；规定了环境信息公开的具体方式和程序；规定了环境信息公开监督的各项制度；规定"公民、法人和其他组织认为环保部门不依法履行政府环境信息公开义务的，可以向上级环保部门举报。收到举报的环保部门应当督促下级环保部门依法履行政府环境信息公开的义务"。公民、法人和其他组织"可以依法申请行政复议或者提起行政诉讼"；对违反《办法》相关规定情节严重的将给予行政处分。《办法》完善了我国的环境知情机制，然而在信息公开方面存在明显缺陷，公众对环境信息知情权不足已经成为公众参与的重要障碍。

（1）生态环境信息公开、发布的责任主体的范围比较狭窄。我国《环境保护法》明确规定，省级和省级环境保护行政主管部门必须要定期向社会发布环境状况公报，但是却对定期这个词没有加以限定；之后又通过《办法》，将发布环境信息的责任主体下放和扩大到县一级环保主管部门，但是却没有将公布信息的责任主体下沉到乡镇一级，也就是说乡镇一级的政府部门被排除在责任主体之外。这样做导致基层社会缺乏环境状况的详细资料，这不利于促进农民参与环境保护。

（2）生存在农村的企业不愿意向社会公开信息，该公开的也不愿意公开，没有压力和动力公开信息。企业公开环境信息已经成为国际惯例，许多国家已经建立了企业环境信息报告、申报登记、广告和说明书等可操作性制度。一些国家更进一步，将企业的环境报告纳入法律系统之中，使之成为强制性的责任和义务。我国《办法》规定企业必须公开的环境信息是不充分的，仅仅强制规定污染物的排放总量超过国标或者地方标准污染严重的企业，要向社会公布污染物的排放总量和企业环保设施信息，但是对大部分企业并不强制要求其公布污染信息。这样这些转移到农村的企业根本不愿意自己揭开企业对环境的影响的面纱。另外我国法律没有明确界定商业秘密，有些企业便用商业秘密搪塞信息公开，农民无法获取相关信息，参与监督就成了一句空话，或者要付出高昂的成本才能进行监督。该办法还规定，与己无关的人不得申请信息公开，这也限制了信息公开。据我在广东农村的调查发现，农民对当地环境事件的了解，占第一位的竟是"自己的感觉"，第二位的是"媒体报纸"，第三位的是"听别人说"，第四位的是"政府告诉"，第五位的是"村委会通知"。

3. 农民环境参与权不足

农民环境参与权是指农民参与有关环境决策过程的权利。农民环境参与权包括：对环境有关具体活动决策的参与、对与环境有关的政府决策的参与和对环境立法的参与等。当前我国农民的环境参与权处于较低层次。具体表现在：

（1）自觉地参与环境保护活动的少。一般情况都是无意识地参与到环保活动中去，事实上他们根本不了解自己享有的环境权利，不清楚政府有为他们享受此权利提供条件的义务，不明白环境保护既是他们的权利也是他们的义务，他们也根本没有环境公共参与的明确要求，不会自觉地为维护自己的环境权利而主动有目的地参与到环境保护活动中来，具有明确的公共参与意识的农民是很少的。

（2）把参与环保活动当作实现其他目的的一种手段。这不是一种把参与环保活动本身视作目标的参与，而是把参与当作实现其他目标的手段性参与。当前农民参与环境保护，主要是当自家利益或者集体企业或设施受到污染企业的影响和侵害时，这个时候才想到去保护自己的利益，或者参与环境保护目的是想给一些人施加压力和影响的一种手段①。这种参与和目标性参与是截然不同的。

（3）低端参与较多，高端参与较少。目前村民公共参与环境保护主要以讨论、被动参与等低端形式为主，以建立组织、信访、环境诉讼等较高层次的少。低端的非制度化的参与较多，使得农民参与环境保护没有相关的规范指导。同时，已有制度化的参与方式又因各种原因而受到阻碍，使得农民参与环境保护渠道不畅通。因此，在低档次的参与得不到明显效果时，农民可能走向极端，发生冲突。这样，一方面不利于农民环境权利的行使；另一方面也不利于社会治安的稳定。随着经济的发展，农村生活水平和知识水平有所提高，一部分有文化、见识广、社会阅历丰富的农村精英人物出现，他们应该是农村公共参与的主要力量，但是这部分人更愿意离开家乡出去挣钱，与原居住地的关系越来越疏远，不可能发挥主导作用。

4. 农民环境侵害请求权缺失

农民环境侵害请求权是指当存在环境侵害的潜在威胁或发生环境侵害并造成损害时，农民请求国家有关部门依法保护其合法权利的一项权利。在农民环境权利遭受侵犯时，他们通过诉讼与企业对抗的能力是很弱的。企业、其他经济组织一般具有充足的资金、律师、资本、政策支持，与之相比，农民常常处于弱势地位，他们通常是分散的单独个体，很难具有与这些组织相抗衡的力量。农村环境诉讼面临的最直接最现实的难题是诉讼费用的负担。笔者在调查广东"癌症村落"的环境受害者时发现，他们由于经济实力有限而诉讼费用却不是一笔小数目，导致他们很难发起环境诉讼。

司法救济是农民权利保护的最后一道防线，农民环境侵害请求权需要司法救济。在农村环境案件中，企业和政府有着难以割舍的关系。在政府、企业和农民之间，农民是最弱势的，当农民要取得受到污染伤害的证据，向企业取得，无异于与虎谋皮；乡政府索取证据，尽管依据《政府信息公开条例》，农民可以向政府部门申请获取相关政府信息，来索取生

---

① 卢福营：《村庄经济类型与村民公众参与——两个村庄的案例分析》，《浙江师范大学学报（社会科学版）》2004 年第 5 期。

产、生活、科研等特殊需要。但当农民向环保部门索取诉讼所需相关资料时，往往以不属于"特殊需要"为由被拒绝。因此农民要想得到打官司的证据难度很大，败诉也常常是意料之中的了。再加上我国法院审判权还没有真正独立，依然受到行政机关的干涉，尤其是在涉及政府利益及自身过错的案件中，包括涉及国有企业的特大案件中，三方力量的对比使农民在这场力量悬殊的博弈中不得不考虑其预期收益。在多数情况下，农民选择了放弃，农民环境侵害请求权无法伸张。当然，农民的放弃也并不意味着企业、政府的最后胜利，这是农民对政府失望之后最终对司法的绝望。

（三）城乡一体化中的农民受教育权利问题

受教育权是指我国公民根据宪法的规定应该享有的接受教育的权利，这种权利是接受其他文化知识和教育的前提条件和基本技能。随着我国农民温饱问题的解决，不论是农村社会还是城市家庭，都开始重视孩子和自我的学历和职业教育。

受教育权的实现需要有两个条件，第一个是公民拥有该项权利，第二个是国家应该为该权利的实现创造条件，提供师资和物质条件。

1. 农民教育权问题

（1）农村学校房舍简陋，教学设施不健全，师资力量薄弱。农村中小学的外语课、信息技术课、体音美课的教师普遍短缺。在笔者家乡的调查中，我发现这些课程在课程表上都有，但就是没有老师来上，都当作自习课了。我国规定农村义务教育的投入是一个逐渐上移的过程，在农村取消农业税之前，义务教育经费主要是以乡镇为主；取消农业税之后，投入主体上移到县级政府。县级财政收入只占全国财政的15%左右，根本无力承担起如此庞大的财政投入。由于县级政府的财力和责任的不对称，投入主体的变化，挤占了县级政府在其他方面的投入。面对农村义务教育的困惑，国家开始规定，对中小学的投入，中央拿大头，省县共同负担。但是结果常常是中央和省级划拨的经费能够及时到账，但是县级却常常滞后。由于缺少足够的经费，与城市的宾馆式学校相比，农村连校舍维修都存在困难，师资力量薄弱，造成农村学校无力给予教师津贴和其他福利，因此常常把校舍作为福利提供给教师使用。

（2）农民职业教育权利保护存在的主要问题。农村经济的发展及农村社会转型呼唤着农民职业教育，而农民接受职业教育的状况却令人担忧。首先，农业院校、农业科研推广部门和农民合作协会组织对农民实施职业教育和培训力度不够，施教内容同农民的实际需求相脱离，农民培训经费投入不足，培训硬件建设不到位，施教人员水平、能力有待提高。其次，针对农民的职业技术教育，应具有公益性质，但是一些县级职业技术培训学校向农民收取一笔培训费用，造成农民不愿意参加该类培训。最后，我国颁布了一系列职业教育法律、法规来维护公民包括农民享受职业教育的权利，但在实际贯彻中很难获得实效，《职业教育法》条文多为原则性的规范，且配套立法严重滞后。此外，大部分农民的权利主体意识比较薄弱，他们认为职业教育和培训是国家和工厂企业给予的一项福利，从而不自觉地放弃了自身应有的权利。他们在中小学辍学后或接受规定年限的义务教育后，或直接参加农业生产，或外出务工，很少有机会再接受社会、文化、生活、职业培训等方面的教育。调查显示，农民工中接受过技能培训的只占9.1%，没有受过任何培训的占76.47%。[①]

2. 留守儿童教育权利缺损问题

全国妇联2013年5月发布了《中国农村留守儿童、城乡流动儿童状况研究报告》。报告指出，中国农村留守儿童数量超过6000万，总体规模扩大；全国流动儿童规模达3581万，数量大幅度增长。[②]

留守儿童如此之多，笔者在调查时深有同感。据笔者对PQ区五里镇一所小学的调查，该校的学生有1/3是农村留守儿童。另外一所农村小学校有632名学生，其中留守儿童为235名，占学生总数的37.1%。特殊的生活和教育环境影响了留守儿童的教育权。

（1）撤村并校对留守儿童教育权的影响。由于农村出去打工的人数增多，一些人离开了农村在城市扎下了根，不再返回农村。学校生源也开始减少，许多村庄开始合并学校。合并学校能够增强师资力量，但是农村居住地分散，路途遥远，再加上石子路少土路多，一到下雨天，就没有办

---

① 黄晓利：《农民工教育培训的现状分析与对策研究》，《继续教育》2009年第10期。
② 李菲：《全国妇联：中国农村留守儿童数量超6000万》，新华网，2013年5月10日。

法赶到学校，同时一些家长也很担心学生的安全问题。终究父母有父母的事情，不可能离开打工之地专门来护卫孩子的安全。2013年政府开通了校车，但是农村道路不变，很多地方都是不通车的。安全和读书两者之间如何平衡，最终家长选择让孩子放弃读书，导致部分儿童辍学，未能保障义务教育的完成。

（2）父母的思想观念对"留守儿童"教育权的影响。尽管"留守儿童"家庭中的亲子关系被长期隔断，可是父母的一言一行依旧对孩子产生着不可小觑的影响。一部分父母在外打工，深感知识的重要，要求孩子刻苦读书，这自然会督促其子女积极要求进步，勤奋学习，因此该类家庭"留守儿童"失学率较低，对"留守儿童"义务教育的保障起到积极的促进作用。而另一种情况是，一部分打工父母看到自己工资比毕业的大学生所挣的还高，滋长了知识无用论，对孩子施加负面影响，认为不如放弃学习去赚钱，让孩子不必那么刻苦，甚至带着孩子打童工，进而导致部分儿童辍学。还有一部分打工父母，喜欢怨天尤人，认为命运不好，对子女也就不闻不问，不负责任，影响了孩子正常学习和健康成长。

（3）监督的弱化对"留守儿童"教育权的影响。"留守儿童"的监护模式主要为隔代监护，就是由爷爷奶奶辈的老人家来看管和监护。这种监管模式由于爷爷奶奶辈的年龄偏大，体力和精力不支，更重要的是他们的知识结构老化，根本教育不了孩子，无法提供智力支持和道德引导。老一辈是力不从心，难以承担监护教育之责。他们给予孩子的常常是溺爱。

3. 随父母进城的农民工子女教育权问题

"以流入地区政府管理为主，以全日制公办中小学为主"的"两为主"政策，是解决农民工子女接受义务教育问题的有力举措，但是由于受二元社会结构等多因素影响，进城务工农民子女教育权利保护仍然存在一系列问题。

（1）进城务工农民子女不能适龄入学及失学问题严重。农民工子女教育权不能得到保护。调查表明"6周岁未上学占6周岁组流动儿童的46.9%，9周岁和10周岁还在上小学一二年级的占相应年龄流动儿童的19.7%和4.6%，13周岁和14周岁还在小学就读的人占相应年龄流动儿童的 31.5% 和 10.0%"。①

(2) 进城务工农民子女入学、就学过程存在不公平。要进入公办学校，农民工子女必须要缴纳借读费，这笔数量不菲的借读费成为农民工子女入学的严重障碍。尽管教育部禁止收取借读费，但是教育部的规定不是法律。公立学校常常阳奉阴违，采用捐助等方式向农民工子女收取费用。家庭经济承受能力有限或家庭经济情况恶化使部分学生失学、辍学。学校招生常常优先满足户籍学生的入学，当入学资源多余时，才统一公布学校的多余资源，公开接受农民工子女们的报名；对于报名人数大于实际招生人数，教育部门采取摇号的形式，解决部分学生的入学；对于不能解决的部分学生则整合各方资源，实行区域内统筹安排。实际上这里还是存在歧视。

(3) 进城务工农民子女随其父母流动而流动，客观上给其教育权利保护造成困难。部分进城务工农民的居住地点常随工地、工作、工种的变化而变动，这导致中间转学、中途回家等情况频繁发生。大量的学籍变动不仅打乱了学校管理的正常秩序，也给进城务工农民子女教育权利保障带来很大的困难。同时带来的另一个问题是，接收进城务工农民子女的学校还要承担一定的安全责任和由此带来的负担，如：进城务工农民子女的流动性使接收学校在不明确学生真实去向的情况下无法确定该生是失踪、转学还是退学，而不得不投入一定的力量去查询，从而大大增加了学校的负担。

(4) 区域间教育内容的差异，影响进城务工农民子女教育权的保护。由于不同地区使用的教材不同，教育内容及难易程度也不同，导致流动的进城务工农民子女，要不断适应各种程度的教材与教育教学，这使其心理上会产生厌学、抵触情绪，甚至失学、辍学，使农民工子女教育权利无法得到保障。农民工子女常常受到歧视，不能和城市学生一起上课，甚至有的地方以建立农民工班级为荣。一些城市学校招收流动人口子女的常常成立"外地班""民工子女班"或者其他名号，同时不计入考评的对象。流动人口子女单独编班，其师资水平和教学管理也令人担忧。

---

① 中央教育科学研究所课题组：《进城务工农民随迁子女教育状况调研报告》，《教育研究》2008 年第 4 期。

(5) 民工子弟学校的资质与农民工子女接受义务教育的需求矛盾突出。不少农民工子女进入农民工子弟学校读书。这些农民工子弟学校办学条件差、师资薄弱，很难达到城市政府部门制定的办学标准。尽管法律并无禁止举办民工子弟学校的规定，但由于这些学校无法达到政府制定的标准，政府便将其归入"不合法"的范围。得不到政府扶持的状态导致农民工子弟学校挣扎在"自生自灭"、随时可能关停的边缘，进入发展难、达标难的恶性循环。由于无法破解这个难题，绝大多数民工子弟学校只能"因陋就简""得过且过"。不过，民工子弟学校低廉的费用受到了经济收入拮据的进城务工农民的欢迎。"不合法"的民工子弟学校一旦取缔，大量进城务工农民子女的教育权无法得到实现，何谈提高。

(6) 受户籍、学籍的限制，进城务工农民子女都要回到原籍进行考试。由于进城务工农民子女的流动性，他们既要不断适应各种程度的教材与教育教学，还要适应不同地区的考试难度，甚至有些地区的考卷难度超过了进城务工农民子女在外学习的知识储备。因而，农民工子女对通过考试改变自身命运的期望降低，导致进城务工农民子女失学、辍学，使农民工子女教育权受损。[①]

4. 农民工教育培训权问题

农民工培训是一项准公共产品，具有很强的公共性。目前，国家在农民及农民工培训方面建立了以政府投入为主导的多元化农民科技培训体制，但是农民及农民工教育培训方面尚存在很多问题，主要体现在：

(1) 农民工教育培训机制不健全，培训经费投入不足。农民工参加政府组织的免费培训活动是很少的，比例是很低的。国家统计局《2012年全国农民工监测调查报告》显示，"在农民工中，接受过农业技术培训的占10.7%，接受过非农职业技能培训的占25.6%，既没有参加农业技术培训也没有参加非农职业技能培训的农民工占69.2%"[②]。用工单位为了降低成本忽略社会责任，大多只重视眼前利益，使农民工很难享有与城市职工同等的教育培训机会。农民工由于自身亦工亦农的流动性和季节性农业的限制，城乡之间的流动性大，企业担心竹篮打水一场空，宁愿选择

[①] 值得欣慰的是，在本书即将完成之时，中央政府已经决定解决这一问题。
[②] 《2012年全国农民工监测调查报告》，《中国信息时报》2013年5月28日第1版。

新生代农民工也不愿对农民工培训投入。据统计,我国企业在员工培训经费的投入占公司销售收入 3%—5% 以上的企业仅为 8.7%,占销售收入 0.5% 以下的企业有 48.2%。[①] 中央财政用于农民工转移培训的财政支持项目"阳光工程"仅仅有 2.5 亿元,地方配套仅为 6 亿多元,两者共有 8.5 亿元[②]。这对有 1 亿流动农民工的就业培训和服务,起的作用微乎其微。

(2) 农民工教育培训定位不准确,培训质量不高。农民工培训仅仅定位于农民进城后的短时技能培训。这样就把农民工培训定位为"饭碗"教育,一技之长教育。这样就忽略了城市生活常识教育、创业教育和法制普及教育。仅仅有"饭碗"教育是不够的,是不利于农民的长期发展和城乡一体化的。从城市融入角度看,应该不能忽略职业生涯规划的指导,在"饭碗"培训的同时,建构终身教育的思维,满足多元化的职业发展需求,开展伴随劳动者终身的生涯教育。

---

① 黄晓利:《农民工教育培训的现状分析与对策研究》,《继续教育》2009 年第 10 期。
② 《接受过培训的不到三成 农民工培训市场需求巨大》,《中国青年报》2006 年 1 月 24 日第 2 版。

第四章

我国城乡一体化中农民权利缺损的原因分析

工业化是18世纪工业革命以来以农业文明社会转变为工业文明社会为主要内容的全球性历史变迁过程。对于中国而言，真正的工业化和现代化发生于1949年新中国成立之后。

中国人的理想是要在一个落后的发展中国家以社会主义的方式实现工业化和现代化。自20世纪50年代初期开始，随着优先发展重工业的工业化战略的确立，以城乡居民拥有不同的公民权利为特征的二元权利结构逐渐形成。

从新中国成立一直到现在，我国最大的国情特征是什么？笔者赞成城乡二元结构是我国最大的国情特征，城乡之间形成了一个相互隔离的舞台[①]。

一 城乡一体化中农民权利缺损的结构因素

（一）城乡二元结构的形成和运行机制

1. 城乡二元结构的形成

1945年毛泽东在《论联合政府》中提出了他的新民主主义工业现代化主张，"在若干年内逐步地建立重工业和轻工业，使中国由农业国变为

---

① [美]吉尔伯特·罗兹曼：《中国的现代化原名》，陶骅译，江苏人民出版社1995年版，第400页。

工业国"。① 在新中国成立初期，由于百废待兴，再加上抗美援朝战争，中央政府并没有把优先发展重工业作为中国工业化的道路选择，而是采取了恢复和增加纺织业及其他有利于国计民生的轻工业生产的政策。然而，随着国民经济走出低谷，逐渐恢复，抗美援朝战局基本结束，中央重新开始思考如何把我国从一个经济落后的农业大国建设成一个先进的工业国的问题。1953年12月，党正式提出，发展国家的重工业是实现国家的社会主义工业化的中心环节。

所谓重工业，主要指为国民经济各部门提供物质生产资料的部门，其特点就是资本有机构成高和产业资金密度高，重工业的发展必须要有雄厚的资本积累做基础。但是如何获取重工业发展所需要的资金？当时情况下，西方国家已经对中国关上了大门，中国无法获取外国贷款和资金，而我国国内一穷二白，国家发展重工业和需要大量资金的矛盾十分尖锐。城市人数少，从城市汲取剩余显然不可取。为了实现强国梦，国家开始利用强大的政治动员能力和资源组织能力，从农村低价调购粮食，再以低价卖给城市，降低工业成本；低价收购工业产品所需要的生产原料，制成工业品后再以较高的价格卖给农村，获取超额利润和积累。为此，国家对城乡国民经济生活实行了严格的全面管制，统购统销制度、户籍制度、城市劳动就业和社会福利保障制度、人民公社制度等应运而生，并逐渐固化为城乡二元结构的基本要素。

第一，统购统销政策的出台。新中国成立初期，我国存在着自由和计划两种市场，粮食流通领域存在着多种经济成分，粮食价格也是"市价"与"牌价"并存。国家为了发挥"牌价"在市场上的主导作用，规定了适当的公私经营比重以及粮食价格水平。但是，这一制度设计对于保障国家对粮食供应的控制来说是有缺陷的。

经过新中国成立后三年多的恢复，中国粮食总产量有所提高，但是小农经济和工业化之间的结构性矛盾使粮食生产仍不能满足加速工业化对粮食的需求，尤其是城市工矿区和农村经济作物区的粮食需要增加得很

---

① 《毛泽东选集》第3卷，人民出版社1991年版，第1081页。

快。① 在此背景下，1953年小麦受灾减产，受此影响，国家夏粮征收和收购都大大减少，10月份，北京、天津等大城市出现面粉供应严重不足的情况，即所谓的"1953年粮食危机"。

粮食危机使中央政府开始考虑解决粮食问题的新路径。在毛泽东看来，"农民有自发性和盲目性的一面"，国家应该开始对农民进行社会主义改造，粮食征购制度和农业合作化是改造的重要途径。② 在他看来，两者之间具有不可分割的联系，前者能够推动农业合作化的发展，而农业合作化的实现，又能够促进生产，为粮食征购提供更多的粮食。比起同一亿多个体农户打交道，国家同几十万、上百万个生产合作社打交道，要容易和便利得多。也就是说，在毛泽东眼里，粮食统购统销只是对个体农民进行改造的必要环节，并不是解决粮食供给的应急措施。③ 1953年10月中共中央颁布《关于实行粮食的计划收购与计划供应的决议》，将粮食危机的本质归结为"社会主义因素与资本主义因素之间的矛盾"，提出统购统销具有解决粮食供应问题和走互助合作道路的双重价值，"是党在过渡时期总路线不可缺少的组成部分"④。11月15日，中共中央和政务院颁布了《关于在全国实行计划收购油料的决定》，11月23日发布了《关于实行粮食的计划收购和计划供应的命令》，要求除西藏、台湾外，全国各地开始实施。1954年9月，中央政府又发布了《关于实行棉花计划收购和计划供应的命令》。至此，国家对油料、棉布实行统购统销，对棉花实行统购。至此，统购统销政策正式全面出台。

第二，户籍制度的建立。新中国成立后，为了维护社会治安，巩固新政权，中央政府把建立户籍制度作为建设新国家的一项基础性工作。1950年8月，《特种人口管理暂行办法（草案）》的颁布标志着新中国户籍制度的开始。该草案的目的主要是要监视和控制少数反革命等特种人口，保

---

① 中共中央文献研究室：《建国以来重要文献选编》第5册，中央文献出版社1993年版，第629页。

② 《毛泽东文集》第6卷，人民出版社1999年版，第295—297页。

③ 逄先知、金冲及：《毛泽东传（1949—1976）》上卷，中央文献出版社2003年版，第357页。

④ 中共中央文献研究室：《建国以来重要文献选编》第4册，中央文献出版社1993年版，第478—479页。

护新中国的国家安全。① 1951 年 7 月，公安部颁布了《城市户口管理暂行条例》，开始对全国城市的户口登记制度进行统一，这也是新中国成立以后最早的一个户籍法规。

农村的户口登记工作也在内务部主持下从集镇开始推广。1953 年，为了给经济建设和人口控制提供比较准确的人口资料，国家开始第一次全国人口普查，并加快了建设户籍制度的步伐，在这个过程中农村户口登记制度建立起来。1955 年 6 月，国务院颁布了《关于建立经常户口登记制度的指示》，至此在全国城乡开始全面建立统一的户口登记制度。1956 年 1 月，农村户口登记工作被移交到公安部，从此实现了国家户口管理工作的统一。这样户籍制度的实践显现出它的 3 项基本功能：（1）公民身份的证明功能；（2）人口资料的统计功能；（3）反革命和犯罪分子活动的发现和防范功能。可见，新中国户籍制度是按照先城市、后农村的顺序逐步建立起来的，最初也并没有赋予它限制人口流动的功能，1954 年颁布的《中华人民共和国宪法》中，依然规定了"公民有居住和迁徙的自由"的条款。因此，即使在国家已经全面实行了统购统销制度的情况下，这个时期公民还是能够自由迁徙的。1955 年自由迁出、迁入为 2500 万人，1956 年为 3000 万人。②

第三，户籍制度的"异化"。实施统购统销制度，造成工农业产品买卖时工业品高于其价值而农产品低于其价值，两者之间的差别形成了"剪刀差"。这种不合理的"剪刀差"推动了人口由农村向城市的迁移，再加上大量因灾荒、历史习惯和职业惯例以及政治运动所引发的自发性迁徙，形成了由乡及城的阵阵"盲流"。这些奔涌到城市的人口需要解决就业问题。中央认为，我国土地制度改革解决了农民的生存问题，国家解决劳动再就业的重点不应该是农民而是城市人口。③ 为了减轻城市的就业压力，支持工业化战略的实施，国家一方面逐渐完善户籍制度，另一方面对人口迁移的限制性管理也开始严格起来，发布了一系列阻止农村人口向城

---

① 刘光人：《户口管理学》，中国检察出版社 1992 年版，第 94 页。
② 谢敬：《五十年代城乡隔离的背景：现代化、资源与权力》，《中共党史研究》2008 年第 1 期。
③ 赵入坤：《二十世纪五六十年代中国农村劳动力转移述论》，《中共党史研究》2009 年第 1 期。

市流动的法令、法规、通知和指示。

　　为了防止农村人口外流，1955年，国务院先后发布《市镇粮食供应暂行办法》和《关于城乡划分标准的规定》，"农业户口"与"非农业人口"成为人口统计指标，实行人口和城市粮食供应直接关联的制度。为了应对人口外流潮，1956年12月国务院还发布了《关于防止农村人口盲目外流的指示》，但是并没有达到预期的效果，1957年春农村人口流向大城市的趋势并没有遏制住，相反有些地区还日趋严重，青壮年是外流主力，还有部分是基层政府干部和党团员，主要流向东北西北的工业基地，一部分流入了邻近大城市。[①] 1957年3月和5月，国务院发出《关于防止农村人口盲目外流的补充指示》和《内务部关于灾区农民盲目外流情况和处理意见的报告》。其核心思想就是防止农村人口流入城市，防止措施主要包括：对农民进行思想教育和说服，动员流入城市尚未找到工作的农民回到农村，城市用人单位不得在农村私自招收工人，以及基层政府不得给农民随便开外出介绍信等。

　　中共中央和国务院加大了阻止农民进城的力度，在1957年12月18日联合发布《关于制止农村人口盲目外流的指示》，严厉要求各地贯彻中央制定的各项制止农民盲目流动的措施：对由外地流入本地农村的人，尚未安置的也应当动员他们返回原籍；城市和工矿区必须遣返盲目流入的农村人口；凡用工必须通过劳动部门统一调配或招工，禁止一切用人单位擅自招用工人或临时工。指示还要求：乡人民委员会和农业生产合作社也须切实劝阻企图外流的农村人口；国家在徐州、郑州、西安、天津、沈阳等交通中心设立劝阻站；在铁路沿线、交通要到设立有公安、交通和民政部门参与的劝阻机构；流出人口及重点区要设立盲流工作委员会；等等。

　　随着事态的发展，更加严格的限制农村人口流动的政策出台了。1958年1月，《中华人民共和国户口登记条例》出台，规定由农村迁往城市需要有城市劳动部门、学校录取或者派遣证明，农民离开常住的县市3天以上的需要向临时居住地申报登记，离开时必须注销。这种迁移审批和凭证落户制度，使农民在流向大城市小城市都受到了严格的限制。户籍制度最

――――――――――

[①] 李巧宁：《1950年代农民流向城市现象考察》，香港《二十一世纪》网络版2005年12月号。

终引入了严格限制农村人口向城市流动的功能。同时，人民公社化运动又通过对农业生产和农民生活的直接介入，增加了一项控制农民流动的制度。

三年困难时期之后，对农民流动的控制仍然紧绷着。[①] 不仅如此，对农民流动的限制还出现了新特点：一是从1961年开始，"逆城市化"的倾向日益明显。1962年2月，国务院明确指示，凡是有家可归的农民应当尽量动员遣送回乡。1961—1963年，全国共精减职工1940万人，减少城镇人口2600万人。[②] 二是本来是对特殊人口进行监控的户口登记制度，先是演变成限制人口流动的工具，然后异化为利益分配的工具，城乡有别的社会福利制度是以户口是农村户口还是城市户口为依归，上学、工作、福利、社会保障、住房、生产生活资料的供给，都是以有什么性质的户口为依据。农民要在城市里面生活必须有户口，没有户口便寸步难行。而且，1962年9月的《农村人民公社工作条例修正草案》和同年11月的《中共中央、国务院关于发展农村副业生产的决定》还作出了社队一般不办企业的规定，固化了"农村农业，城市工业"的格局，农民被限制在农村里，单纯从事种植业。1964年8月，《公安部关于处理户口迁移的规定（草案）》提出，从农村、镇迁往城市要"严加限制"，但是城市之间的流动和迁移，要"适当限制"。"适当限制"和"严加限制"这两个词组，非常鲜明地道出了城乡居民迁移的权利不平等。

"文化大革命"期间我国开始"知识青年上山下乡运动"等一系列极"左"的政策，引导和派遣广大城市居民扎根农村。这些政策主要是为了向农村转移城市就业压力，所谓"接受贫下中农再教育"更多的是进行思想动员的托词。而且，作为对限制农民流动的现实的认可，1975年的宪法正式取消了"公民迁徙自由"的条款。"文化大革命"结束后，国家继续执行了严格控制农村人口进入城镇的政策。1977年11月，《公安部关于处理户口迁移的规定》一方面要求市镇无户口的人员回农村，另一方面严格控制"农转非"，规定每年"农转非"人数严控在非农人口数的

[①] 赵入坤：《二十世纪五六十年代中国农村劳动力转移述论》，《中共党史研究》2009年第1期。

[②] 董辅礽主编：《中华人民共和国经济史》（上），经济科学出版社1999年版，第398页。

1.5‰，并且条件也是非常苛刻，规定"农转非"的必须是非农业人口的家属。

2. 城乡二元结构的运行机制

我国城乡二元结构有独特的运行机制，这种机制是以户籍制度为中心的。刘应杰认为城乡二元社会结构的存在和维持依赖于分离条件（户籍制度）、交换条件（统购统销制度）、农村稳定条件（人民公社制度）和城市稳定条件（城市劳动就业和社会福利保障制度）。[①] 笔者认为，城乡二元结构除了分离条件、交换条件和稳定条件之外，还有一个政治上的保障条件，即选举和政治录用制度，这样就有了五个制度，构成了分离、交换、稳定和保障四个机制，使二元结构成为一个稳定的运转系统，保证二元结构的存在和延续。

（1）隔离机制——户籍管理。任何一种特权社会或等级社会，都需要有一堵有形或无形的墙，把有特权的人与没有特权的人区分开、隔离开，墙内外的人有不同的权利，而且不能随意逾越这堵墙，否则特权就难以实现或难以维持。户籍登记以"农业户口"和"非农业户口"把中国公民划分成标志鲜明的两个类别，不能随意转换。所以，户籍制度作为城乡二元结构的基础条件，它起的就是这堵墙的作用，或者说"强有力的闸门作用"[②]。一个人在闸门的这边还是在闸门的那边，是农业户口还是非农业户口，决定了他（她）是否能够享受国家提供的社会保障。这个闸门发挥作用的机制是：一方面，在农村把户口与土地相结合，有农村户口就有从事农业劳动的条件，而且只能从事农业劳动；另一方面，在城市把户口同就业和生活供应相结合，有城市户口就可以被安排就业并享受商品粮及其他生活必需品的供应，反过来，没有城市户口就不能在城市就业和生活。[③]

（2）交换机制——统购统销。城乡不能只是分离，还需要交换。分离本身不是目的，真正的目的是实现一种国家权力可以全面控制的"交换"。统购统销就是把购和销都"统"起来：按照国家规定的收购价格和

[①] 刘应杰：《中国城乡关系与中国农民工人》，中国社会科学出版社 2000 年版，第 67 页。
[②] 郭书田、刘纯彬等：《失衡的中国》，河北人民出版社 1990 年版，第 31 页。
[③] 刘应杰：《中国城乡关系与中国农民工人》，中国社会科学出版社 2000 年版，第 63 页。

分配数量，农民将余粮卖给国家，城市市民只能凭购粮本、粮票由国家计划供应口粮，城市生产的工业产品则由国家按计划供应给农村。因此，统购统销制度是构成城乡二元结构的必不可少的交换条件。

(3) 稳定机制——农村人民公社制度和城市就业及社会福利保障制度。有了城乡之间的分割和交换，还需要保持城乡各自的稳定。人民公社制度下的农民没有办法"退出"：土地和一切主要生产资料都集中到了人民公社或生产队手里，从生产资料方面控制了农民流动；社员通过参加集体生产从公社或生产队那里获得粮、棉、油等生活必需品，这就从分配方面控制了农民流动；在冬季农闲季节组织起来移民垦荒、整修土地、兴修水利，使农民没有时间"外流"。城市稳定的主要条件是就业及社会福利保障制度。市民从出生开始，他们的衣食住行，生老病死等均被纳入城市的社会福利和保障体系之中，这促进了城市的稳定。一定程度上说，人民公社制度甚至也是城市稳定的条件。国家把城市大批的知识青年送到农村去参加生产劳动，有助于减少城市教育、交通、通信及生活设施等城市基础设施建设的投入，解决了城市人口的就业问题，也维护了社会的稳定。①

(4) 保障机制——选举和政治录用制度。城乡二元结构是一种对农民不利的制度。很显然，在一个通过成功的新型农民革命建立起来并且农民人口占多数的社会中要建立和维持这一制度，需要依赖于独特的政治制度的设计：其一，人大代表"城乡不同比"的制度设计客观上起到了使农民难以在人民代表大会这种制度化利益表达机制中发挥人口优势的作用；其二，当干部的前提条件是非农业户口，从而使掌握着决策权的国家干部成为城市市民的一部分。所以，不平等的选举和政治录用制度既是二元结构的有机组成部分，又构成了整个二元结构运转的保障条件或者说政治条件。

(二) 二元结构形成后对农民权利的影响

"城乡分治，一国两策"的做法，使农民依附于生产队，市民依附于

---

① 王鸣剑：《上山下乡》，光明日报出版社1998年版，第28页。

单位。公民在本质上缺乏自我发展的自主性。[①] 相比较而言，农民受的束缚更多，更不自由，而且从国家那里得到的社会福利更少。由于既没有自由，又缺乏社会权利，所以农民的社会流动相对停滞，再加上干部对农民的压制，使得农民看不到生活的希望。

1. 向上流动机会的稀缺及其垄断性

在改革开放前的农村，农民几乎难以通过自己的努力改善自己的社会经济地位，实现向上的垂直流动。由于农村教育水平低下，农民子女通过上学改变身份地位的机会很少；由于国家干部身份不对农民开放，所以即便是农民中的活跃分子也很难通过政治活动进入"高人一等"的干部行列。更重要的是，农民收入水平很低，没有什么经济剩余，几乎不存在通过劳动发家致富的可能性。农村和农民的贫困主要是因为：其一，公社的一个十分现实的目标就是从农民手中获取廉价的粮食和工业原料[②]，在完成国家任务、留够集体统筹以后，生产队留下来的可供社员分配的农产品很少；其二，由于可供社员分配的农产品很少，所以生产队不得不优先按家庭人口分配农产品，以尽量保证每个社员都有饭吃，但这种分配上的"大锅饭"降低了生产的效率，从而形成了恶性循环；其三，整个20世纪60年代，国家只允许农民从事单一的种植业，甚至农村传统的"五匠"[③]也被严格限制，农民难以通过副业增加收入；其四，社员名义上是集体的主人，实际上对集体的生产和经营活动没有发言权，所以社员缺乏关心集体生产的主动性和热情。另外，农村还要承受从城市转移过来的负担。

有限的向上流动机会又存在着垄断性。一是阶级差别产生的垄断性。在国家主导下，农村居民也被划分为不同的阶级，产生了所谓"阶级差别"：贫下中农是革命的阶级，可以享有一些政治特权和升学、参军等向上流动的机会；"地富反坏右"是无产阶级专政的对象，在社会上低人一等，有时甚至子女的婚姻问题都难以解决。二是干部特权产生的垄断性。招工、参军、推荐上大学是农民跳出"农门"的三个途径，但是这是自

---

① 陆学艺：《走出"城乡分治，一国两策"的困境》，《读书》2000年第5期。
② 张乐天：《告别理想——人民公社制度研究》，东方出版中心1998年版，第327页。
③ "五匠"指的是石匠、土匠、木匠、漆匠、瓦匠。

上而下的计划安排而且名额极少，只有"走后门"才有机会得到，所以这些出路一般都是干部的特权。甚至生产队里一些专业性稍强一点的好工种的分配也是由干部把持的。①

2. 农民水平流动的非均衡性

这一时期农民水平流动的机会也很少，而且有限的水平流动具有非均衡性。这种非均衡性的表现之一是，与农民向城市的流动受到严厉限制相反，国家鼓励和推动人口从城市向农村的迁移。20世纪整个60年代和70年代，几乎所有人口流动都是从城市迁往农村，包括遣返合同工和把城市无业居民送到农村。1961—1962年，总计有2000万人被从城市遣返回农村。60年代初，为了弥合城乡之间的差距以及缓和城市就业压力，政府开始派少男少女"上山下乡"。1968—1978年，1200万城市青年被下放，这个数字约占城市总人口的11%。这种"逆城市化"的做法产生的负面后果是：其一，缩小城乡差别的目标不仅没有达到，反而使差别扩大了；其二，引起了城乡居民的不满，农民认为国家把农村当成了城市过剩人口的倾销地，而"上山下乡"的城市青年也自认为被抛弃了②；其三，城市化应该随着工业化的发展而发展，两者应该是正相关关系。我国的城市化一直落后与工业化，原因就是我国的户籍制度造成了城市化和工业化的割裂。1949—1978年这30年的时间里面，与工业总产值增长了近30倍不匹配的是，城市化率却由17.43%降到了15.82%，一直到改革开放后的1982年才恢复到17.64%。③

当然，这并不是说，农民没有任何形式的合法的水平流动。在国家的安排下，农民的确有水平流动的机会，但并不是流向经济发达地区，而是流向欠发达的边远地区，多数农村劳动力的转移还仅仅是一种生存流动。20世纪50—60年代，在难以遏制的"盲流"的压力下，国家曾经把从内地向边远地区移民作为解决农村就业的途径。1952年政务院《关于劳动

---

① 刘应杰：《中国城乡关系与中国农民工人》，中国社会科学出版社2000年版，第79—83页。
② [美] R.麦克法夸尔、费正清：《剑桥中华人民共和国史（1966—1982）》，谢亮生等译，中国社会科学出版社1990年版，第678—679、695—696页。
③ 中国城市化率课题组：《建国以来中国城市化率基本情况》，城市化网，2008年12月29日。

就业问题的决定》提出，要向东北、西北和西南地区移民和垦荒，来扩大耕地面积，发展生产。据统计，20世纪50—70年代人口迁移率最高的省区分别是内蒙古、吉林、新疆、黑龙江、辽宁、青海、宁夏等省区。除吉林、辽宁外，这些省区均属于边远落后地区。在支边移民中农民占绝大多数，而内地农民之所以大批流入，是因为这些地区荒地较多，易于谋生。①

3. 社会权利的城乡差别

1956年年底，我国农村普遍建立了农业高级社，标志着我国农村集体经济制度的基本确立。这一方面为国家从农村汲取资源提供了组织保障，另一方面也推动了以集体经济为基础的农村社会保障事业的发展。

与新中国成立初期相比，如果说1956—1978年中国农村社会有什么显著进步的话，那就是虽然有"文化大革命"的冲击，社会保障事业还是有所发展的。一是社会救济的发展。1962年9月，中共八届十中全会通过的《农村人民公社工作条例修正草案》（简称《农业六十条》）把对贫弱社员的救济作为人民公社的一项制度固定下来，规定对生活没有依靠的老、弱、孤、寡、残疾的社员实行供给，对于生活困难者给予补助，补助救济款主要来自各生产队对公益金的提留。据统计，1955—1978年，国家用于救济农村贫困户的款项约22亿元，绝大多数农村贫困户的生活基本有保障。② 二是社会优抚的发展。1956年以后，内务部在全国农村普遍推广了"优待劳动日"的制度，即给烈军属评定一定数量的"优待劳动日"，参加粮、油、柴、菜和现金等的分配。三是建立了"五保"制度。1956年6月，第一届全国人大三次会议通过的《高级农村生产合作社示范章程》明确提出，由集体采取适当照顾工分、补助劳动日、补助款物以及安排专人照料等办法，对生活没有依靠的老、弱、孤、寡、残疾社员，给予保吃、保穿、保烧，给予年幼的保教和年老的死后保葬五个方面的保障（"五保"）。四是建立了合作医疗制度。到1976年，全国90%

---

① 赵人坤：《二十世纪五六十年代中国农村劳动力转移述论》，《中共党史研究》2009年第1期。

② 崔乃夫主编：《当代中国的民政》（下），当代中国出版社1994年版，第85—86页。

以上的生产大队办起了合作医疗[1]，绝大多数人还获得了预防性的医疗措施。[2] 可以看出，我国的农村集体保障制度是以社队为责任主体、以社队收益为经济基础的，其主要的筹资方式是集体的公益金提留、补助劳动日和社员的互助互济，国家只提供必要的补助。这意味着，农村社会保障是集体生产单位内的农民自己为自己提供的一种"低福利"型的社区保障。

城乡居民之间的社会保障和社会福利水平存在着明显差异。农民没有城市居民所能享受的那种达到一定年龄退休并领取养老金的制度，只有当完全丧失劳动能力的时候，农民才退出农业劳动，由家庭养老。农村合作医疗制度也很难与城市职工医疗保险相提并论，后者能够满足职工的基本医疗需要，而前者不能。农民的住房是由农民自己修建的，而城市居民则是通过企业和政府来提供公有住房保障。城乡之间的教育条件也有很大的差别。当然，最根本的差别在于，农村的社会保障是农民自己办的，而城市居民的生、老、病、死几乎完全是由国家来负责的。

总之，20世纪50年代开始，经过"土改""大跃进""公社化""社教"和"文化大革命"，农民变成了国家的"政治公民"[3]，农民的命运完全掌握在了国家手中。城乡二元结构与国家对农民的全面控制的结合，使社会矛盾积压到了农村，整个社会系统的整合程度降低了，社会发展不协调问题日益突出。[4]

二 城乡一体化中农民权利缺损的经济因素

农民权利保护涉及国家上层建筑，经济基础决定上层建筑；同样，经济基础也决定公民的权利保护状况。在影响农民权利保护的诸多因素之中，经济因素是不容忽视的。正如马克思所指出的："权力决不能超出社

---

[1] 岳松东：《呼唤新的社会保障》，中国社会科学出版社1997年版，第190页。
[2] 张晓波：《中国教育和医疗卫生中的不平等问题》，姚洋编《转轨中国：审视社会公正和平等》，中国人民大学出版社2004年版，第213页。
[3] 岳惟：《从国家农民向社会农民的转变看农民人权的发展》，《人权研究》第1卷，山东人民出版社2001年版，第521页。
[4] 陆益龙：《1949年后的中国户籍制度：结构与变迁》，《北京大学学报》（哲学社会科学版）2002年第3期。

会的经济结构以及由经济结构制约的社会的文化发展。"① 西方学者的研究也同样表明,"社会经济地位高的人往往要比处于社会底层的人在政治上更为积极。这主要是因为社会经济地位高的人能够掌握更多的政治资源和影响力,同时也有更多的利益需要维护,也有更多的可能参与各种政治组织"。② 理论研究表明农民权利状况与经济发展的程度和水平息息相关。

(一) 农民权利实现水平与经济发展的程度息息相关

马克思认为:"物质生活的生产方式制约着整个社会生活、政治生活和精神生活的过程。"③ "人们首先必须吃、喝、住、穿,然后才能从事政治、科学、艺术、宗教等。"④ 现代西方一些学者也认为,一个国家的权利实现水平和程度与其经济发展程度息息相关,这一点已不足为奇。人们只有先解决了物质上的需求,离开了平均分配,利益出现差异,才有可能将其关注的目光转向其权利。经济发展水平愈高,权利争取和努力的水平也愈高。一方面,经济发展为公民权利的实现提供机会和条件;另一方面,经济发展引起利益分化,从而促使公民诉诸权利渠道来表达、维护并实现自身的权利。经济发展为农民权利保护提供机会和条件。

经济基础决定上层建筑,权利也属于上层建筑的组成部分,同样决定于经济基础,经济发展能够为公民更好地参与政治提供更多的机会和物质条件。

(1) 经济的迅速发展和人们物质生活水平的进一步提高,不仅能有效激发人们的政治参与热情和主人翁意识,关心国家的命运和经济走势,也极大地增强了人们获取更多权利的欲望和表达意识。

随着经济的增长和教育的普及,农民的权利意识和利益意识逐步觉醒,他们表现出了明确的权利目的性,敢于表达自身的意愿,维护合法的权利。经济发展了,大锅饭时代结束了,不再平均分配,农民不仅开始关心与自身日常工作、生活相关的权利,还可能关心国家,关心政治,并通

---

① 《马克思恩格斯选集》第 3 卷,人民出版社 1995 年版,第 305 页。
② 孙关宏:《政治学概论》,复旦大学出版社 2003 年版,第 285 页。
③ 《马克思恩格斯选集》第 2 卷,人民出版社 1995 年版,第 32 页。
④ 《马克思恩格斯选集》第 4 卷,人民出版社 1995 年版,第 776 页。

过制度化的渠道去维护和实现自身的各项权利。美国学者科恩认为："严重贫困的群众根本无法获知参加公共事务的足够信息，对公共事务进行有效的讨论。"① 如果群众处于平均主义分配之中，指望这样的群众实行他们的权利，关心自己的权利，并进而关心其他人其他群体，那是幼稚的。权利所要求的最低标准是无法确切指明的，它们随着时间、地点、社会性质的不同而有所不同，但其基本要求是确定的，当人们利益趋向不同，权利开始要求公民享有合理水平的经济福利。

（2）经济发展能够带动交通和通信网络的迅速发展，缩短了人与人之间的时空距离，为利益信息和权利信息的传播和获取资源提供了必要的快捷工具，为权利的保护提供更加便利的条件。马克思在《共产党宣言》中说："中世纪的市民靠乡间小道需要几百年才能达到的联合，现代的无产者利用铁路只要几年就可以达到了。"② 的确，如今经济发展带来公路、铁路、航空等交通工具的高速发展，实现了人们从相隔千里之外的异地可以朝发夕至；信息化时代，网络的迅猛发展也实现了信息以光速般地传播，以及人们掌握信息的便捷，都为人们保护自己的权利提供了极大的便利。

（3）经济发展引起社会群体的利益分化，推进农民敢于表达和维护自身权利。改革开放前，我国农村的经济基础是单一的集体所有制，依附其上的农村利益结构也非常单一，这种利益结构的特征就是平均主义。在该利益结构之下，国家强调的是国家利益、社会利益和集体利益至上，个人利益受到压抑，人们权利诉求的内在驱动力受到抑制。1978年之后，随着我国走向市场经济，我国逐渐形成了以公有制为主体、多种所有制结构共同发展的基本经济制度。农村的多种所有制也开始多元和复杂起来。随之而来的，是农村的利益结构开始多样化，利益分化复杂化。

农村的分配制度也发生了根本的变化。随着我国经济制度的变化，分配制度也随着改变。1978年以后，我国确立了以按劳分配为主体，多种分配方式并存的分配制度。这种制度鼓励一部分人先富裕起来，先富带后富，走共同富裕的道路。这种分配制度打破了农村的平均主义分配模式，

---

① [美]科恩：《论民主》，聂崇信译，商务印书馆1988年版，第110—111页。
② 《马克思恩格斯选集》第1卷，人民出版社1995年版，第281页。

不同的利益主体之间贫富差距开始拉大。政府调节贫富差距的再分配能力远远不能满足社会发展的要求。这些因素加大了社会阶层的利益分化。

社会主义市场经济的发展也使农民看到了自己和其他市场主体之间应该有的平等地位，也使农民看到阶层分化和利益多元化，以及贫富差距逐渐拉大的现象。经济发展在促进人们物质利益在不断增长的同时，也会促进人们对物质利益的进一步欲求。然而，在现实生活中，利益的分化和利益矛盾的加剧，反过来又激励农民通过各种方式和途径，以表达、争取和维护自身权利。

政府职能转变，农民不再完全依赖政府。在计划经济时代，政府是一个全能型的政府，农村的产、供、销和人、财、物，全部掌握在政府的手里，甚至到个人生活的必需品，都由政府控制。全能主义的政府，造成社会成员（包括农民）对政府的高度依赖，人们的权利意识淡薄。随着改革开放，政府职能开始发生大幅度转变，把直接管理转变到宏观调控，转变到为市场服务和创设良好的竞争环境上来。随着政府职能的转变，人们不再把政府看作利益的唯一来源，更多的是从市场上获取利益，从而利益主体的多元化开始形成。

社会主义市场经济发展所带来的利益重新分配与利益分化，凸显了城乡社会成员在占有经济资源、社会资源等方面不平等的现象，加剧了人们利益之间的冲突。这促使不同利益群体在利益博弈中，难免诉诸各种渠道以维护和实现个人或者团体自身的利益诉求，农民对自己的权利追求也不可避免地凸显出来。

（二）公共利益界定不清和利益分配不合理

经济体制缺陷加速了社会利益分化。社会主义市场经济体制是一个逐渐完善和成熟的过程，相关体制、管理、法律的建立健全需要经历相当长的时间，一些体制缺陷不可避免地显现出来。部分利益主体和垄断部门，利用体制漏洞和机制缺陷，破坏市场规则，为个人和小团体谋取不当利益，或者非法谋取个人利益和群体利益，激化了社会矛盾，也使农民越来越清楚地看到自己的权利之所在，权利受损感明显。

强调以公共利益为目的，是世界各国对国家行使财产征收权进行法律限制的通用做法。国家为可以在公共利益的旗帜之下，依照宪法或者法律，征收私人财产并给予补偿。尽管不同国家基于公益前提动用公民财产的范围规定差异很大。但通观世界各国的做法，大多采取列举式或概括式对"公共利益"进行严格界定，杜绝"因公之名"而为私益发动侵权的可能。

公共利益界定不清突出反映在土地征收上。我国《中华人民共和国宪法》第10条第3款规定："国家为了公共利益的需要，可以依照法律规定对土地实行征收或征收并给予补偿。"《土地管理法》以及《中华人民共和国物权法》等法律都有类似的规定。这些法律都强调对农民的土地可以征收，但是有一个前提，那就是为了公共利益的需要。但是终究公共利益包括什么具体内容，所有涉及土地征收问题的法律、法规以及国家规定的政策，却采取了回避的态度，仅是作一概括性规定，都没有给出一个具体的标准，显得很模糊很笼统。在实际土地征收中，缺乏对是否符合公共利益的甄别、审查程序，这导致我国征地范围有无限扩大的趋势。因此，在土地征收中，公共利益被泛化了，地方政府实际上也就拥有了非常大的解释权，或者称之为自由裁量权，也就很容易把招商引资、开发区建设、工商业发展等用地解释为公共利益。农业用地转为非农用地一律要采用征收的方式进行，导致公共利益扩展到一切涉及发展、涉及一切经济领域，甚至市场主体的商业投资也成了公共利益，造成农民不仅要为真的公共利益作出牺牲，还要为披着公共利益外衣的许多私人利益行为作出贡献，这实际上就是权力的滥用。公共利益的模糊性必然导致土地征收权的滥用。非公共用地也被视为公共利益需要，必须借助国家权力以公共用地的名义和方式征收。

然而，由于划拨对象的宽泛，或者公益性与非公益性的界限难以区分和有效监督，或对名为公益性申请、实为非公益性使用难以控制，这种借助行政权及其运行规则而获得土地等稀缺要素资产产权，继而借助市场规则（或隐形市场交易）进行要素产权交易所取得的收益会相对最大化。是不是公共利益，还可以从土地征收之后的去向进行判断。土地从农民手里征收到以后，政府仍然享有很大的自由裁量权，那些项目能够使用征收到的土地，往往就是谁申请，政府部门就出让划拨给谁使用，甚至是划拨给开发商进行房地产开发，也可以卖给私人用作住宅建设。从这里可以看出，公共利益的边界被扩大了，公共利益成了一个很难有边界的词汇。从而大量的非公共利益用地也以"公益用地"的名义征收,"土地征收"的概念便失去了其法律意义。

由于公共利益的边界没有明确规定,导致农民很容易失去赖以生存的土地,也导致在征收之前和征收之后许多不规范行为的产生,也极易导致囤积土地和市场投机,滋生权钱腐败问题,结果使不该失去土地的农民却失去了土地,使许多不该得到土地的人得到了土地,国家威信受到影响,农民权利受损。

自 2006 年我国农村进入后农业税时代以来,以"为人民服务"之名行"向农民伸手"之实,侵犯农民权利的现象依然存在。以前比较普遍的说法是"头税轻,二税重,摊派是个无底洞",如今"头税""二税"基本没有了,农民负担加重的情况仍然存在,有的农村地区甚至还相当严重。有的罚款根本就没有上级政策的依据,但有关部门仍在收取;有的部门在为广大农民提供服务时变相乱收费,摊派缴纳水费、电费,甚至截留补偿款留作为所谓的发展基金,实则损害农民权利。

利益分配不合理导致农民权利受损甚至悲剧的发生。污染企业下乡和农村资源开采就是突出的表现。污染和资源开采必然会造成农村生态环境、地质环境、居住环境和生产生活条件的破坏,存在很大的负外部成本。国家作为资源的所有者,地方政府在监管资源开采和利益补偿过程中,应优先考虑资源区域农民的环境权和生存权,即当代人生存的环境权和后代失去资源后的生存权。也就是说,资源开采既要对该区域的生态和地质破坏进行横向补偿,也要对未来资源的不可再生进行纵向补偿。然而,由于农民在资源开采和收益分配中没有发言权和决策权,最终导致居民因生态环境和地质环境的严重破坏而陷入"生存悲剧"。

企业采取的掠夺式开采和粗放式经营,加大了资源型农村生态环境的破坏程度,造成植被毁坏,地面下陷,建筑物受损,道路被毁。资源开采还容易破坏地下水均衡,导致地下水位下降,影响农民的生产生活用水。排出的废水、废液也容易造成水污染、土壤污染、土地退化等环境问题。

但是,利润分配却很少关注农村和农民。企业在资源开采中,不仅没有解决农民的移民、居住、生活救助、就业安置等问题,而且也没有在开采后进行资源区域的水土和生态恢复,最终由农民承受因资源开采后造成的沉重负担。农民对煤矿资源的占用、使用和分配没有发言权,他们不仅享受不到资源带来的公共福利，而且很少有到该企业上班的机会，还必须承担因资源开采带来的沉重的外部成本，导致资源型农村陷入生存悲剧：没有安全的房子住，没有水喝，没有地种，处于失地又失业的悲惨境地，只能依靠年轻人外出打工维持生计。资源型农村的贫困和破败，是利益分配不均的典型写照。

近年来，随着城乡一体化进程的加快，城市化和工业化进程也进一步加快，大量农民的土地被开发商征用，社会强势阶层通过各种方式从农民的土地上获取巨额收益，使农民的生存空间受到威胁，但是补偿却极不合理。据美国密西根州立大学和中国人民大学 2010 年对我国 17 个省 1564 户农户调查的数据显示，37% 的农村近年出现过农田非法征用的问题，60% 的农民没有得到合理的补偿。[①] 由于当地政府土地非法征用以及补偿标准不合理，失地农民获得的土地补偿费不足以创业，政府给农民又没有建立合理安置和社会保障制度，结果导致大量失地农民成为"三无人员"，即无地可种、无正式工作、无社会保障的社会流民。

三 城乡一体化中农民权利缺损的政治因素

我国是社会主义国家，为农民权利保护的实现提供了足够的政治制度空间。但是不可否认的是，一些制度仍然有完善的空间。

（一）农村基层政府的自利性亢奋[②]

正如人是理性的，也是利己的一样，政府也是自利性和公共性的统一体，政府也有自利性。政府如果没有自身的利益，就会影响公共服务的水平。两者之间并不是说一定是零和博弈，关键是如何实现两者之间的动态平衡，使政府对自利性的追求不影响公共服务水平。政府自利性道出了全心全意为人民服务的政府只是人们追求的理想，只不过与资本主义国家相比社会主义国家的政府能更好地约束政府并提高公共性能力。

省级政府、中央政府的各个部门涉及农村的行政性任务、政策、指示

---

① 王冲：《谁"偷"走了中国的中产阶层》，《中国青年报》2011 年 5 月 6 日第 2 版。
② 李锦顺、毛蔚：《乡村社会内卷化的生成结构研究》，《晋阳学刊》2007 年第 2 期。

的贯彻执行归根都要经过农村政府，即乡级政府，才能得到真正的落实，也就是说，农村基层政府必须经常性地和广大农民打交道，和乡村社会存在着难以割舍的关系。对于农村基层政府而言，存在着一定的政府自利性是可以理解的，但问题是农村基层政府的自利性已经超出了合理性边界，显示出强烈的利益最大化倾向，进而威胁到农民权利，开始损害整个社会的公共利益了。根据李成贵先生对一些基层官员品行的观察，他感觉到他们已经无可救药了[①]。这种无可救药实际上就是自利性的一种写照。这种自利性外在地表现为自利性亢奋。

1. 农村基层政府工作人员追求个人利益突出

本来我国的政府就缺乏完善的监督机制，加上农村基层政府山高皇帝远，法律制度对基层政府的官员约束力是不大的，政策法令的控制力度和效果也不是令人满意的。在走向社会主义市场经济的过程中，一些政府官员放松了对自己的要求，世界观人生观价值观恶化，开始利用手中的权力为自己谋取私人利益，不给好处不办事，给了好处乱办事，把手中的权力发挥到极致，甚至和黑社会纠结在一起，称兄道弟，获取不义之财。

2. 造成地方和部门追求地方和部门利益最大化

随着分权和分税制的改革，地方政府发展经济、增加财政收入的责任开始增强，基层政府的利益也开始出现和中央利益发生了分野。农村基层政府的地方利益和部门利益开始彰显，地方政府追求地方利益和部门利益最大化，和中央的宏观调控背道而驰的现象时有发生，造成中央政府的政策在基层执行时变样走形，或者根本执行不下去，地方保护主义盛行。要么和上级政府讨价还价，要么搞上有政策下有对策，要么对中央政策采取实用主义态度，对地方利益部门利益有用的就用好用足，对地方不利的就敷衍塞责，应付差事。有的地方甚至截留中央下拨给农民的反哺资金和乡镇企业的权力。一些机构利用自身的办事权搭车收费成了社会秩序的破坏者。

3. 引发农村基层政府机构膨胀

帕金森定律指出，官员的竞升与政府击鼓成正比。也就是说，如果没有有效的制约，政府机构有着自我膨胀的倾向，自我扩张的趋势，追求扩

[①] 李成贵：《国家、利益集团与"三农"困境》，《经济社会体制比较》2004 年第 5 期。

大自身的利益和权力。我国农村社会进行了多次机构改革，总是难以走出膨胀—精简—再膨胀—再精简的怪圈，机构不但不容易精简下去，反而有了增多，人员不仅没有减少，甚至有时还有增加。农村基层政府对村委会的"双代管"制度，对村民自治的干预等，都属于政府自利性的突出表现。政府管了许多管不好、不该管的事，结果引发官民冲突，农民权利受损。

（二）政治沟通机制的缺陷

我国政治沟通制度上存在着保护农民权利制度供给不足，制度不完备，制度不充分等现象①。由于政治沟通制度不完善，广大农民难以通过有效的参与渠道表达、维护和实现自己的权利诉求。这很容易造成农民选择非制度化政治参与方式来释放不满。这种非制度化权利表达的扩大之势，直接影响着我国农村基层民主政治的发展和农村社会的和谐与稳定。

1. 人民代表大会制度存在的问题

人民代表大会制度是我国的根本政治制度，人民当家做主是我国民主政治的实质，它体现了最广泛的民主，是广大农民政治参与的重要制度基础，在立法、监督等各方面日益发挥着重要作用，取得了显著的成绩。但近年来，随着改革开放的深入，我国在从传统农业社会向现代工业社会转变的过程中，利益日益呈现多元化。尤其是进入 21 世纪之后，我国的基层人民代表大会制度设计上存在的一些不足，不能很好地满足时代发展和保护农民权利的需求。

（1）代表结构不合理，保护农民权利力量不足。各级人民代表大会及其常设机关是我国的权力机关，同时也是公民政治参与的重要渠道。但是，在现实生活中，农民代表在各级人大，尤其是在高级别的人民代表中所占比例不高，农民政治参与力量不足。这与农民占我国人口绝大多数的国情是不相符合的。

我国宪法对公民选举权的限制只有三项，即国籍、年龄、依法享有政治权利，除此之外没有其他任何限制。这说明我国公民的选举权一贯坚持

---

① 方江山：《非制度政治参与——以转型期中国农民为对象分析》，人民出版社 2000 年版，第 71 页。

平等性和普遍性的原则,即每个公民都在平等的基础上参加选举和被选举,任何选民不得拥有特权,任何选民也不得受到任何歧视。正如《选举法》中规定的"每一个选民在一次选举中只有一个投票权",即"一人、一票、一值"的原则:每一个选民在一次选举中只投一票,每张选票的价值和影响力是完全相等的。

但是,人民代表大会制度有关选举权的规定,限制了农民的政治参与。在广大农民享有的选举权和城镇居民享有的选举权上,《选举法》中对此的规定是不平等的。在 1953 年颁布实施的《选举法》中规定:在县级人民代表大会中,农村选出人大代表的比例是城市人口选出人大代表比例的四分之一,也就是说,在人大代表的选举上,农村人口的选举权只相当于城市人口的四分之一;在省、自治区的人民代表大会中,农村人口选出人大代表的比例是城市人口选出人大代表比例的五分之一;在全国人大中,这个数字是八分之一。这一比例规定一直到 1995 年才开始修改。1995 年 2 月颁布的《选举法》有了一定的进步,在人大代表的选举中,农村城市人口的比例关系由八倍改为四倍。也就是说,每个农民的选举权只相当于每个市民的选举权的四分之一,即城里人每选出一个代表需要四倍的农民才能同样选出一位农民代表,这样农民选举出来的代表数量和他们应该有的代表数,相差依然悬殊。这当然是不公平的、充斥着歧视的。在十七届三中全会上,党中央提出要逐步实现城乡按相同人口比例选举人大代表。但现实中,农民代表人数仍很少,农民在政治参与中依然处于弱势地位。农民代表严重不足致使广大农民在全社会的声音很微弱,必然导致其利益诉求在国家政治过程中经常被忽视或者受到不法侵害。此外,推选出的农民代表,大多又是农民中的精英分子,甚至部分农民代表已经不再从事农业生产,他们提出的利益诉求难免偏离普通农民的意愿。在人大代表结构中,农民代表所占比重少之又少,凸显农民政治参与的力量严重不足。

在制度设定上,农民不能和市民享有同等选举自己各级代表的权利。换句话说,农民当家做主的权利也是不平等的,他们政治参与力量严重不足,被政府决策和建议系统边缘化了,这对于了解、表达和维护农民的利益,都是致命的。将农民与其他主体"差别对待",不仅背离了社会主义民主的本质,而且极大地减弱了政治系统中应有的反映广大农民要求的声音。由于广大农民利益表达缺乏制度化的渠道，出现"参与膨胀"和"参与拥堵"的现象，这样，农民不得不采取非制度化政治参与的方式寻求维护和实现自身权利的途径。

（2）代表与选民缺乏有效联系，制约农民权利的表达与传递。代议制理论是我国人民代表大会制度构建的理论基础，人大代表起着公民与政府之间进行信息沟通的桥梁与纽带作用。密切联系群众，倾听群众呼声，反映群众利益诉求，是基层人大代表法定的神圣职责。但是，在现实生活中，人大代表与选民（农民）沟通、联系匮乏，广大农民的利益愿望与诉求得不到及时有效的反映。

对于选民来说，如果他们有问题、建议和意见理应首先向自己选出的代表反映，这是选民的权利，也是正常的民主程序。对于人民代表来说，应该经常深入群众实际生活，了解社情民意，接受群众来信来访，倾听群众呼声，反映群众意见，否则就是不称职，可能在下届人民代表选举中落选。我国宪法和相关法律也对人大代表联系选民制度做了明确规定，但是由于缺乏相关制度的保障，有些基层人大代表并没有真正履行其代表的职责，真正深入到原选区或选举单位听取和了解选民的意见与要求。另外，在人大选举过程中，一些上级部门不安排代表候选人与选民直接对话的机会，对候选人仅仅只是张贴或发布书面介绍，内容也只涉及姓名、年龄、职业等基本情况，对于候选人的道德、品行、参政能力等方面的介绍缺乏透明度，更难以听到或见到候选人本人对当选人大代表的见解和主张。这样，在直接选举中，农民选代表具有很大的盲目性，难以选出自己满意的人大代表去表达、争取和实现自己的利益诉求。

农民和代表之间应该是委托和代理关系，但是由于缺乏代表和选民之间沟通的法律规定，农民和他的代表之间就像断了线的风筝，联系成了一件很稀罕的事情。笔者所做的调查表明，70%的农民对自己选举的县级人大代表不认识，80%的农民说，自己选出来的代表从来没有和自己联系过。不能充分发挥及时吸纳、整合、回应农民权利要求的作用，广大农民正当的权利诉求得不到及时有效的反映，制约了农民政治参与制度化，甚至有时会采取过激行为。

2. 信访的沟通缺陷

信访是公民为了反映自己的某种愿望和要求，以信件或者上访等形式与不同政府部门所进行的接触活动。它有助于反映社情民意，表达和维护公众，尤其是农民的合法权利诉求。它不仅是农民政治参与的重要渠道之一，而且也是农民权利救济的一种重要方式。但是，在现实生活中，信访制度存在以下缺陷：

（1）信访部门自身的定位不明确，信访渠道不畅。在从事信访工作的人员中，一些基层干部民主意识差，脱离群众，忘记自己是人民公仆，不能很好地践行"情为民所系、权为民所用、利为民所谋"的要求，总是习惯性地颠倒信访工作的目标，对于广大农民反映的意见以及涉及广大农民的各种问题，他们均视之为损害领导和政府部门的形象，对一些"刁民"施加压力甚至打击报复，堵塞农民正常上访渠道。甚至在一些地方政府部门，对农民的上访冷漠、冷淡，"门难进、脸难看、事难办，反映问题不耐烦"，经常把维护自身合法权利的农民拒之门外。正因为如此，一些农民只好采取越级上访或一些非制度化政治参与方式表达自身的利益诉求。即使一些地方干部受理农民的来信来访，也不是到基层政府去寻找问题的原因，而是一味地袒护基层政府，责怪农民是"刁民"，农民反映的利益问题不仅没有得到圆满的解决，而且导致了农民与地方政府之间的关系越来越紧张，最终引发冲突，严重影响社会和谐稳定。事实上，这样做不仅没有很好地维护中央到地方各级政府的权威和形象，反而还引起广大农民的不满，人为地制造了农民与政府之间的紧张关系，成为引发农民群体性事件的导火索。《中国之声》报道：2011年5月8日深圳市住房和建设局为了维护深圳市的稳定，更好地迎接2011年8月在深圳举办的第26届世界大学生运动会，下发文件中明文规定，农民工群体上访讨薪将追究其刑事责任。这一个较为普遍的事例，表明了某些政府部门自身的定位不明确，他们总是把政府的"面子""权威"与广大人民切实的利益需求对立起来，而不是秉承党的根本宗旨，更好地为人民服务，以更好地树立和维护好政府的"面子""权威"形象。

处于社会底层的农民，和市民相比较，他们拥有的社会资源少，诉求渠道要狭窄得多。信访本意是为了便于公民的反映情况、投诉请求而设立的便捷通道。信访可以通过电话、书信和信访人亲自到信访办公室等方式进行。一些农民写信上访，但是很长时间杳无音信；公布的一些电话号码，没人接或者是空号；领导接待日解决不了问题，形同虚设；农民对信访程序不熟悉，没有地方可以咨询。使老百姓对基层信访部门失去信任。于是越级上访，重复上访，最后直接到北京上访，形成信上级不信下级，信中央不信地方，信民间组织不信政府的社会心理。

（2）权轻责重，信访功能错位。信访具有政治沟通功能和权利救济的双重功能。但是现实是信访制度不仅难于发挥出其应有的作用，反而彰显了信访制度的双重悖论。就政治沟通功能来说，它应该增强政治合法性，就权利救济而言，信访制度有时又陷入无能为力的尴尬境地，究其原因就在于信访功能错位，责重权轻。

第一，信访制度作为群众路线的实现形式，从理论上说，无疑会给政府锦上添花，提供更强的政治合法性，但是农民的信访事由经信访部门反馈到政府相关机构之后，层层批转，久拖不决，只有引起高层领导注意后，方可得以解决，导致许多上访者的不满以及党的权威和合法性的流失。

第二，信访制度实施了权利救济，但却削弱了法律权威。一方面，信访具有权利救济的功能。它不仅起到了为广大农民排忧解难的作用，而且在促进社会安定团结方面也发挥了重要作用；另一方面，信访制度的模式实质上是党政处理的模式，这种模式常常是干预司法；另外，解决社会矛盾是依靠信访还是依靠司法？这又是一个"瑜亮情结"的问题。依靠司法，削弱了信访，未来是一个法治国家；依靠信访，削弱了法律，未来依旧走在人治的泥潭中。

在社会实践中，由于信访方式简单方便，成本低，它不仅"成了老百姓最后一种救济方式，而且被视为优于其他行政救济甚至国家司法救济的最后一根救命稻草"[①]。信访机构既然要承担如此重大的责任，就必须拥有相应的职权来维系其机制的正常运行。可是，在制度设计上，我国信访机构不具有行政的职能和权力，缺少独立处理问题的权限，甚至也不属于单独序列的国家机构，所以，它只能承担"上传下转"的程序性功能，不可能去解决本应由负有一定职责的国家机关办理的社会事务，使信访部门处于两难境地。因此，虽然信访工作责任重大，但是失去了行政权力的

---

① 赵凌：《国内首份信访报告获高层重视 信访实行50多年走到关口》，《乡镇论坛》2004年第24期。

依托，缺乏权威性和约束力，对农民来信来访反映的问题难以有效解决，使其工作长期处于被动状态。

按照1995年国务院颁布实施的《信访条例》，信访机构的职责是"转达和转办"，信访机构并没有被赋予更具有价值的实际权力。2005年新修订通过的《信访条例》扩大了信访机构的权限，增加了一些"实权"，如开展调查研究，及时向本级人民政府提出完善政策与改进工作的建议等。但这些"实权"并没有彻底改变信访机构的权力状况与地位。面对农民的海量上访，大多数情况下，信访机构仍继续扮演着"只挂号不看病"的角色。正如人们所形容的那样"信访工作什么都管，又什么都管不了，什么都不能不管，又什么也都可以不管"。另外，信访部门更无足够的人力和财力，对信访事项一般处理的方法就是"转办"，农民千里迢迢进省城上访，问题往往又被转回去，从省里到市里再到县里、乡里，转了一圈又回到事发的原点，问题根本不能得到很好的解决。可见，信访机构责重权轻，严重影响广大农民政治参与制度化。

四　城乡一体化中农民权利缺损的文化因素

中国是一个有着几千年封建历史的国家，传统的文化与政治观念在中国老百姓心目中根深蒂固。这些传统文化与观念，既造就了中国人特有的民族气节、民族精神和文化，但也影响了自由、平等、人权等现代政治理念在中国的传播与接受。因此，中国封建传统政治观念是造成我国当代农民政治权利不平等的一个不可忽视的因素：[①]

（一）传统文化对农民权利的影响

1. 君权至上的服从意识

中国经历了长期的封建社会，封建君主专制被长期神化。与西方不同的是没有内发地产生公民意识，我们的传统文化中的"君权神授"衍生出来的君权至上的服从意识，对农民的权利观念很大。君权至上包括：

---

① 刘泽华：《论从臣民意识向公民意识的转变》，《天津社会科学》1991年第4期，第37—43页。

（1）皇帝的权力和权威不可动摇，神圣不可侵犯，臣子要忠顺服从。这种政治价值准则反对国家权力二元化，只有皇帝是一切的主宰，臣子是皇帝的仆人，臣子要对皇帝尽忠。而公民意识否定等级观念，强调人民是国家的主人和主体。

（2）皇帝享有特权，拥有国家的一切，包括土地、财富、法律和人民，老百姓要听命于皇帝，为皇帝服务。皇帝可以给予自己的臣民一定的权利，但是可以随时收回。而公民意识反对特权和人治，强调法律面前，人人平等。

这是一种等级伦理下的服从意识，使农民丧失了主体意识，习惯于听从干部和政府的指示和安排。"三纲五常"就是这种伦理的衍生物。虽然我们已经进入21世纪的社会主义，但是这些君权至上的服从意识仍然深深扎根在中华民族的民族心理深处，特别是对于传统的农村社会而言，内心仍然是假公民、真臣民的文化心理。面对被侵蚀的权利和被剥夺的利益，他们常常没有任何政治主动性，只知服从统治，一味顺上。这样的观念在城市居民中有之，农民中更是根深蒂固。因为城市居民主动接受外来文化影响的自觉性比农民更高。

这种君权至上的服从意识，使农村社会不重视权利，相信权力不相信法律。他们权利意识淡薄，认为那是领导和干部官员的事情，不愿参与政治活动。他们迷信权力，认为权力可以主宰一切。乡村干部也是贪恋权力的多，提供服务的意识差，认为权力干涉农民的生活合理合法。

这种君权至上的服从意识，使农村专制独裁的作风根深蒂固。君权至上强调皇帝是国家生活的唯一主宰，其他人等不得对皇帝的决策提出质疑和抗辩。乡村社会渴望权力，对干部的独裁专制的做法一般能够心理接受，并无反感。

2. 清官文化对农民权利的主体意识的负面影响

在中国的传统文化中，清官情结几乎扎根于每个中国人的内心深处。无论是正统的儒家经典文献著作，还是民间戏曲、民谣民谚、江湖武侠小说、说书弹唱等，人们用最真挚、最热烈的情感期盼清官、赞美清官、崇拜清官，甚至神化清官。汉代的杨震，宋朝的包拯，明朝的于谦、海瑞，清初的张伯行都是民间社会讴歌的对象，人们把维护公平正义、实现稳定繁荣的希望，寄托在清官良吏身上。

官僚阶层与农村社会的对立，是中国社会的传统现象。人们之所以讴歌清官，是因为：

（1）在思想上，清官秉承儒家正统思想，效仿古圣先贤，安贫乐道，具有强大的道德力量和人格魅力；

（2）在对待百姓上，清官以民为重，体察民生疾苦，善待百姓，积极维护草民权利，能够给百姓带来许多好处和实惠。他们敢于为民做主，敢于为民请命，敢于为民除害，纾解民困。这是构成清官最根本的元素；

（3）在物质生活中，主动拒斥世俗利禄、财货、声色犬马的诱惑，两袖清风；

（4）在官场中，洁身自好，严于律己，清明廉洁，成为统治集团风范标准和楷模，成为约束、激励和引导官僚队伍的有力手段；

（5）在对待强权上，锄强扶弱，秉公执法，敢于犯上，不畏权贵和邪恶势力，秉持正义，为百姓主持公道、伸张正义，平抑民众不满和愤怒，化解统治危机，维持社会的稳定与和谐。

清官意识作为中国传统政治文化重要组成部分，生动、集中地表达了普通民众对维护自身权利的期待和对善治的向往。产生于封建社会的清官意识没有伴随君主专制成为历史。但对于今天正走向法治、民主、自由的中国社会而言，这种清官意识和清官情结则与这种历史潮流格格不入，阻碍农民权利保护的实现。这一点可以从以下几个方面看：

清官文化是人治社会的产物，不利于形成个人自由和权利神圣不可侵犯的法制观念。清官文化是人治社会的产物，这种治理社会的方式缺乏可预期性和稳定性。不是每个官僚都能达到清官标准，决定了人治的治理方式注定要被历史抛弃，被法治所取代。法治是另一种社会治理的理念，其核心价值理念是：法律具有最高权威，法律面前，人人平等，法律的目的就是保护个人神圣不可侵犯的权利。

清官意识，制约了农民的权利意识和权利主体意识的生成。当农民权利受损之时，清官意识可以抚慰他们无助无依的心灵。清官意识使人们把自己的权利保护寄托在清官上，等待和期待着清官的出现，而不是寄托在法制上。

清官意识表现了民众对权力的依赖和依附而不是对法律的依赖和依附。它温柔地销蚀着民众权利意识和自主意识。它非常不利于培育民众的权利意识、自主意识和进取精神。等待永远是灰色的,只有积极努力地创造和奋斗,才会迎来幸福的曙光,才能成为自己命运的主人。

3. 等级差序格局观念的影响使人关注关系和人情①

我国著名社会学家费孝通先生在其1947年年初出版的《乡土中国》一书中,使用社会结构分析方法,针对中国农村的传统社会结构提出了"差序格局"的概念。费先生是通过打比方做比喻来阐述差序格局概念的。他认为西方社会以个人为本位,人与人之间的关系,好像是一捆柴,几根成一把,几把成一扎,几扎成一捆,条理清楚,成团体状态,这属于团体格局;而中国乡土社会以宗法群体为本位,人与人之间的关系,是以亲属关系为主轴的网络关系,则属于差序格局。在差序格局下,每个人都以自己为中心结成网络,"社会范围是一根根私人联系所构成的网络"。②"这个网络像个蜘蛛的网,有一个中心,就是自己"③。这就像把一块石头扔到湖水里,以这个石头(个人)为中心点,在四周形成一圈一圈的波纹,"像水的波纹一般,一圈圈推出去,越推越远,也越推越薄"④。波纹的远近标示着社会关系的亲疏。

差序格局这个概念在社会学上具有开创性的意义,至今在许多学科里面仍然具有很强的学术解释力。差序格局事实上就是农民日常生活中有意无意经营着的一部分,个体的能动性、创造性也在其中得到了不同程度的发挥和拓展。但笔者认为这个概念也可以解释农民的权利缺损的原因:

(1) 关系本位,使农民抹不开情面。渗透于乡村生活各个角落的各种关系行为反映的是中国乡村社会文化中最深层次的根本特质。费孝通指出,"差序格局"是传统中国乡土社会最基本的结构特征。费先生认为,"在差序格局中,社会关系是从一个一个人推出去的,是私人联系的增加"⑤,"我们社会中最重要的亲属关系就是这种丢石头形成同心圆波纹的

---

① 李锦顺:《文化内核和文化顺应:差序格局与农村社会工作支持网络构建》,《社会福利(理论版)》2013年第1期。
② 费孝通:《乡土中国 生育制度》,北京大学出版社1998年版,第26页。
③ 同上。
④ 同上书,第27页。
⑤ 同上书,第30页。

性质"①。"传统社会里所有的社会道德也只在私人联系中发生意义"②。"关系"直截了当地抓住中西方文化特别是乡村文化区别的根本特征。

这种关系本位又以亲疏远近的"差序"为基本特征。这种"等差秩序"是按照尊卑、贵贱、上下、长幼、亲疏等级来区分的,以父子、夫妇、兄弟、朋友来定类,在日常生活中又具体化为以道德形式出现的彼此间的权利与义务关系,显现出不同程度的伦理烙印。费先生比喻的这块石头,丢在水面上所产生的一圈圈波纹,其中每一个圈子都是一个相对的群体。任何一圈向内看,看到的是"群内人"属性,向外看则是"群外人"属性。相对于旁系血亲,直系血亲群体是"群内人",相对于姻亲关系,血亲关系是"群内人",相对于陌生人,熟人便是"群内人",相对于外乡人,同乡便是"群内人"。

"为权利而斗争是一种权利人对自己的义务。主张自我生存是整个生物界的最高法则;在每个生物中,众所周知,都存在自我维护的本能。然而,至于人类,这不是仅关乎自然之生命,而且关乎其道德存在,但人的道德存在的条件是权利。在权利中,人类占有和捍卫其道德的生存条件——没有权利,人类将沦落至动物的层面。"③ 当这些击中要害的话语面临农村社会时就大打折扣了。当农民权利受损时,常常受制于关系网络,大家低头不见抬头见,不愿意因主张自己的权利而把关系弄僵。

(2) 人情本位,使农民主张自己的权利时受到掣肘。人情是人对客观现实的一种特殊反映形式,是人对客观事物是否符合人的需要而产生的一种内在的态度的体验。其哲学本质就是人类主体对于客观事物的价值关系的一种主观反映。也就是说,作为一种主观体验、主观态度和主观反映,人情属于主观意识范畴,而不是属于客观存在范畴。辩证唯物主义认为,任何主观意识都是人对客观存在的反映。农村社会的人情是一种特殊的主观意识,它必定对应着某种特殊的客观存在,这种特殊的客观存在就是农村社会的差序格局。

---

① 费孝通:《乡土中国 生育制度》,北京大学出版社1998年版,第26页。
② 同上书,第30页。
③ [德]鲁道夫·冯·耶林:《为权利而斗争》,郑永流译,法律出版社2007年版,第12—13页。

差序格局中的每个个体都以自己为中心结成发散开来的网络。人情始自于父母、子女中心点。为了生存和延续血脉，男女结合而有家庭和子女，随之继续发展扩大至家族、部落、群体、社会、国家。农村社会里的人情讲究的是人情记忆、亏欠和偿还。日常生活中农民的很多举动、言谈都富含深刻的人情内涵，使合作、帮忙、转借、劝架、围观、点拨、调解、撮合等交往方式，交织在一张差序格局的网中，一人之事很容易成为网络之事。

在农民权利受损要主张自己的权利之时，会有众多人来说情。婚情、父母情、儿女情、兄弟姐妹情、邻里情、乡情、亲情、同学情、战友情、老乡情、上下之情有可能鱼贯而入。从某种意义上说，是人情在延续和推动着农村社会的发展和进步。差序格局是分圈层的，有核心圈和边缘圈，但是连接不同圈层和圈与圈内部的纽带则是人情。这种权利主张，肯定受到多方掣肘，农民倾向于选择退让、回避、息事宁人而非据理力争也是他们为人处世的理性选择。

差序格局中的人情和关系本位造成农民厌诉、怕诉思想严重。"从基层上看去，中国社会是乡土性的"。"乡土社会是'礼治'的社会"。[1] 如果我们把法律限于国家权力所维持的规则的话，礼治的社会是一个"无法"的社会，是一个"人治"的社会。"在乡土社会里，一说起'讼师'，大家就会联想到'挑拨是非'之类的恶行"。[2] 因此，在乡土社会里，诉讼被人们看成是一件不光彩甚至是可耻的事，上法院去起诉别人，就会被人们看作坏人、刁民，难于撕破脸。在这种观念的指导下，乡土农村的居民就逐渐形成了厌诉、怕诉的思想。由于厌诉、怕诉，农民即使在自身权利受到侵害时，也不愿诉诸法律，寻求法律的救济。

（二）农民整体素质不高，权利效能感低

随着现代政治文明的进步，公民权利的实现程度与主体的知识素质的高低之间的关系越来越紧密。但是，我国农民整体自身素质不高，严重制约了农民权利的实现。"政治效能感是指个体对自己能否影响政治活动的

---

[1] 费孝通：《乡土中国 生育制度》，北京大学出版社1998年版，第6页。
[2] 同上书，第54页。

能力的信念或信心。"① 那么,权利效能感是指公民对自己实现自己权利难易程度的感觉,是公民参与维权行动,对自己影响力的评价,在很大程度上影响参与者的行为。如果权利效能感高,他们就会对自己的国家和国家制度产生强烈的归属感和认同感,积极参与各种社会活动。反之,公民就会对国家和政治制度持疑义,对国家发展漠不关心,低估政府权威及其存在的合法性,将自己置于国家政治之外,不热心参与社会活动。

因此,公民受教育程度的高低不仅影响政治参与效能,而且影响政治参与水平与质量,决定着公民政治参与制度化的健康发展。

马克思主义经典作家非常重视科学文化的发展水平对推动社会进步的积极影响。西方大量调查也表明,公民受教育程度对其权利效能感有较大程度的影响。公民受教育程度低,综合素质就难以提高,直接影响其权利的实现程度。随着现代文明的发展,政府决策、制度运行、社会管理与监督体系愈来愈复杂,相应的,公民权利实现程度与权利主体的自身素质之间的关系越来越密切,要求也越来越高。公民文化素质的高低直接影响公民权利效能的高低,决定着公民权利保护制度化的发展。

受过良好教育的、学历高的公民因为习得健全的认知技巧,对政治的关心程度、对自己和其他群体权利的实现程度关注度也高,也强化着与农民权利效能感之间的关系。公民文化水平越高越有利于其关心涉及其权利的方方面面,懂得如何实现自己的权利和技巧,具备维护权利的法治意识、理性处事和表达思想的能力,推动实现权利实现制度化。相反,参与主体受教育程度低,在权利博弈中就可能处于不利地位,他们难以把握和有效利用现有的较为复杂的权利参与实现形式,影响权利效能感。正如列宁指出:"文盲是站在政治之外的,必须先教他们识字。不识字就不可能有政治。不识字只能有流言蜚语、传闻偏见,而没有政治。"② 这对权利效能感也是同样适用的。文盲必然一片黑暗,他们岂止是站在自己权利之外,而是站在一切文明之外,更别提政治参与制度化了。

文化程度高的人在实现自己权利的过程中,会更多地凭理性而不是凭感情行事,在对全力实现方式的选择上会注重合法性和有效性,对权利保

---

① 王敏:《政治态度:涵义、成因与研究走向》,《云南行政学院学报》2001 年第 1 期。
② 《列宁全集》第 42 卷,人民出版社 1986 年版,第 200 页。

护制度的健康发展大有裨益。改革开放以来，我国教育事业有了长足发展，取得了显著成绩，农民受教育程度有了明显提升。但是，大量统计资料表明，我国绝大多数农民文化水平不高。根据第五次全国人口普查统计资料显示，在我国农村人口中，初中以上文化程度的人口占总人口的39.1%，远低于城市人口的65.4%的水平，小学文化程度的为42.8%，15岁以上人口中文盲率达到8.3%，分别高于城市的23.8%和4%的水平，农村劳动力中受过专业技能培训的仅占9%，农民整体文化素质明显偏低[①]。我国农村地区，经济贫困带来了农村整体教育水平落后，农民整体文化素质水平不高，权利认知水平低，缺乏必要的知识与技能，不能正确认识保护自身权利的目的、责任以及个人的权利和义务，很难进行理性的选择，往往容易降低和限制农民权利效能感能力的提高，制约农民参与制度化。

总之，高度的社会文明与高素质的人密切联系。当下我国农民的自身素质与社会主义民主政治建设以及农民权利保护之间还有很大的差距。要进一步推进农民利益的保护，必须打破农民自身素质比较低的瓶颈。

[①] 谢志强、姜典航：《城乡关系演变：历史轨迹及其基本特点》，《中共中央党校学报》2011年第8期。

第 五 章

城乡一体化中农民权利
保护的基本思路和体系

党的十八届三中全会强调，全面深化改革"必须以促进社会公平正义、增进人民福祉为出发点和落脚点"。改革开放以来，我国经济社会发展取得巨大成就，为促进社会公平正义提供了坚实物质基础和有利条件。

在我国的城乡一体化过程中，我国社会上还存在大量有违公平正义的现象。特别是随着我国经济社会发展水平和人民生活水平不断提高，农民的权利意识不断增强。这个问题不抓紧解决，不仅会影响农民对改革开放的信心，而且会影响社会和谐稳定。如果不能给老百姓带来实实在在的利益，如果不能创造更加公平的社会环境，导致老百姓权利的继续受损，改革就失去意义，也难以持续。

我国城乡一体化存在的有违公平正义的侵犯农民权利现象，属于发展中的问题，是能够通过不断发展，通过制度安排、法律规范、政策支持加以解决的。不能认为等经济发展起来了达到一个更高的高度，或者等建成了小康社会，再解决这个问题。每一个时期都有每一个时期的问题。我们要在城乡一体化进程中尽量把促进农民权利的事情做好，保护好，既尽力而为又要量力而行，使农民权利保护持续取得新进展。

一 城乡一体化中农民权利保护
应该坚持的核心原则

在中国城乡一体化的语境下，为了更为有效地促进农民权利的保护，必须梳理一下其关键命题，进行一番"原则性命题"的建构，这样才能使农民权利在城乡一体化的进程中减少发展劣势。一种全新的发展模式和管理方式的快速引进，需要一套新的科学原则做指导。探讨城乡一体化发展中农民权利保护的核心原则，可以为大力发展推进农民权利保护提供思想和方法论支持。

城乡一体化中农民权利保护应该坚持的核心原则是指在保护的政策、措施和制度领域中位于最高层、属于最根本的原则，在这些最底层、最根本的原则的基础上进一步的政策、措施和制度才得以发生和展开。这些核心原则是保护农民权利的纲领性和指导性原则，它为评估城乡一体化农民权利保护的发展质量和未来的工作重点提供了方向和评判准绳。

城乡一体化中农民权利保护应该坚持的原则包括坚持党的领导原则、维护政治稳定原则、注重公平正义原则、突出顶层设计原则、坚持有序渐进原则等五项基本原则。

（一）坚持党的领导原则

全面深化改革必须加强和改善党的领导，充分发挥党总揽全局、协调各方的领导核心作用，建设学习型、服务型、创新型的马克思主义执政党，提高党的领导水平和执政能力，确保改革取得成功。

列宁在继承和发展马克思、恩格斯政治参与理论时，不仅强调广大人民是政治参与的主体，而且十分重视执政党在人民政治参与实践中的领导地位。中国共产党之所以是中国工人阶级、中国人民以及中华民族的先锋队，就在于中国共产党有以下特质：（1）科学性品质。中国共产党是坚持马克思主义的科学世界观和方法论的政党，其制定的方针政策符合辩证唯物主义和历史唯物主义，并且在实践中接受检验和修正，反映出科学的世界观和方法论。（2）民族性品质。中国共产党带领整个中华民族，提出符合整个中华民族要求和愿望的理论，制定出反映整个中华民族利益的方针政策，带领整个中华民族大踏步地向前迈进。（3）时代性特质。中国共产党敏锐把握时代脉搏，提炼时代精华，反对任何教条和形式主义，提出代表时代要求的理论和主张，推动中国与时俱进，带领亿万大众走在时代的最前列。（4）海纳百川的包容性特质。文明形成即扩散。中国能够张开双臂，敢于积极面对任何民族、任何国家的文明和特性，不排斥任何促进生产力提高和社会发展的理论和经验，去其糟粕，取其精髓，为我所用，积极吸取人类历史上促进社会发展的积极经验。敢于吸取资本主义社会中社会发展的合理经验和积极成果，就是其包容性特质的必然结论。在城乡一体化中保护农民的权利，离不开党的领导，党的领导就具有了天然权利。就像胡锦涛同志所说，"办好中国的事情，关键在党"[①]。

城乡一体化中保护农民的权利，涉及方方面面，是一个庞大的系统工程。这个工程本身的特点，也决定了不能离开党的领导。

在城乡一体化中从根本上保护农民权利，必须坚持中国共产党的领导。坚持党的领导也是我国宪法明确规定的首要基本原则，是保护好、实现好农民权利的根本保证；也是人类社会政治发展规律的一项基本要求。我国各项制度的成功建立和修正完善，都是在中国共产党的领导下进行的；正是因为有了党的正确领导，我们才能从根本上保证广大农民利益的权利。

实践也证明，在农村，也包括城市，一些重大的非制度化政治参与的突发事件发生后，正是因为有了中国共产党的积极干预和强力引导，才能促使事件得以控制。中国共产党的领导是保护农民权利的根本保证。尤其在社会转型时期，各种社会关系和政治力量相互冲突，要想协调好城乡不同利益群体的关系，必须坚持和加强党的领导。

党的领导是我国城乡一体化进程中的最大的政治优势。只有坚持中国共产党的领导，才能让广大农民的各种权利获得更好的生存和发展空间，才能保证城乡一体化过程中中国特色社会主义政治方向不改变，为农民构筑起中国特色社会主义的农民保护的制度体系，才能更好地实现好、维护好、发展好广大农民的切身权利。

（二）维护政治稳定原则

社会稳定是和动乱、混乱、无政府状态、失控相对应的一种社会状态，它具有可控性、可预期性以及有序性。政治稳定和权利实现之间有着密不可分的关系。政治稳定是社会成员实现其各种权利的内在因素；权利

[①] 江泽民：《全面建设小康社会，开创中国特色社会主义事业新局面——在中国共产党第十六次全国代表大会上的报告》，《求是》2002年第11期。

是一把双刃剑，当社会成员的合理诉求和权利得到实现之后，它能够大力推进社会稳定；如果权利冲破合理的诉求，形成不合理的主张，那么这种权利就会急剧膨胀，造成权利爆炸，导致社会约束无力，最终喷薄而出的人流就会冲塌政治稳定的堤坝，炸毁政治稳定的基础。换句话说，农民权利的实现必须在稳定的社会环境下才有可能得以保障和实现。

城乡一体化推进过程中也会有不稳定因素，可能导致社会不稳定。城乡一体化是一种全方位深层次的改革，也是一次深刻的社会利益再分配，涉及城乡各种社会利益群体，涉及方方面面的利益摩擦、碰撞和冲突，涉及新旧体制之间的协调、转换和变迁。也就是说，城乡一体化中隐含着不稳定，肯定会带来社会不稳定因素，带来社会动荡、动乱。在城乡一体化改革中，不犯错误是不可能的，不存在风险也是不可能的。

城乡一体化只有在社会稳定的条件下进行。城乡一体化是社会主义制度的自我完善，这种改革的本质就决定了城乡一体化必须保持社会的稳定性。维护社会稳定是保护农民权利、实现城乡一体化的重中之重。我国将要在2020年完成全面建成小康社会的重大任务，没有良好的社会稳定环境是难以实现的。城乡一体化必须维护整个国家的安定团结大局，必须有组织有纪律地稳步推进，反对各种形式的无政府主义。

在城乡一体化中不保护农民的权利就难以保持社会稳定。城乡一体化实际上就是改革。"文化大革命"的经验告诉我们，不发展生产力不行，不发展生产力就是死路一条。当前我国矛盾的高发期多发期告诉我们，不保护农民的权利，就会动摇改革全局，动摇社会稳定的基础，也是死路一条。社会主义能否被人民大众所信仰，从利益层面来讲，就是这种制度设计和政策制定能否保护他们的权利。为了维护社会稳定，不注意保护农民的权利，为稳定而稳定，则是一种臆想的稳定，是虚假的稳定。

农民的权利只有在社会稳定的社会条件下才能够得以实现，从而进一步推动社会稳定，使农民权利的实现始终走在社会稳定的轨道上，实现社会稳定和权利实现的双重变奏。保护农民权利出现了社会动荡，这与城乡一体化进程中保护农民利益的初衷是背道而驰的，农民的权利只有在政治稳定有序的社会中才能获得保护和健康发展。

随着我国社会主义市场经济的日益完善和深化，市场经济中的利益中心意识引发人民权利意识的觉醒，人民内部的权利矛盾集中表现为利益关系、利益矛盾和利益纠纷，经济权利成为各种矛盾的核心内容。农村社会经济成分、利益关系和分配方式日益呈现多元化，非制度化利益诉求呈现凸显扩大之势，影响社会政治稳定。因此，在构建社会主义和谐社会进程中，农民利益多元化要求我们必须坚持维护政治稳定、社会稳定和参与稳定。城乡一体化中城乡居民权利关系的变革必须注意保持社会稳定，这是由中国的发展特殊性决定的。

（三）注重公平正义原则

公平正义是社会理念的精神向往和行为准则的理想追求，这种追求体现在资源和利益在生产、交换、分配和消费方面的合理划分、分配以及调剂上，以防止一部分人享有特权而另外一部分人被剥夺权利，意味着开放性、包容性的增强和排斥性的降低。

在城乡一体化进程中农民权利的保护呈现出长期性、复杂性和综合性，能否公平正义是体现公民权利能否得到真正全面保护的试金石。在构建社会主义和谐社会语境中，在城乡一体化中保护农民利益，要求我们必须坚持公民权利公平正义的原则。就发展而言，我国经济总量在全球范围内已经令整个世界刮目相看，在世纪经济体系里面已经占有举足轻重的地位，但更重要的是要有令世界同样不可忽视的公平正义的发展理念，才能够达到发展的形神兼备、表里如一、内外一致，鱼和熊掌兼得，才能真正成为世界巨人，城乡才能共同发展，减少区域矛盾和社会冲突，避免出乱子。城乡一体化进程并不能证明自己正确与错误与否，但是农民的权利保护的状况本身却能证明自己，一系列制度、体制、规范和细节是否体现公平正义，却能显现出城乡一体化的发展水平和实现程度。

公平正义是城乡一体化制度设计的准则。权利是社会中公民资格的具体体现，包括公民的权利和责任。罗尔斯在他的名著《正义论》一书中振聋发聩地说，"作为公平的正义是社会制度的首要价值，正像真理是思想体系的首要价值一样"[①]。同样道理，公平正义也是城乡一体化制度设计的首要价值，把公平正义纳入城乡一体化的视野中，所出现的权力碰撞和利益纠纷才能够得到有效解决。因此，在构建社会主义和谐社会进程

---

① ［美］罗尔斯：《正义论》，何怀宏等译，中国社会科学出版社1988年版，第1页。

中，农民权利保护要求我们必须坚持公民权利公平正义的原则，去建立和完善农民权利保护制度。目前我国仍然是城乡二元分割的社会结构，人为地造成了城乡居民社会经济地位的不平等，农民从出生就成了"二等公民"，与户籍制度挂钩的教育制度、医疗制度、社会保障制度、就业制度等从一开始就把农民置于一种弱势地位。近年来广东农村出现的一些突发事件，一些农村群体性事件频繁发生的重要原因之一，就是由于一些党员干部无视广大农民权利公平正义的原则，置他们的利益诉求于不顾而造成的。从更远的层面上来看，这是我们的城乡一体化制度没有足够的公平正义设计造成的。

因此，在城乡一体化进程中，加强农民权利保护，必须要全面贯彻落实科学发展观的要求，坚持以人为本，注重农民权利公平正义的原则，把维护广大农民的根本利益作为我们一切工作的出发点和落脚点，以推进构建社会主义和谐社会的伟大进程。

（四）突出顶层设计原则

顶层设计强调的是运用系统论的方法，从全局的角度，对某项任务或者某个项目的各方面、各层次、各要素统筹规划，以集中有效资源高效快捷地实现目标[1]。其主要特征：一是顶层决定性，顶层设计是自高端向低端展开的设计方法，核心理念与目标都源自顶层，因此顶层决定底层，高端决定低端；二是整体关联性，顶层设计强调设计对象内部要素之间围绕核心理念和顶层目标所形成的关联、匹配与有机衔接；三是实际可操作性，设计的基本要求是表述简洁明确，设计成果具备实践可行性，因此顶层设计成果应是可实施、可操作的。[2]

城乡一体化中保护农民权利涉及全方位改革，需要"顶层设计"。保护农民权利不仅仅是建立城乡平权的社会保障体系，还包括建设横跨城乡的社会管理机制和社会利益关系协调机制等复杂内容，在这样一个深水区中，必须要有一个处于强势地位的势能，需要一个主导性动力。应该说，长期以来我国的农村建设明显滞后于经济建设，农民权利保护出现了短板

---

[1] 刘松柏：《"顶层设计"的魅力和价值》，《经济日报》2011年6月22日第13版。

[2] 于施洋等：《电子政务顶层设计：基本概念阐释》，《电子政务》2011年第8期。

效应，不利于经济和社会改革的纵深推进。因此，多领域的复杂改革必须通过"顶层设计"，齐头并进。政府，特别是中央政府要当好总设计师和舵手。公民与国家的关系是社会最基本的政治关系，协调公民权利与国家权力是宪政民主的主要内容。农民权利问题产生的根源和国家权力息息相关，特别是基层政府对农民权利的忽视和侵犯，探讨如何保护农民的权利也应从国家与农民的关系入手，从顶层设计入手。

（五）坚持有序渐进原则

所谓有序，就是有秩序，就是城乡一体化和保护农民利益要注重法制化建设，使农民权利保护制度化和程序化。所谓渐进，就是改变落后、传统的旧有体系时按照一定的步骤逐渐深入的方法和策略。就农民的权利而言，指的是农民权利的实现速度与规模、扩大的范围和程度必须按照一定的步骤逐渐深化。

中国梦是一个经过努力可以实现的美好的梦，但这场承载着中华民族几千年理想追求和前仆后继的梦也不是一个晚上就能实现的。就城乡一体化而言，它的改革性质只能是渐进性改革，而不可能是剧变式的休克疗法。城乡一体化是我国农民的梦想，坚持有序渐进这个原则是由中国的国情特点决定的。

这是由中国超大规模的社会结构及其社会转型决定的。中国人口数量之巨大，社会问题之复杂，发展问题解决之困难，是其他国家难以想象的。中国一个省的人口常常就是一个欧洲大国的人口数量，当中国在激进推进城乡一体化时出现问题，要停下来时需要很大的成本和艰苦的工作，也是很难刹住车的。

在城乡一体化中实现农民权利的速度和规模，必须有序渐进。中国的人口素质的提高也不是一蹴而就的。意识形态最终到底是由经济基础决定的，但是经济基础的高水平并不意味人口素质的高水平，人口素质并不是和经济发展同步的。长期处于封建社会的历史所遗留下来的思想糟粕，也不会随着经济发展迅速消失，公民意识、契约精神、法制观念还没有建立起来。我国城乡一体化健康发展所需的公民素质现状，决定了中国城乡一体化必须是有序渐进的。城乡一体化的吞服剂量，必须和我国公民素质和能力相一致。保护农民权利要兼顾我国社会发展的吸纳能力以及农民自身素质的实际情况，从而反过来促进城乡一体化，让农民在城乡一体化中得到实惠。

克服城乡现有体制的弊端，根本解决在城乡一体化进程中出现的问题，也不是短期可以实现的。城乡二元结构造成的城乡收入差别过大，积极调整、妥善解决城乡之间的断裂问题和畸形发展问题，消除歧视性的社会制度，为保护和实现农民权利创造良好宽松的氛围，解决好农民工工资的拖欠问题，解决好城市化进程中农民流动所面临的教育、医疗、住房这新时期的三座大山，健全利益诉求机制，形成正常、有效、畅通的局面，这些都是坚持有序渐进性原则的缘由。

坚持有序渐进推进城乡一体化和保护农民权利，是保持我国整个国民经济和城乡社会良性循环和协调发展的重要环节。城乡一体化不能搞大跃进，搞所谓的跨越式发展，保护农民权利也不能搞大跃进，更不能搞跨越式大发展。我国目前的城乡现状的具体国情决定了我国还不能适应人们急剧扩大的保护和主张自己权利的要求，也决定了我国农民权利保护的长期性、渐进性的过程。因此，在城乡一体化进程中，由于我国历史、社会、思想文化等各种条件限制，保护农民权利要求我们必须坚持有序渐进的原则。

二　城乡一体化中农民权利保护的权利主体和作用发挥

（一）农民的权利主体地位

权利的主体就是权利的掌握、占有和行使者，农民是农民权利保护的主体。主体是农民权利保护的一个关键性问题。人是世界的中心，人的这种地位决定了在人与万物的关系中，人是作为主体而存在的。但是必须强调指出的是，农民是权利的主体，但并不一定就具有主体性，只有当具有权利主体意识的权利的主体投入到改造社会的实践中去，在实践中积极改造和维护自己的权利，才具有主体性。没有权利主体的权利是空洞无物的，是虚假骗人的，只有突出权利主体，才能使人对权利产生敬仰，并愿意为自己的权利而奋斗。

在城乡二元社会结构及其相配套的制度体系中，城市处于中心地位，而农民作为历史创造的主体、实践的主体、社会主义建设者主体的作用和意义被逐渐淡化,甚至其主体性地位也一度被忽视。只有发挥农民作为主体的能动作用,农民权利才能真正得到保护。

人的主体和客体是以人的活动的发出和指向为尺度来区分的。人的主体指的是活动着的人,客体则是人的活动所指向的对象①,人的主体性是在与客体的相互作用中得到发展的人的自觉、自主、能动和创造的特性②。

尊重农民的主体地位,就是要承认农民是权利主体。在相当长一段时间里,很多政策包括那些看上去对农民利好的政策,都往往不是从农民自身权益出发,而是从城市利益出发的。农民的问题并不是作为农民本身的问题,而是在农民和农村的问题已经变得不可承受,不解决就不足以解决全局问题,而且决策层中的有识之士认识到了问题的严重性时,才被提出来。但是,到决策层明白对农民不利的政策对全社会也有害时,农民已经承受了相当长的时日了。

农民权利主体的内涵可以从以下几个方面来理解:

1. 农民是社会和经济的发展主体和受益主体

农民的辛勤劳动为解决我们这个人口大国的粮食问题、为城市社会和经济的发展做出了重要贡献。我们应该承认农民的发展主体地位,承认他们享有受到平等尊重和对待的权利、作为公民的具体权利和作为弱势群体应受到重视的权利。国家有义务落实这种权利,制定出有关农民权利的法律,使这种权利真正在现实生活中得到体现。这种体现表现在以下两方面:当这种权利将要受到侵犯时,有法律的无声提醒;当农民的权利受到侵犯时,有法律进行惩罚或者救济。

2. 农民是农民权利的建设主体

在城乡一体化进程中保护农民权利就是建设农民自己的家园,是与每个农民生活息息相关的社会性工程。在投资、生产、拆迁等建设活动中,应该尊重农民,要认真、虚心地倾听农民的看法和见解,把农民的意见纳入到决策之中,不能把政府和领导的意见强加给农民。

---

① 郭湛:《主体性哲学:人的存在及其意义》,云南人民出版社2002年版,第12页。
② 同上书,第30页。

3. 农民是市场经济中的市场主体

农业是第一产业，是国民经济的支柱，农民作为农产品的种植者、所有者，作为农业生产资料的购买者，是市场经济中的经营主体、交易主体。我们应该重视农民的市场主体地位，这就要求政府要积极支持农民建立起能真实代表自己利益的各种市场组织和协会，并且采取少干预的政策。

我国农民权利主体的地位目前是虚置的。

这主要表现在城市偏向。在我国城乡二元社会结构中，制度设计多以城市为中心，并服务于城乡二元社会结构，农民则处于被动、受动的地位。城乡二元社会结构下，我国行政、经济和社会制度的制定和实行都是以城市为本位的，这就意味着政策的出发点天然就打上了城市的烙印，制定出来的政策有利于城市和市民。

利益表达机制虚置。由于没有真正代表农民权利的农民自组织，农民真正的利益表达机制也无从建立。现在在一些农村，尽管建立了各种合作社，但这些合作社多是政府的政绩工程，并不是农民自组织。

决策权、行动权虚置。农民是农村改革和新农村建设的参与者和实践者，但是农村建设的规划都是由政府规划部门作出的，农民对村庄村容村貌的改造、公共基础设施的建设、支农资金的分配、农村社会保障的推行、集体土地的征收等公共事务的重大决策几乎没有发言权。

农民的话语权虚置。大众传媒在形成、维护和改变一个社会的刻板成见方面有强大的影响力。但是传播媒介是属于城市的，报道的主题也主要是城市生活，在媒介的宣传中，农民大多是被标签化了的，农民往往与"素质低下""打工仔""没有法律意识"等词语联系在一起，保障农民利益的政策也是"优惠"政策，在这样的话语环境中，农民的话语空间被挤占，他们无法代表他们自己，却要被别人施以同情和关注，这种被动是不言而喻的。

总之，在社会经济资源、发展成果的分配中，因不掌握话语权，农民不能参与决策。因此，农民群体无法表达对于社会建设、制度设计的意愿，也就更谈不上自觉、自主、能动、创造性地发挥主体作用了。农民分布较为分散、农民权利意识不强、没有一个利益团体能为农民权益代言、表明当前农民的主体地位还没有确立、农民的主体性还没表现出来。在这种情势下，尤其是在城乡二元社会结构下，在当前国家实行政府推进式的各项改革和建设的进程中，农民在新农村建设、资源和发展成果共享中就失去了主动，而主动地位的缺失必然会使农民群体的弱势地位进一步恶化。总而言之，不管是农业问题，还是农村发展问题，抑或是解决农民问题，还是保护农民权利，都必须首先使之由被动上升为主动，使农民权利的主体回归到农民个人，从而真正改变这一不利地位。

农民权利的确需要保护，但是农民是农民权利主体的这种属性，就意味着要正视农民的这种地位，纠正过去主体和客体的倒置。正是因为农民是农民权利的主体，才提醒我们应该重视话语权问题。如果把农民权利视为客体，那么，对农民权利的保护就成了施舍，什么时候施舍、施舍多少，就要看虚假主体的意愿和心情了，这个时候保护农民权利就成了虚幻之语了。农民充分享有并顺利使用其话语权，是农民成为农民权利主体的重要标志，才能使农民权利保护的实践成为现实，农民的权利才能真正不受侵害。

农民主体性的发挥和确立对于保护农民权利至关重要。回顾几十年来扶持农村的历程，政府确实想让农民受益，但由于缺乏监督，各项惠农政策在执行的过程中，往往会因为与各级政府的利益相冲突而产生高昂的"服务"成本，导致实际效果大打折扣。究其根本，就在于农民没有确实发挥主体作用。

一些学者和政府机构在理论和市级层面上有意无意地将农民权利视作保护的客体，在理论和实践上就会出现以下两个问题：

第一，同情多于客观的分析。将农民当作农民权利的客体，给予农民一些现实利益，不是要真正给予和实现农民权利，而是出于一种同情的人道主义救助和救世主心态，布施一些施舍物，农民所获得的利益，成了施舍的结果，不是因为权利主体争取的结果。

第二，强化了农民的弱势地位。不把农民视为农民权利的主体，其自然逻辑就是关闭了农民成为农民主体的自然通道，忽略了培育农民成为主体的各种方法、措施和途径，造成了农民离权利主体越来越远，社会地位越来越弱的马太效应（Matthew Effect）。笔者认为，单纯以金钱补偿解决农民权利受损不是根本的办法，至多属于忽视农民权利主体以后的不得已而为之的办法。这种对农民主体性的忽视甚至漠视，这样的研究和实践正是以国家权力长期养成的以城市为中心的本位主义、忽视农民权利的应然结果。

在城乡一体化进程中，重视农民的权利主体性，就是重视这种主体性所包含的平等的建设主体、发展主体以及市场主体和收益主体。只有全面重视农民的主体性，才能建构和重塑城乡平等的社会关系。

（二）农民权利主体意识的形塑

农民的权利主体意识和农民权利的主体性紧密相关，两者相互依存，是一个事物的正反两个方面。尽管随着市场经济的建立，农民的权利意识有了较大程度的改善，但总体而言，农民的权利主体意识是淡薄的，长期的失语状态、主体地位的缺失使农民对所享有的权利认识不够、权利保护意识不强。改革开放前，农民被固定在土地上成为农村集体中的一员，农民不需要单独和国家权力打交道，国家在这个共产主义大学校中安排好了农民的一切同质性生活，农民的权利意识无从谈起；实行家庭联产承包责任制后，农民开始以个体的形式面对政府，由于农业的特点，农民依旧习惯于根据党的政策组织生活和生产，对周围社会和经济环境不需要进行特殊的关注，加上农民没有自组织，农民依旧处于失语的状态；农村生活的血缘、地缘和业缘等社会关系把农民之间紧密地编制在一起，血缘、地缘和业缘挤压了农民的权利主体创新的空间，感觉没有主张权利的必要，更没有主体感觉和主体意识。

重新塑造农民的权利主体地位，是要依靠教育才能解决问题吗？是不是只要提升农民的思想觉悟，农民的权利主体意识就水涨船高了呢？

笔者认为，农民的权利意识取决于农民本身的社会体验和生活经验。农民在自己的生活圈子里面发现自我，体验到自身的价值和能力；农民在离开自己的圈子进入其他社会群体的圈子，又通过其他群体的这面"镜子"认识到农民的权利和自己。当他们体验到农民的权利是无助和无力的，是相差悬殊，是不受重视的，他们也就不必重视和珍惜自己手中的所谓权利。如果农民的权利期待和权利结果相一致，有了这种权利实现的内心体验，那么他们的权利意识就会大幅度增强，愿意去为争取和吸纳自己的权利而斗争。农民也是经济人，农民感觉到要主张和实现自己的权利需要花费巨大的代价，那么他宁愿选择放弃自己手中的权利，甚至选择通过其他的非法律途径来降低成本，以维护自己的权利和利益。

换句话说，城乡一体化中农民权利意识取决于农民权利保护的程度。农民权利受损能够得到及时的赔偿和司法救助，农民就会愿意主张自己的权利。从某种意义上说，在城乡一体化进程中，农民的权利主体地位的获得，权利行动和实践是第一性的，权利意识是第二性的，权利行动和实践决定农民的权利意识。在权利主体意识和权利保护之间，国家更应该做的是真切地保护农民的权利，从而保障农民利益，而不是开动宣传机器，进行权利意识培训。农民权利意识的获得，不是一个理论问题和教育问题，而是一个实践性命题。

（三）建立有效的农民权利主体的表达机制

农民权利主体的表达机制就是农民表达自身的利益诉求和见解主张等的通道和体系。表达机制是现代社会促进社会和谐的安全阀和减震器，是使不满情绪得以发泄、社会压力得以疏解的泄洪闸。

在城乡一体化中为有效解决农民权利受损的问题，必须要建立农民权利的表达机制。

建立有效的农民权利表达机制是中央政府和各级政府机关了解社情民意的重要管道。人民代表大会制度是目前能够代表农民利益最重要的国家机制，但是其中农民代表不论是从数量上还是质量上，发挥的作用都微乎其微。我国的一些学者和媒体在农民缺乏表达机制的背景下，利用他们的文章和媒体资源，为整个社会了解农民权利的状况和重视三农问题，发挥了准代言人的独特作用。但是这些令人尊敬的表达者并没有在农村定居和生活，这使得农民和农村的境况经过他们的感观过滤后，又掺入了一些主观的评价，多少会与现实有所偏离，无法反映出农村、农民的真实情况。同时，政府的决策常常具有模式化倾向，这种模式常常过滤掉时间和地点等具体情况，有时不仅没有促进农民的利益，反而使农村权利受损，例如有的地方推行的"一村一品"对庭院经济的冲击和破坏[①]。也就是说，城乡一体化不仅要求政府正确理解城乡一体化，而且要建立一定的渠道，倾

---

① 田刚等：《温总理警告各级官员不要强迫农民建设新农村》，《广东建设信息》2007年第4期。

听农民的呼声。没有这种渠道表达农民的要求，城乡一体化就极易演变成党政干部表现政绩的工程，而不是改善农民生存状况、保护农民权利的城乡一体化，这样的一体化只能将弱势的农民和落后的农村带入更加痛苦的深渊，激化社会矛盾。

建立有效的农民权利表达机制是降低沟通成本，实现农村社会和政府良性互动的重要途径。一个国家要保持国泰民安，必须要有强大的国防、雄厚的物质基础和民众对政府的信任，而民众对政府的信任是不可或缺的最根本的要求。目前我国农民普遍对政府持怀疑态度，说到底是一个信任问题。这个问题的产生一方面是因为农民居住分散，农民原子化一样的生存状态，村庄之间、农民之间马铃薯一样彼此缺乏丰富联系的社会关系[1]，决定了政府和单个的农民打交道的成本高昂；另外，现行的干部选拔和任命体制决定了一些政府工作人员更愿意听从上级政府和部门的指示，不愿意倾听民声，甚至强制农民完成任务或达到要求，根本不顾及农民的现实处境，这就造成农民对政府的信任问题，他们不愿意，甚至害怕表达自己的愿望。这两个方面使农民与政府沟通的成本过大，民意不能上传，农民缺乏表达权利的正常渠道。当他们的权利被侵蚀的时候，他们就会选择过激的方式。有了这种上传下达的沟通机制，能够增强农民对政府的信任，增强农民的权利意识。

建立有效的农民权利表达机制能够改变农民的身份认同，减少身份歧视。这里的身份认同包括两层含义。第一是指城市居民对农民的身份认同，第二是指农民对于自身的身份认同。城市居民和农民打交道有限，对农民的认识常常是根据报纸、电视、网络等媒介，对农民的认识形成刻板印象，对农民形成偏见和歧视。农民对自身身份的认知主要来自自己所处的农村环境和进城务工后所接触到的群体来定位自己，特别是在城市社会群体接触后，他们更强烈地感受到城乡权利之间的不平等，他们对自己的能力和地位也会产生一些错误的判断。没有有效的表达机制，农民无法述说自己，呈现集体失语状态。总而言之，城乡居民都根据对方来判断自己，对对方甚至对自己的认知不全面、不准确，存在着曲解。有了这样一个有效的平台，城市居民能够矫正对农民的曲解，从而能更正确地认识农

---

[1] 《马克思恩格斯选集》第3卷，人民出版社1995年版，第101页。

民；农民通过这样一个机制能够更全面地认识和定位自己，从而使农民权利的保护更加容易获得社会的认可。

三 城乡一体化中农民权利保护的责任主体和作用发挥

（一）国家的责任主体地位

责任主体即义务主体，国家的责任主体地位是一种角色责任、岗位责任，换言之，是一种提供保护农民权利的积极义务。城乡一体化中农民权利保护的责任涉及国家（政府）、城市单位、非政府组织、企业和城市市民个人，如果说农民权利保护属于社会共同责任本位，说明农民权利保护是一个众志成城的事业，但这并不意味着由国家（政府）、城市单位、非政府组织、企业和城市市民个人来平分保护责任。就目前而言，由于城市里面的单位、非政府组织、企业和城市市民个人无法承负起这种任务，至多能发挥一些局部从属角色。保护农民权利的主体，在目前情况下，只有国家才能成为责任主体。

强调国家的责任主体地位的原因体现在以下三方面。

国家是城乡一体化中农民权利保护的责任主体，责任更多地体现为政府责任，这是世界的通行做法和惯例。从权利发展的历史上看，农民权利的保护都是国家在发挥主要作用，国家积极介入，承担主要责任，在政治领域、经济帮助和法律援助等方面强制执行保护农民权利。

国家是城乡一体化中农民权利保护的责任主体，是因为国家权力来源于公民权利，农民是国家的主要群体。权利选择、决定、创造和批准权力，而不是权力选择、决定、创造和批准权利，权利是权力的唯一合法来源。国家权力来自公民授权。官员的选拔和任命，政府机构的设置和裁撤，都是基于人民的同意。国家承担起责任主体，是权力来源合法性的逻辑，只有担当起这个责任主体，才能树立并维持民众对它的"合法性"的信仰。

国家是城乡一体化中农民权利保护的责任主体，是由国家权力运行的目的决定的。权力的运行是以保护公民权利的实现为目的的，农民是国家公民的主要群体。"在其现实性上，权利从来就不是个人的抽象价值物，而是以权力为保障的社会性价值。"① 农民权利自身不具有实现的强制力,需要以司法、警察等国家权力强制机关为后盾。国家权力的配置和运行的目的就是协调权利之间的冲突摩擦,制止权利主体之间的相互侵犯,保护和实现公民的权利。

城乡一体化中农民权利保护的权利主体是农民,责任主体是国家,那么如何处理好两者之间的关系呢?

第一,处理国家权力与农民权利发生冲突的原则是控制权力,保护农民的权利不受侵害。公民的权利对应的是国家的义务,我国宪法的第一章"总纲"和第二章"公民的基本权利和义务"中绝大部分条款都是规定国家义务的,如:"国家保护城乡集体经济组织的合法的权利和利益""国家保护个体经济、私营经济等非公有制经济的合法的权利和利益""国家保护社会主义的公共财产""国家依照法律规定保护公民的私有财产权和继承权""国家发展社会主义的教育事业,提高全国人民的科学文化水平""国家保护和改善生活环境和生态环境,防治污染和其他公害""国家尊重和保障人权""国家保护正常的宗教活动"……宪法的每一项公民权利都意味着国家负有相应的义务,因此,当国家权力与农民权利发生对抗和冲突时,处理两者矛盾的首要价值目标和政策起点就是保护农民权利不受伤害。

第二,当权利的实现依赖于权力的时候,权力应该创造条件,为权利的实现开辟道路,提供更好的制度空间。责任主体应该更多地承担起政府职能转变、行政执法的合法性问题,以更好地为权利的实现提供服务。

第三,责任主体在制定政策和执行涉农政策的过程中,彰显农民权利的主体地位。国家在制定涉农政策时,应该具有农民权利意识,在为农民添加义务时,应该以权利为出发点;在执行涉农政策时,应该从保护和实现的角度出发,正确处理农民权利的实现和经济发展之间的关系,突出农民权利的主体地位。

第四,责任主体对权利主体的实现要舍得财政投入。当代的一切社会问题都和财政有关,从某种意义上说,社会问题就是财政问题。如果没有

---

① 胡海波:《正义的追寻——人类发展的理想境界》,东北师范大学出版社1997年版,第130页。

政府的财政支持，一切农民权利主体地位的实现都是无源之水、无本之木。国家的责任主体除了能够利用推动立法、管理和监督等方式维护农民权利之外，财政投入也是表达其责任主体的一个关键环节。农民的权利达到一种良好的状态实际上就是耗散结构（Dissipative structure），需要持续的能量供应才能维持这种结构。

第五，责任主体对权利主体所承担的责任是有限责任。农民权利存在的问题的确很多、很严重，对政府给予全部希望是不科学的，也是不应该的。政府承担的是有限责任，这个有限责任应该有上下限标准的界值，其上限是对农民权利的保护水准不能高于其他社会群体，以有效防止出现保护病或削弱农民及其产品的国际竞争力，下限是保护农民权利应该和政府可以动用的社会资源，和其所拥有财政能力相适应，也就是说要与政府的能力相适应，避免出现信任透支，出现对政府的信任危机。政府承担的责任份额如果超过了政府财政的负担能力，扩大了在农民利益保护中的责任，人为地提升权利保护水平，就会导致社会危机，影响政府的信誉。但是对于我们国家而言，主要是保护不足的问题。当然，任何一种农民权利保护的制度都不可能单独依靠政府来支撑，政府承担的是有限责任。

（二）国家责任主体地位的发挥

国家要处理好权利和权力之间的关系，同时也要充分发挥出国家作为责任主体的功能：

1. 公共物品的财政支持

十八届三中全会指出，财政是国家治理的基础和重要支柱，科学的财税体制是优化资源配置、维护市场统一、促进社会公平、实现国家长治久安的制度保障。

提供公共物品是国家的一项重要职能，是国家必须履行的重要职责，之所以在农民与国家的关系中强调国家的这一职能，在于公共物品的提供是一个资源分配的过程，有分配，必有对不同集团、阶层利益平衡的考量，而基于对农民权益的保护，国家在提供公共物品方面应起到的财政支持作用主要可以体现在以下几个方面：

（1）对建设新农村的财政支持。建设社会主义新农村是缩小城乡差距、全面建设小康的重大举措。全面建设小康社会的宏伟目标的重点和难点都在农村。《中国新农村建设报告》① 指出，与传统农村和计划经济时代的农村相比，"新农村"的特点是达到"五新"：新技术环境，指信息化时代下的新农村；新自然环境，即良好的生态环境；新体制环境，要在现代市场经济体制下和城乡统一制度下建设新农村，使农民获得新的权利；新的分工，推进农业现代化、工业化、城镇化建设；新居民主体，培养新型的农民。社会主义新农村建设要坚持城乡统筹发展，深化国民收入分配格局的调整，其中一个重要的环节就是把农村基础设施建设纳入公共财政范围，使农民生活受益于农村水利工程、路桥、供电、网络等基础设施建设，这需要国家财政的大力支持。另外需要指出的是，在完善农村基础设施、改善农民物质生活的基础上，国家还应该重视农民文化生活的改善，这是提高农民自身素质、普及文化和法律知识、转变与现代化不相适应的传统观念、提高农民生活质量的关键之所在，这需要国家和各级政府积极探索农村文化建设的长效机制，为农村文化建设提供财政和物质支持，为丰富农村文化生活提供资金、场所、设备等配套设施，引导农民在掌握最新知识和信息的同时，形成促进农村发展的良好的文化生活方式。

（2）对农民购买生产资料和农业生产等进行财政支持和补贴。购买农业机械的主要是农民，由于工农业产品价格存在"剪刀差"，很多国家都对农民购买农业机械实行政策补贴。比如日本政府对国家指定的重点和大、中型集中育秧设施、大型拖拉机和干燥、贮藏、加工等农业机械与设施补贴50%；法国政府对农民购买生产资料特别是农机具给予免税或资助，对农民购买农机具给予15%—25%的补贴，使用燃料给予免税等优惠待遇。② 美国《1973年农业和消费者保护法》规定农民种植谷物和棉花享受"补贴款"，以补偿市场的差价；为了降低亚洲金融风暴对农业的影响，美国政府颁布《2002年农业安全及农村投资法》，大幅度提高农业补贴。西方发达国家政府实行了不同程度的农业税收保护政策。加拿大规定向农户出售农业机械和农机维修零配件的一律免税；法国政府实行农用燃油减税15%的政策；美国政府农场主购买农用柴油是免税的，同时还

---

① 李佐军：《中国新农村建设报告2006》，《领导决策信息》2006年第9期。
② 龙腾广：《国外扶持农机的政策措施》，《农业技术与装备》1997年第3期。

对在住宅周围4公顷范围内使用的农用载重汽车实行汽油免税政策。[1]

我国也加强了农业财政扶持政策,以促进农业机械化的发展。十六大以来,我国先后出台了取消农业税、屠宰税、牧业税、农业特产税政策,对种粮农民直接补贴、良种补贴、农机具购置补贴、农业生产资料综合补贴,对主产区重要粮食品种实行最低收购价、测土配方施肥、农业政策性保险等为主要内容的农业政策。2006年我国全面取消农业税,减轻了农民的负担。但是,2012年我国城镇居民人均可支配收入24565元,农村居民纯收入7917元,城乡居民收入比为3.10∶1,城镇和农村居民的收入水平仍保持3倍以上的差距。[2] 这表明,农民收入仍不容乐观。国家对农业的财政支持仍然有很大的作为空间。国家应充分重视并继续发挥对农民权利的财政支持作用,持续下去,才能形成财政支持的综合成效。

(3) 加大对农村环保和科技兴农的财政支持力度。长期以来,我国对农业科学和技术的投入力度有限。我国人多地少,耕地严重锐减,经济发展对土地减少的威胁仍是耕地减少的主要威胁;城市污染下乡,农民日常生活产生的垃圾和工厂排放的污染物,严重影响耕地的质量和生态环境;WTO对外涉农贸易的国际标准,这些都要求我国提高农业的科技含量,利用科学技术来提高和保护农地的利用率以增加农产品的产量。加大对农业科研的财政支持力度、加强农业的技术发展力度和生态环保力度,已经成为当前农业发展的紧迫任务。

为改变长期以来农业一直不发达的状态,20世纪90年代开始,俄罗斯开始创新农业科研和技术体系。在全国广泛建立科研分支机构,共有63个育种中心、8个生物技术中心和工艺中心、28个设计所、53个实验工业企业、405个实验场(实验用地18.5万公顷);在建及拟建的有1个农业科学城、50多个企业孵化器和3个农业科技园。[3] 由于高科技强力推动,俄罗斯农业迅猛发展,经验值得借鉴。

(4) 为农村提供最低生活保障制度、公共卫生、义务教育财力支持。

---

[1] 龙腾广:《国外扶持农机的政策措施》,《农业技术与装备》1997年第3期。
[2] 徐晓红:《中国城乡居民收入差距代际传递变动趋势:2002—2012》,《中国工业经济》2015年第3期。
[3] 徐兴泽、龚惠平:《俄罗斯农业创新体系》,《复印报刊资料:农业经济导刊》2006年第11期。

在城乡一体化进程中，要以人为本，向农民提供基本的社会公共产品。

其一，财政支持和完善农村最低生活保障制度以及基本救济体系。为公民提供最低生活保障是世界惯例和通行做法，也是各个国家保护人权的普遍做法，最终目的就是维护公民最低的生存。我国的基本救济制度存在着救助面狭窄，标准低，救济金不能按时拨付等问题。国家应该通过加大对农村的转移支付力度，搭建起现代生活保障制度和救济体系。

其二，财政支持和完善农村基本的公共卫生保障制度。公共卫生制度是现代国家应该提供给其国民的一项基本制度。国家应该加大财政支持力度，积极筹划，建立起公共卫生突发事件应急管理体系、救助体系和责任体系。中国的农民工数量庞大，其人数比许多欧洲国家的人口基数还要多，还要大，公共卫生保障制度也应该涵盖这部分人群。

其三，财政完善农村基本的义务教育制度。国家对我国教育制度没有尽到应有的义务，中央政府和省级政府没有承担起应有的全部责任。世界上大部分国家承担起义务教育的全部费用，从财政上支持本国的义务教育，并且许多国家把义务教育延伸到高中阶段。我国中央财政应该加大对农村义务教育投入的力度，消除县乡财政负担。国家应该落实教育法对和教师所做的全部承诺，落实对教育拨款数额的承诺。特别是落实对农民工子女的财政支持力度，使他们能够在当地就地入学，任何学校不能以任何形式对农民工子女进行收费，实现同学同权。

2. 农业市场的财政调控

农业市场作为社会主义市场经济的重要组成部分，在我国的国民经济中占有举足轻重的地位，需要国家给予适当的引导、监督和调控。

（1）加强对农业信贷市场的调控。通过实行一系列信贷优惠政策，对农业给予财政支持。发达国家普遍建立了完善的农业信贷体系。美国政府通过农业信贷系统给农场主提供低息贷款，帮助农场主降低生产成本，发展生产。美国联邦银行、州银行、农场主合作银行和私人商业银行，每年向农场主提供贷款高达1100多亿美元，基本相当于美国每年的农业总产值。这些贷款可用于购买土地、兴建谷仓以及购买当年用的生产资料，有短期、中期和长期的期限之分，一般年利率为5%—9%，而面对青年农场主的贷款年利率只有2%；意大利政府通过农业信贷银行，以低于非农业贷款年利率（8%—10%）一半的低息（4%—5%）贷款给农民，期限一般为 5 年；在法国，农业贷款利率为 6%—8%（非农业贷款为 12%—14%），亦分短期、中期、长期三种。购买土地或进行基本建设的，则可得到 30 年的长期贷款；日本政府设立"农业改良资金"，提供无息贷款给采用新技术以及购买国家指定机械的农户，如果山区农户购买运输车辆，则可以提供原价 70% 的无息贷款，15—20 年还清。[1] 发达国家为了鼓励本国的农场主和农业企业提高农产品的收购价格，或者鼓励农产品出口，财政的巨大支持是通行做法。信贷机构向农民提供低息或无息信贷，信贷机构的信贷损失的利息差额由各国政府从财政中给予补贴。发达国家给予农产品的出口财政补贴差额占出口总额的 20%—30%，甚至个别年份高达 80%。[2]

(2) 建立农业保险以及对农业保险进行补贴来降低农业风险。农业属于弱质产业，农产品容易受到气候的影响，导致生产出现较大的波动，农业生产资料受市场价格的影响较大，任何一个农业环节出现纰漏，都会影响农民收入。农业保险可以减少自然带来的损失，对稳定农民生活具有重要作用。我国农村乡镇自从 1992 年设立保险所以来，农业保险一直收效甚微，出现保费收入减少、农业保险亏损的困难局面。这与保险公司对农业保险业务兴趣不大以及农民因收入低，参保意愿也低有关。从国外经验来看，实行政策性农业保险是普遍做法。美国的《农作物保险法》，日本的《农业灾害补偿法》，在全国范围内推行农业保险制度和农业灾害补偿制度。2000 年 6 月美国国会通过了《农业风险保护法》规定 5 年内提供总计 82 亿美元财政来补贴农业保险。投保方式可以采用自愿投保和强制投保相结合，强制对一些种类的农产品实行保险。日本明确规定对农、林、牧、渔等生产项目采取强制性保险；美国对农作物巨灾保险实行强制保险。

我国农村所体现的具体国情不同。农民收入较低，导致缴费能力较低和投保人员较少的困难局面，仅仅依靠农民投保来筹集农业保险基金缺乏可操作性。同时，农业保险具有费用率高和赔付率高的特点，商业保险公司对农业保险的业务积极性很小，导致现有的农业保险难以发挥其应有的

---

[1] 龙腾广：《国外扶持农机的政策措施》，《农业技术与装备》1997 年第 3 期。
[2] 姚莉：《论国外农业发展的财政政策支持》，《湖北社会科学》2006 年第 3 期。

作用。另外，我国农民每年因自然灾害造成的损失也非常巨大。2008年我国南方因为遭受低温雨雪冰冻的自然灾害造成的农业直接经济损失达940多亿元，四川地震造成重灾区农业损失400多亿元。[①] 农业经济发展的不确定性，使农业增产和农民增收艰难，直接影响到经济增长和社会稳定。我国应借鉴国外农业保险运作模式和经验，加快建立政策性农业保险，成立风险补偿基金，完善农民参保和风险赔付的财政补贴制度，形成商业保险和政策保险相互补充的保险体系。

（三）农民权利保护的法律确权

确权就是组织机构或行政机关对相应权利的确认。习近平指出，党的十八大强调，依法治国是党领导人民治理国家的基本方略，法治是治国理政的基本方式，要更加注重发挥法治在国家治理和社会管理中的重要作用[②]。城乡一体化中农民权利保护的法律确权，就是要求国家以法律法规或政策等形式将农民权利法律化、制度化，形成农民权利保护的法律或制度依据。农民作为公民的应享权利，已经明确地载入宪法和其他法律文件之中。但是无论是农民自身，还是现有的制度体系，都无法在城乡二元社会结构体制下实现与市民的平等权。因此需要国家发挥确权作用，用法律专门规定农民应享有的权利。

"公民在法律面前一律平等""国家尊重和保障人权"及第二章"公民的基本权利和义务"，这些都是农民作为公民应享有的我国宪法赋予的权利的法律依据，但宪法是从最抽象和最概括的意义上宣布对公民权利进行保护的，如果没有具体法律制度的支持，这些权利仍然只是法定权利，而不能成为现有权利。

1. 完善农民权利的相关立法

1978年以来，我国的立法工作取得巨大进步。但是从农民权利的角度出发，还有许多需要完善的地方：

---

① 孙政才：《国务院关于促进农民稳定增收情况的报告》，《中华人民共和国全国人民代表大会常务委员会公报》2008年第9期。

② 习近平：《在首都各界纪念现行宪法公布施行30周年大会上的讲话》，《人民日报》2012年12月5日第2版。

其一，违宪审查制度，建立违宪审查和违宪诉讼制度。

习近平同志说，"保证宪法实施，就是保证人民根本利益的实现。只要我们切实尊重和有效实施宪法，人民当家做主就有保证，党和国家事业就能顺利发展。反之，如果宪法受到漠视、削弱甚至破坏，人民权利和自由就无法保证，党和国家事业就会遭受挫折"①。"宪法的生命在于实施，宪法的权威也在于实施"②。

违宪审查制度是对违反宪法的行为或者文件进行违宪裁决并进行违宪制裁的制度。我国宪法没有规定侵犯宪法规定的权利应该受到的惩罚，以及惩罚过程的程序问题。也就是说，我国的宪法具有道德约束力却没有法律约束力，通过援引宪法来实现自己的权利，很难得到满足，远远没有达到当初宪法设计师们的理想和要求。在具体法律中没有规定，我国又没有违宪审查机制的情况下，当农民的人身权、劳动权、社会保障权等权利受到侵犯后，农民就无法通过司法程序来保护自己的权利。更为重要的是，这些权利保障上的不平等往往是明确写在一些地方法规和政府规章中的。因此，如果宪法不能直接进入司法程序，政策、制度等政府抽象行政行为就不能受到宪法的监督约束，宪法权威和尊严就很难维护，农民的基本权利就缺乏实现的保障。实际上，不只是农民的合法权利，其他主体的宪法权利受到侵害也同样缺乏维权的依据。农民的基本权利不应只是纸面上的权利，建立违宪审查机制，使司法审判机关能在公民基本权利受到侵害的诉讼活动中，直接援引宪法的有关规定作为裁判的依据，对于切实维护公民权利具有重要的意义。

所谓宪法诉讼制度，是指公民提起诉讼，主张公务人员和政府机构侵犯了宪法赋予的基本权利，要求进行司法救济，司法机关有权在没有适当的部门法适用时，主动援引宪法规范进行判决的制度，其实质就是通过钳制政府权力，保护私权免受公权的侵害。"其功能集中表现为促进国家与公民社会的和谐、国家机关内部之间的和谐以及国家中央政府与地方政府

---

① 习近平：《在首都各界纪念现行宪法公布施行30周年大会上的讲话》，《人民日报》2012年12月5日第2版。

② 同上。

之间的和谐等，使各种政治力量的意愿和利益都得到平等尊重和保护。"①

在宪法中对农民权利作出确权。"宪法就是一张写着人民权利的纸。"② 宪法的根本目的就是保护人权，基本任务就是防止权力滥用。农民因其人口众多和其独特的阶级性，农民问题的解决是关系到国家发展和稳定的大事。当前农民权利普遍缺失的根源在于国家权力对农民权利的忽视，其中一个重要表现就是立法上的缺位。我国宪法没有提出平等权的概念，如果说有平等权的话，就只有一句，就是"公民在法律面前一律平等"，这仅是一种法律适用的平等，而从内涵来看，平等权至少表现为：（1）公民的人格尊严平等，公民不得因性别、年龄、种族、信仰、财产、社会出身或其他身份等因素而被区别对待；（2）所有公民平等地享有宪法和法律规定的权利，平等地承担宪法和法律所规定的义务；（3）公民有权享受法律的平等保护，不受任何歧视。以宪法体现并确认国家权力与农民权利的关系，对保护农民权利的实现至关重要。只有这样，才能缓解农民处于弱势地位的程度，才能在农民权利受到侵害时有法可依。笔者认为，宪法应该明确确认农民的社会保障权等各项权利，这是国家根本大法的确认，然后再用具体的法律单列，使农民权利有一个实现和救济的具体依据，而不是仅仅停留在抽象的承诺上，比立法的意义更为重要。

其二，制定专门的《农民权利保护法》。

明确规定农民的政治权利、经济权利、社会权利和文化权利，对村民自治权、结社权、土地承包经营权、社会保障权、财产权、司法救济权、迁徙权等进行确权，明确侵害农民权利应当承担的行政、民事及刑事责任，使司法机关有章可循。在我国妇女有《妇女权益保障法》，残疾人有《残疾人保障法》，老年人有《老年人权益保障法》，少年儿童有《未成年人保护法》，工人有《工会法》，农民是弱势群体，需要有一个专门法律施以保护。我国现行《农业法》里面虽然有"农民权利保护"一章，但其内容注重于"收费""摊派""征税""集资"等经济行为规范层面上，没有直接涉及农民权利保护问题。制定单独的《农民权利保护法》，有利于将宪法中原则性的、粗线条的权利或者未规定的但是现实生活急需保护

---

① 胡肖华：《宪法诉讼原理》，法律出版社2002年版，第65页。
② 《列宁全集》第12卷，人民出版社1987年版，第50页。

的权利立法，规定农民权利保护的具体内容以及侵权所应该承担的责任；还可以详细弥补现行法律粗糙的农民权利保护内容，为农民权利侵权提供法律上的依据，方便诉讼；同时也可以把国家政策文件中关于农民权利的合理部分上升为法律，明确权力与权利、权利与义务、权利与责任的关系。总之，专门制定《农民权利保护法》不仅可以使农民的诸多权利得以确认，而且可以提高农民心理的自我认同和农民的社会地位。

其三，规范农村行政执法。

作为行政管理的重要方面，行政执法有广义和狭义之分。广义的行政执法，包括中央政府的所有活动，也包括地方政府的所有活动。[①] 狭义的行政执法，不包括行政机关行政立法行为和行政司法行为，指的是对特定的人和特定的事务采取措施并影响其权利义务的行为[②]。笔者认为行政执法，是指国家行政机关及其公职人员依照法定职权和程序行使行政管理权，贯彻实施国家立法机关所制定的法律的活动。这种理解实际上是一种狭义的理解，指的是具体执法。

农村行政执法包括公共安全管理、人口资源环境监管和农村市场管理三个方面，涉及农、林、牧、渔、水、电、路、教育、卫生等多个部门，包含计划生育、农药、畜禽检疫、饲料、草原、森林防火、环境污染、生态环境保护等众多内容，工作面广量大。农村行政执法工作人员代表国家权力直接与农民接触，对农民的权利产生直接作用和影响。我国农村行政执法目的是保障、规范农业的生产经营和农村发展为宗旨的，但在执法过程中存在着有法不依、执法不严、执法不公、多头执法、粗暴执法、胡乱执法等很多问题，导致农民的财产权、人身权受到侵犯屡见不鲜。农民是我国行政执法过程中受到侵害最为普遍和最严重的一个群体。具体表现为以下五个方面。

一是行政权与司法权不分，执法虚位。执法程序不严格、执法文书不规范。基层公安派出所经常做一些越俎代庖的事，方法粗暴，部分民警特权思想严重，侵害甚至剥夺农民权利。

二是农村行政执法法律机制尚未健全。行政执法主体也没有具体的权

[①] 许崇德、皮纯协：《新中国行政法学研究综述》，法律出版社1991年版，第293页。
[②] 杨惠基：《行政执法概论》，上海大学出版社1998年版，第1—3页。

责分配，导致行政调查权和行政处罚权都是同一个主体，自由裁量权过宽，同时，执法主体混乱、多头执法、政企不分、经营和监督不分、隶属关系混乱、功能错位、"空白"执法与"重叠"执法并存的现象也在相当程度上存在，而其直接后果就是执法工作从本部门利益出发，或者互相扯皮、推诿，或者争着去管，权责不明。

三是执法部门存在腐败现象，执法寻租。受权力主义和官本位思想的影响，一些农村行政执法人员不是依法执法，而是有法不依，以权谋私，利欲熏心，执法寻租，假公济私，贪赃枉法，致使群众意见极大。

四是粗暴执法，执法专横。执法为公、执政为民的理念缺乏，对群众傲慢无礼，不民主公正执法。执法时盛气凌人，居高临下，横行霸道，甚至无端打骂、羞辱农民，不考虑执法方式和后果，随意侵害农民的财产和人身权利，造成与群众对立。

五是执法人员专业素质低下。一些行政执法人员综合素质不高，学历程度低，法理不明，执法服务意识差，不能正确处理执法管理与执法服务之间的关系，没有设身处地为群众着想，有违执法宗旨和执法效益。

由于以上各种原因，农村行政执法在农民心中变质变味，使农民对基层政府的合法性产生了认同危机。其中最典型的情况就是农民害怕基层政府，厌恶基层的执法机关，对基层政府产生厌倦和不信任。对自己的权利受损，农民宁愿花费大量的人力、物力和财力上访，争取上级和中央政府的关注。由此可见，规范农村行政执法工作的严峻性和紧迫性。

这种状况是和美国相反的。随着美国整个政府信任下降的同时，中央政府信任下降更为严重，人们对地方政府的信任明显高于中央政府。因为在民主制度下，民众与地方政府的互动较多，影响决策的渠道也很多，因此，地方政府获得的政治信任高于中央政府。[①] 但是，在中国的情形由于行政执法中出现了问题，出现了反比例，农民对中央政府的信任度明显高于地方政府，并且农民对地方政府的信任度呈现出越来越低的发展趋势。我们在日常生活中很容易捕捉到农民的抱怨，"上边的领导人好，下边的领导人坏""歪嘴和尚念错了经""上边的政策很好，下边的干部太坏"等。这种现象的内在机制和政治后果是值得行政执法反思的。

---

① 赵树凯：《从信访制度看社会稳定机制》，《中国乡村建设》2009年第3期。

"国家和政府不能满足于仅仅赋予法院以必要的谴责侵犯人权的权威。认真对待人权的政府，必须实实在在地运用警察和行政机关保护无以自卫的公民和少数派免受多数派的侵害。"① 针对上述问题，规范农村行政执法应注意以下四方面问题。

一是规范行政执法的主体，规范执法活动，做到权责明确。执法权与经营权要分离，废止职责交叉或者与上位法相抵触的执法依据，明确行政执法工作的具体职责与主管部门，去模糊化，逐条明确行政许可、审查、确认、征收、处罚、给付和强制措施等各项规定，以公正的执法程序，杜绝对权力的随意运行，保障执法行为规范化和责任明确化。

二是加强执法人员的法律法规学习以及业务培训，加强党风建设和三大作风建设，提高行政执法人员的法律素养和道德品质。通过学习和培训，使行政执法人员知法懂法。农村行政执法人员只有通晓法律，具有相关知识才能有效执法。培训要严格管理，不能走过场。

三是建立行政执法的评议考核机制、监管机制，严格进行执法问责。严厉处罚侵犯农民人格尊严、侵害人身和财产权利的执法人员。

四是鼓励农村社会贤达、社会团体和组织、新闻舆论媒体、人民群众等对行政机关及其工作人员进行行政执法监督，建立和规范执法公示制度、听证制度、质询制度和评议制度，充分发挥监督作用，使执法工作受到政府和群众的共同评价和约束。

2. 健全司法救济制度

"从一定意义上说，公平正义是政法工作的生命线，司法机关是维护社会公平正义的最后一道防线。""决不允许让普通群众打不起官司。"②

"救济在权利之前，无救济即无权利。"这是一句英美著名的法律谚语。如果城乡一体化中侵犯农民权利的案件不能及时获得法律救济，那么法律的规定再完美也等于形同虚设。权利和司法救济紧密地连接在一起，不可分离。法治国家就意味着当公民的权利受到伤害无法得到弥补时获得

---

① [瑞士]托马斯·弗莱纳：《人权是什么？》，谢鹏程译，中国社会科学出版社2000年版，第105页。

② 《习近平出席中央政法工作会议：坚持严格执法公正司法》，《贵州法学》2014年第1期。

的司法支持，这是保护公民权利最重要最根本的通道，是构建和谐社会的根本性措施。没有救济的权利就意味着只能是空中楼阁。公民有获得司法救济的权利是现代民主法治国家的一项基本特征。

健全司法救济制度需要加强法律援助体系建设。《简明不列颠百科全书》中对法律援助的解释为："指在免费或收费很少的情况下，对需要专业性法律帮助的穷人所给予的帮助。"① 我国学者宫晓冰的定义更为具体："法律援助，是政府设立的法律援助机构组织法律援助人员和社会志愿人员，为某些经济困难的公民或特殊案件的当事人提供免费的法律帮助，以保障其合法权益得以实现的一项法律保障制度。"②

也就是说，法律援助是指国家通过建立和组织法律援助机构以及法律援助服务人员，以法制化的形式提供给社会弱势群体及其他相关人的一种司法救济，是律师等法律服务人员为弱势群体提供法律咨询、撰写法律文书、非诉案件调解、诉讼代理和刑事辩护等救济性的法律实务工作，这种救济是依法治国建设和谐社会的重要组成部分。

我国第一部全国性的援助法律《法律援助条例》在2003年正式颁布，结束了我国超大规模国家里却没有援助法律的历史。有了法律支撑，我国法律援助机构发展很快，人员的数量以及法律援助人员的专业水平都得到了迅速提高，据统计，2012年我国接受法律援助的案件迅速增长，有效地维护了妇女、儿童、残疾人和农民工等生活困难和弱势群体的合法权益。全国接受法律援助案件受援人数首次超过一百万件达到114万人，全国法律援助机构接受来访来电来信比2011年增长8%达到570万人次。③ 但是应该注意的是，这里没有提到农村的法律援助机构。

目前乡镇大都建立了法律援助工作站，但没有专人、专编和专项经费，司法所人员只有一至二人，靠这有限的人员、有限的精力、有限的经费，来从事日益繁重的基层法律援助，很难保证援助工作的效率和质量。法律援助中，采用的是实报实销制度，由于实际花费常常要高于理论花费，所以一些援助律师是自己掏腰包办案的。这在一定程度上影响了他们

---

① 《简明不列颠百科全书》第2卷，中国大百科全书出版社1985年版，第838页。
② 宫晓冰：《中国法律援助　制度培训教程》，中国检察出版社2002年版，第3页。
③ 周斌：《去年全国法律援助案首破百万》，《法制日报》2013年2月20日第5版。

办案的积极性。

（1）经费筹集渠道要走向多元化。没有经费支持的法律援助是一纸空文，不能可持续发展，财政拨款是解决我国援助经费不足的主要方式和管道，但仅仅依靠财政拨款是不够的。我国已建立了全国性的贫困群体法律援助基金会，这些基金也应该对农村地区开放。

（2）提高法律援助人员的数量和质量，解决数量和质量不能满足实际工作需要的问题。法律援助是维持社会和谐安定、秩序井然、有条不紊和化解社会矛盾和冲突的有力工具。我国目前存在着法律援助机构的工作人员管理水平有待提高，管理和协调能力不强，法律素质不高，处理问题力不从心，援助协调办理联动不够，使法律援助的职能作用没有充分发挥出来。这些都可以通过培训得以加强。

（3）扩大农村法律援助事项的范围，有重点地为农民提供专项法律援助。《法律援助条例》规定援助对象是经济困难或者特殊案件中未成年人或者聋、哑、盲者，或者被判处死刑而没有进行辩护的被告人；民事法律援助有以下六类人可以获得援助：见义勇为所产生的民事权利；请求国家赔偿的；要求获取劳动报酬的；请求办理社会保险或最低生活保障待遇的；要求偿付赡养费和抚养费的；主张发放养老金、抚恤金的。从这里可以看得出，这个法律援助条例远远解决不了城乡一体化中农民权利的缺失问题，因为它的援助范围是很狭窄的，援助的人群是有限的，这样就造成大量的案件得不到法律援助。应该面向农民权利，扩大援助事项，保护农民在城乡一体化中的权利，使权利受损得到主张。2006 年国务院"对申请支付劳动报酬和工伤赔偿法律援助的，不再审查其经济困难条件"的规定出台后，增多了农民工维护自己权利的机会，对我们有重大启示[①]。

（4）建立专门面向农民的法律援助机构。建立这种专门机构可以使城乡一体化中的农民有寻求法律援助的归属感，便于农民寻求专业的法律援助；也有利于有针对性的、专业的法律援助者为农民提供高效的法律服务；有利于集中解决农民所面临的共同法律问题；而且，这一做法能够使法律服务资源直接再分配给农民群体，使其享受这种再分配，有助于其感受到真正实现社会公正为期不远。

---

① 王宇：《中国法律援助现状调查》，《法制日报》2006 年 8 月 31 日第 8 版。

(5) 要引导各种律师、志愿者关注法律援助并投身到法律援助中去。将律师从事法律援助视为律师界和律师社团的意向责任和义务。美国要求律师必须每年从事50个小时的法律援助工作,加利福尼亚州的律师协会将每年的5月当作免费服务月。加拿大则规定律师可以收取援助费用,但是对从事法律援助的最高收费做了法律规定,要求收费要比平时低廉;澳大利亚等国家的义工组织发达,有大量义工参与到法律援助行动中来,这样就可以降低法律援助费用[1]。

(四) 走集体化道路,发展集体经济

所谓农业集体经济,按照赵智奎等人的观点,就是集体成员共同劳动,共同拥有农业生产资料并且劳动成果由集体分配[2]。集体经济是一种公有制经济形式,我国是在20世纪50年代中期在开展合作社和公私合营运动中将其应用到农村和城市,这样就演变成了我国的农村和城市集体经济所有制。

邓小平在肯定家庭联产承包责任制的基础上提出了农业的发展方向是集体化道路的思想。在1980年5月针对有人担心搞包产到户是否会影响集体经济时,他说,"我看这种担心是不必要的。我们总的方向是发展集体经济"[3]。1990年3月,邓小平在与江泽民等同志谈话时说,"中国社会主义农业的改革和发展,从长远的观点看,要有两个飞跃。第一个飞跃,是废除人民公社,实行家庭联产承包为主的责任制。这是一个很大的前进,要长期坚持不变。第二个飞跃,是适应科学种田和生产社会化的需要,发展适度规模经营,发展集体经济。这是又一个很大的前进,当然这是很长的过程"[4]。邓小平的第一个飞跃思想,是对家庭联产承包责任制的肯定,第二个飞跃是对第一个飞跃的超越,科学指出了集体经济是家庭联产承包责任制之后的发展方向和农业的最终出路。两个飞跃既是对改革开放以来农业发展经验的总结,又对21世纪农村发展具有科学前瞻性的

---

[1] 宫晓冰主编:《各国法律援助理论研究》,中国方正出版社1999年版,第318页。
[2] 赵智奎、彭海红:《邓小平的农业集体经济思想》,《毛泽东邓小平理论研究》2007年第5期。
[3] 《邓小平文选》第2卷,人民出版社1994年版,第315页。
[4] 《邓小平文选》第3卷,人民出版社1993年版,第355页。

指导意义。

关于两个飞跃之间的关联,赵智奎认为,从第一个飞跃到第二个飞跃是一个前进、发展的过程。第一个飞跃是基础,第二个飞跃是目标和方向。两个飞跃都贯穿着"调动农民积极性"和"因地制宜"的思想。①

周新城先生指出,农业现代化是按照社会主义的原则还是按照资本主义的原则来组织,这是一个不能回避的问题。② 实现农业现代化,抑或大环境是家庭联产承包责任制的背景下,有没有必要搞集体经济,走集体化道路?

2012年夏,笔者曾经跟随《史来贺精神和刘庄村之路》课题组到刘庄调研。刘庄给笔者的震撼是非常大的,它远远超出了笔者心目中的农村应该具有的景象,使笔者更加深刻地感悟到走集体经济道路的魅力。刘庄村位于黄河古道,在旧社会,刘庄是方圆十里最穷的村庄,住的是土墙房,一年之中刘庄人有半年要吃糠菜,是一个名副其实的"长工村"。1978年12月,十一届三中全会以后,农村开始推行家庭联产承包责任制,刘庄党支部在史来贺的带领下,从本村实际出发进行改革,始终坚持发展集体经济,刘庄被建设成为富裕、民主、文明的社会主义现代化新农村。这里新建的现代化农民公寓,每家每户都有总面积472平方米的四层楼房,人均居住面积120平方米;每户都配有花园、车库、现代化家具,每户都安装有中央空调、宽带网、闭路电视、电话,实行集中供热和供气制度。刘庄坚持走集体化道路发生了翻天覆地的变化,成了一个闻名世界的"红色亿元村",当时真是产生了申请成为刘庄村农民的冲动。还有其他的走集体经济道路的农村,如北京的韩村河村、山东的西霞口村、辽宁的后石村、江苏的华西村、河南的南街村、湖北的洪林村、江西的进顺村,等等。这些都表明,邓小平农村集体经济思想所具有的魅力,走集体化道路的优越性。农业集体经济是农民实现共同富裕的制度基石。

走集体化道路,能够充分实现农民的政治权利、经济权利、文化权利

---

① 赵智奎:《集体经济:农业改革和发展的方向》,http://marxism.org.cn/blog/u/29/archives/2009/260.html。

② 周新城:《中国农业的最终出路:集体化》,《徐州工程学院学报》(社会科学版)2012年第11期。

和社会权利。马克思在1859年完成的《〈政治经济学批判〉序言》中说："人们在自己生活的社会生产中发生一定的、必然的、不以他们的意志为转移的关系,即同他们的物质生产力的一定发展阶段相适合的生产关系。这些生产关系的总和构成社会的经济结构,即有法律的和政治的上层建筑竖立其上并有一定的社会意识形态与之相适应的现实基础。物质生活的生产方式制约着整个社会生活、政治生活和精神生活的过程。不是人们的意识决定人们的存在,相反,是人们的社会存在决定人们的意识。社会的物质生产力发展到一定阶段,便同它们一直在其中运动的现存生产关系或财产关系(这只是生产关系的法律用语)发生矛盾。于是这些关系便由生产力的发展形式变成生产力的桎梏。那时社会革命的时代就到来了。随着经济基础的变更,全部庞大的上层建筑也或慢或快地发生变革。"[①] 这里明确说明了经济基础和上层建筑的关系。没有集体经济,农民的政治权利、经济权利、文化权利和社会权利就变成无源之水,无本之木。根据刘庄发展集体经济发展道路可以看出,刘庄已经实现了就地城市化,就地实现了城乡一体化。集体经济的实质是包括劳动联合和资本联合的合作经济。在村庄内部,人们的生活水平和精神风貌大致相同。这种就地城市化,这种就地城乡一体化,没有了传统的城乡一体化给农民带来的权利受损和剥夺,从而更好地维护了农民的利益,保护了农民的各种权利,使他们免受城乡一体化中权利受损的负面影响。

未来农村走集体经济道路是一个科学的方向。集体经济实际上就是集体主义思想在实践中的真实写照和再现,走集体经济道路最大的问题是让农民具有集体主义思想,关键是让农民尝到甜头。建立集体经济组织可以由目前农村存在的农民专业合作社开始,慢慢引导农民走合作化道路,让老百姓尝到甜头,最后才能形成集中力量办大事的集体经济制度。

由目前众多、分散的农民专业合作社到建立农村集体经济制度所需要的时间会很长,我们应该汲取新中国成立后合作社运动的历史经验教训,步伐不能太快,不能超越农民的接受能力。政府在这个过程中要坚持,对农民合作社采取引导而不是领导、扶持而不是干预的方针,为农民专业合作组织走集体化道路,最终走向真正的集体经济,创造和建立宽松良好的

---

① 《马克思恩格斯选集》第2卷,人民出版社1995年版,第33页。

外部制度环境和政策环境创造条件。

（1）认真学习邓小平的"两个飞跃"思想，提高政府部门对发展农村集体经济重要性和必要性的认识。周新城和赵智奎[①]都发现了许多干部并不知道什么是"两个飞跃"，因此要提高对集体化道路的认识必须加强马克思主义农业集体经济理论的学习，提高对培育和加强农民专业合作社的重要性和必要性的认识，消除社会中存在的农民思想素质太差办不了自己的社团组织、农民有了自己创办的社团组织不利于社会的和谐稳定、政府就能代表农民的利益没有建立农民合作社的必要等错误偏执思想。

（2）农民专业合作社承担了有利于社会和谐与公平的功能，政府在政策上应该给他们提供优惠。由于农民合作社所具有的互助性特点，使其具有促进社会公平和维护社会和谐的特点，因此无论是发展中国家还是发达国家，一般都给予其优惠政策，对之进行低税、免税优待是通行做法。例如，美国对农业合作组织的征税大约只有美国工商企业的三分之一，对其纯收入部分也是按照单一税原则进行征收的。就台湾地区的合作社而言，工商部门可以依据台湾地区的合作社法第七条免征其所得税和营业税[②]。建议税收给农业合作社税费优待，注册只收取工本费，三年免征或者减征所得税和营业税；政府服务"三农"项目，比如将农业科技推广项目、农业产业化项目、农村环保项目、饮水工程和灌溉项目、农产品安全项目等给予农民合作社，或者让其参加，在鼓励工商资本到农村发展现代种养业时，引导他们与农民合作社合作，创造各种机会发展壮大合作社。

（3）财政上给予农民专业合作社资助。西方国家给予合作社的财政支持是相当广泛的，比如提供办公用地用房、贷款、补贴、投资、订货合同、赠款等，这些实际上都是对农民组织的支持。意大利对农业合作社的支持就具有很强的代表性，意大利政府对非合作社贷款的利率在15%—25%，但是对合作社的贷款却非常优惠，仅为4%—5%。如果合作社购

[①] 周新城：《中国农业的最终出路：集体化》，《徐州工程学院学报》（社会科学版）2012年第11期。赵智奎：《集体经济：农业改革和发展的方向》，http://marxism.org.cn/blog/u/29/archives/2009/260.html。

[②] 夏英：《各国政府与合作社的关系及政策定位》，《中国合作经济》2004年第4期。

买农业机械，政府会给予财政补贴。如果合作社购买国产农机，贷款利率可以降到3%。合作社还可以得到能源部门的农业用油的支持，价格也比城市低50%，用电价格也比非农用电优惠三分之一。① 这些财政支持的方法，值得我们借鉴。我国政府也可以安排一定的财政资金，或者在农业发展基金中拿出一部分，专项扶持农民合作社。

（4）为农民专业合作社提供教育和技术援助。对农民专业合作社的教育培训和技术输出，有利于合作社的发展和壮大，具有基础性作用。日本政府拨出专款用作合作社的教育培训，通过举办培训和讲座，加强合作社会员的理念、理论和专业技术知识。各都道府县还设立学园和研修馆，对合作社干部和会员进行定期培训。② 我们也要重视对农民专业合作社的教育培训和技术援助，对其进行理论、理念教育和技术培训，兴办培训学校，加强掌握相关的理论和技术辅导，提高合作社社员的素质。

---

① 洪远明：《合作经济的理论与实践》，复旦大学出版社1996年版，第94—96页。
② 同上。

参考文献

一 中文著作（含译著）

《马克思恩格斯选集》第1—4卷，人民出版社1995年版。

《列宁选集》第1—4卷，人民出版社1995年版。

《毛泽东选集》第1—4卷，人民出版社1991年版。

《邓小平文选》第1—2卷，人民出版社1994年版。

《邓小平文选》第3卷，人民出版社1993年版。

《江泽民文选》第1—3卷，人民出版社2006年版。

张晓山：《马克思、恩格斯、列宁、斯大林论农业、农村、农民》，中国社会科学出版社2013年版。

［美］艾尔·巴比：《社会研究方法》（第11版），邱泽奇译，华夏出版社2009年版。

［德］康德：《法的形而上学原理——权利的科学》，沈叔平译，商务印书馆1991年版。

［法］孟德拉斯：《农民的终结学》，李培林译，社会科学文献出版社2005年版。

［美］罗伯特·芮德菲尔德：《农民社会与文化：人类学对文明的一种诠释》，王莹译，中国社会科学出版社2013年版。

［美］庞德：《通过法律的社会控制法律的任务》，沈宗灵、董世忠译，商务印书馆1984年版。

［美］詹姆斯·C. 斯科特、刘东等：《农民的道义经济学：东南亚的反叛与生存》，译林出版社2013年版。

［美］詹姆斯·C. 斯科特：《弱者的武器》，郑广怀、张敏、何江穗译，

译林出版社 2007 年版。

［英］弗兰克·艾利思：《农民经济学——农民家庭农业和农业发展》，胡景北译，上海人民出版社 2006 年版。

本书编辑组：《迈向生态文明新时代：贵阳行进录（2007—2012 年）》，中国人民大学出版社 2013 年版。

操家齐：《国家现代化与农民工权利演进》，浙江大学出版社 2016 年版。

陈胜祥：《中国农民土地产权幻觉研究》，中国社会科学出版社 2015 年版。

陈天宝：《农村产权制度改革》，中国社会出版社 2008 年版。

陈文珍、叶志勇：《社会主义新农村文化构建》，湖南师范大学出版社 2010 年版。

陈锡文、赵阳等：《中国农村制度变迁 60 年》，人民出版社 2009 年版。

陈昭玖：《社会主义新农村建设理论与实践研究》，中国农业出版社 2006 年版。

程燎原、王人博：《权利及其救济》，山东人民出版社 1998 年版。

仇晓洁：《中国农村社会保障财政支出问题研究》，中国社会科学出版社 2012 年版。

崔红志等：《新型农村社会养老保险制度适应性的实证研究》，社会科学文献出版社 2012 年版。

崔瑛、张焱、张怡帆：《农村土地流转与农民养老》，立信会计出版社 2016 年版。

董青青等：《农村社会保障：制度解读与操作》，中国财政经济出版社 2013 年版。

范丽珠等：《乡土的力量：中国农村社会发展的内在动力与现代化问题》，上海人民出版社 2014 年版。

范丽珠等：《中国北方农村社会的民间信仰》，上海人民出版社 2013 年版。

费孝通：《乡土中国》，上海世纪出版集团、上海人民出版社 2007 年版。

封铁英：《土地流转背景下新型农村社会养老保险研究》，西安交通大学出版社 2013 年版。

冯虹：《中国农民工发展状况及管理机制研究》，广西师范大学出版社 2016 年版。

高建民：《当代中国农民与农村经济社会矛盾分析》，中国经济出版社 2009年版。

国家统计局农村社会经济调查司：《中国农村统计年鉴（2012）》，中国统计出版社 2012 年版。

国务院法制办公室：《中华人民共和国三农法典》，中国法制出版社 2016年版。

何忠伟：《北京农民专业合作社发展模式研究》，中国农业出版社 2016年版。

何忠伟等：《我国农业补贴政策速查手册》，金盾出版社 2012 年版。

贺雪峰：《地权的逻辑：中国农村土地制度向何处去》，中国政法大学出版社 2010 年版。

贺雪峰：《乡村社会关键词：进入 21 世纪的中国乡村素描》，山东人民出版社 2010 年版。

贺雪峰：《新乡土中国》，北京大学出版社 2013 年版。

胡明生：《农村党组织建设》，中国法制出版社 2008 年版。

胡勇：《农村社会保障体系研究》，农业出版社 2009 年版。

黄维民：《完善我国西部农村少数民族社会保障的战略考量》，中国社会科学出版社 2014 年版。

焦克源等：《西部新型农村社会救助制度研究》，中国社会科学出版社 2012 年版。

金观涛、刘青峰：《开放中的变迁：再论中国社会超稳定结构》，法律出版社 2011 年版。

金维刚：《中国农民工政策研究》，社会科学文献出版社 2016 年版。

金雁、秦晖：《农村公社、改革与革命》，东方出版社 2013 年版。

蒯小明：《中国农村社会救助发展中的国家责任研究》，首都经济贸易大学出版社 2009 年版。

李丹、刘东等：《理解农民中国》，凤凰出版传媒集团、江苏人民出版社 2009 年版。

李江涛、汤锦华主编：《广州农村发展报告（2013）》，社会科学文献出版社 2013 年版。

李经中、高天等：《农之梦与中国梦》，上海交通大学出版社 2013 年版。

李明:《中国农村政治发展与农村社会治理研究》,知识产权出版社2011年版。

李培林:《村落的终结:羊城村的故事》,商务印书馆2010年版。

李瑞芬:《农民专业合作社工作手册》,金盾出版社2013年版。

李铁:《城镇化是一次全面深刻的社会变革》,中国发展出版社2013年版。

梁漱溟:《乡村建设理论》,上海人民出版社2011年版。

梁治平:《寻求自然秩序中的和谐——中国传统法律文化研究》,中国政法大学出版社1997年版。

刘建勋:《中国农村社会金融信用及其治理机制研究》,中国金融出版社2011年版。

刘金伟:《当代中国农村卫生公平问题研究》,社会科学文献出版社2009年版。

刘进军、柳民、王建兵:《甘肃县域和农村发展报告(2016)》,社会科学文献出版社2016年版。

卢春龙:《中国农民政治信任的来源》,社会科学文献出版社2016年版。

鲁可荣、王景新:《中国城乡基层社会组织发展与管理研究》,中国社会科学出版社2010年版。

吕世辰:《农村土地流转制度下的农民社会保障》,社会科学文献出版社2012年版。

吕亚荣:《农村社会经济调查方法》,中国人民大学出版社2010年版。

梅仲协:《民法要义》,中国政法大学出版社1998年版。

米红、赵殿国:《海峡两岸农村社会保险理论与实践研究》,华龄出版社2011年版。

米正华、李燕凌:《行政体制与农村社会管理创新》,北京理工大学出版社2013年版。

民政部社会工作司:《农村社会工作研究》,中国社会出版社2011年版。

农业部农村经济研究中心:《农村改革发展与全面建成小康社会》,中国农业出版社2013年版。

农业部农村社会事业发展中心、国务院发展研究中心:《重返绿色田野 创造事业辉煌——2016汇川农民工返乡创业论坛文集》,中国农业出版社

2016年版。

农业部新型职业农民培育规划教材组：《农民素养与现代生活》，中央农业广播电视学校2016年版。

彭拥军等：《走出边缘：农村社会流动的教育张力》，华中科技大学出版社2011年版。

全国干部培训教材编审指导委员会：《社会主义新农村建设》，人民出版社、党建读物出版社2011年版。

全国哲学社会科学规划办公室：《国家社会科学基金〈成果要报〉汇编（2011年）》，学习出版社2012年版。

任运昌：《农村留守儿童政策研究》，中国社会科学出版社2013年版。

上海市农村经济学会：《农民的呼唤》，上海社会科学院出版社2016年版。

石峰：《非宗族乡村：关中"水利社会"的人类学考察》，中国社会科学出版社2009年版。

孙浩：《农村公共文化服务有效供给研究》，中国社会科学出版社2012年版。

孙君：《农道——没有捷径可走的新农村之路》，中国轻工业出版社2011年版。

孙雷：《上海"三农"决策咨询研究：2011年度、2012年度上海市科技兴农软课题研究成果汇编》，上海财经大学出版社2013年版。

谭同学、王首燕：《金钱的傲慢与社会的偏见：当代乡村社会建设与社区互助研究》，社会科学文献出版社2013年版。

唐珂：《美丽乡村：亿万农民的中国梦》，中国环境出版社2013年版。

陶建杰：《中国新生代农民工研究》，上海交通大学出版社2016年版。

万江红等：《中国农村民间金融组织研究》，中国社会科学出版社2013年版。

王立胜：《中国农村现代化社会基础研究》，人民出版社2009年版。

王晓毅：《转型时期的农村社会冲突》广东省出版集团2009年版。

韦冬雪、谭丹菊等：《铸造新农村之魂：以社会主义核心价值体系引领当代新农村的新发展》，广西师范大学出版社2011年版。

邬志辉：《中国农村教育发展报告2015》，北京师范大学出版社2016年版。

熊德平：《农村金融与农村经济协调发展研究》，社会科学文献出版社2009

年版。

徐勇、邓大才等：《中国农民状况发展报告 2012（经济卷）》，北京大学出版社 2013 年版。

徐勇、邓大才等：《中国农民状况发展报告 2014（政治卷）》，北京大学出版社 2015 年版。

徐勇：《中国农村与农民问题前沿研究》，经济科学出版社 2009 年版。

徐勇：《中国农民的政治认知与参与》，中国社会科学出版社 2012 年版。

徐勇、邓大才等：《中国农民状况发展报告 2013（社会文化卷）》，北京大学出版社 2014 年版。

薛惠元：《新型农村社会养老保险风险管理研究》，中国社会科学出版社 2013 年版。

严军兴、程维峥等：《社会转型与农村纠纷解决机制研究》，中国方正出版社 2010 年版。

杨沛英：《创新农村社会管理》，社会科学文献出版社 2012 年版。

殷允杰：《我国农村社会保障问题研究》，经济管理出版社 2012 年版。

应瑞瑶等：《江苏农民专业合作组织发展报告（2012）》，科学出版社 2013 年版。

张和清：《农村社会工作》，高等教育出版社 2008 年版。

张红梅：《中国农村社会养老保险商业化运作模式研究》，社会科学文献出版社 2012 年版。

张建云：《农业现代化与农村就地城市化研究：关于当前农村就地城市化问题的调研》，中国社会科学出版社 2012 年版。

张丽琴：《乡村社会纠纷处理过程的叙事与反思》，中国社会科学出版社 2013 年版。

张亮：《河北省新型职业农民培育研究》，中国农业出版社 2016 年版。

张启翔：《中国观赏园艺研究进展（2016）》，中国林业出版社 2016 年版。

张文显：《法学基本范畴研究》，中国政法大学出版社 1993 年版。

张晓山等：《中印农村社会保护比较》，社会科学文献出版社 2011 年版。

章群、黄珣等：《回应型社会中农村利益平衡法律机制的重构》，法律出版社 2008 年版。

赵慧珠：《中国农村社会政策初步研究》，中国农业出版社 2008 年版。

赵君:《当代中国新农村建设社会问题研究》,郑州大学出版社 2010 年版。

赵曼:《农村社会保障制度研究丛书:农村救灾机制研究》,中国劳动社会保障出版社 2012 年版。

赵曼等:《农村社会保障制度研究》,经济科学出版社 2012 年版。

赵泉民:《政府·合作社·乡村社会:国民政府农村合作运动研究》,上海社会科学院出版社 2007 年版。

赵淑芹:《土地对第三代农民发展的供养问题研究》,清华大学出版社 2016 年版。

郑卫东:《农村社区政府购买公共服务研究》,中国社会科学出版社 2012 年版。

郑晓云、郑天一:《社会资本与农村发展》,中国社会科学出版社 2009 年版。

中国社会科学院农村发展研究所、国家统计局农村社会经济调查司:《中国农村经济形势分析与预测(2012—2013)》,社会科学文献出版社 2013 年版。

周大鸣:《告别乡土社会:广东农村发展 30 年》,广东省出版集团、广东教育出版社 2008 年版。

周秋光、王猛等:《中国农村社会保障的理论与实践》,中国社会出版社 2011 年版。

周天勇:《中国梦与中国道路》,社会科学文献出版社 2011 年版。

朱名宏:《广州蓝皮书——广州农村发展报告(2016)》,社会科学文献出版社 2016 年版。

二 英文著作

Bongartz, Heinz. Saarbrücken, *Self – help Organizations in Rural Java: A Case Study on Usaha Bersama Groups in Indonesia*, Germany: Fort Lauderdale, U. S. A.: Breitenbach, 1989.

Hillman, Ben. *Patronage and Power: Local State Networks and Party-style Resilience in Rural China*. Standford: Standford University Press, 2014.

Wegren, Stephen K. *Rural Inequality in Divided Russia*, New York: Routledge, 2014.

Chichester, *International Perspectives in Rural Sociology*, New York: Wiley, 1978.

Farnham, *Rural Change in Australia: Population, Economy, Environment*, Surrey: Ashgate Publishing Limited, 2014.

Khosla, Dinesh. *Myth and Reality of the Protection of Civil Rights Law: A Case Study of Untouchability in Rural India*, Delhi: Hindustan Pub. Corp. (India), 1987.

Bolchover, Joshua. *Rural Urban Framework: Transforming the Chinese Countryside*, Basel: Birkhäuser, 2014.

Lanham Fulkerson, Gregory M. *Studies in Urbanormativity: Rural Community in Urban Society*, MD: Lexington Books, 2014.

Rural and Urban Sustainability Governance, New York: United Nations University Press, 2014.

Saville, John, *Rural Depopulation in England and Wales*, London, Routledge & K. Paul, 1957.

Action Sociology and Dynamics of Rural Development, Delhi: Published for Sulabh International Centre for Action Sociology by Ajanta Publications (India): Distributed by Ajanta Books International, 1989.

Reeves, Madeleine. B*order Work: Spatial Lives of the State in Rural Central Asia*, Ithaca: Cornell University Press, 2014.

Our Common Heritage? Farmers' Rights to Plant Genetic Resources in Sri Lanka. Colombo: Law & Society Trust, 2007.

Bennett, Edmund Hatch, *Farm Law: A Treatise on the Legal Rights and Liabilities of Farmers*, Littleton, Colo. : F. B. Rothman, 1996.

Kaufman, S. Roy (Sherman Roy), Eugene. *Healing God's Earth: Rural Community in the Context of Urban Civilization.* Oregon: Wipf & Stock, 2013.

Vlassoff, Carol. *Gender Equality and Inequality in Rural India: Blessed with a Son.* New York, NY: Palgrave Macmillan, 2013.

Daniel, Pete. *Dispossession: Discrimination Against African American Farmers in the Age of Civil Rights*, Chapel Hill: University of North Carolina

Press, 2013.

Awan, Amna. Cambridge, *Microfinance Banking in Rural Pakistan*. Mass.: John F. Kennedy School of Government, 2013.

Alberro, Luis. Cambridge. *Valuating a Microsavings Intervention in Rural Mexico*, Mass.: John F. Kennedy School of Government.

Bell, John D., *Peasants in Power: Alexander Stamboliski and the Bulgarian Agrarian National Union*, Princeton, N.J.: Princeton University Press, 1977.

Verwimp, Philip. *Peasants in Power: the Political Economy of Development and Genocide in Rwanda*. Dordrecht: Springer Dordrecht, 2013.

Global Villages: Rural and Urban Transformations in Contemporary Bulgaria, London: Anthem Press, 2013.

An Introduction to the Sociology of Rural Development, Long, Norman. London: Tavistock, 1977.

Crook, Isabel. P*rosperity's Predicament: Identity, Reform, and Resistance in Rural Wartime China*. Lanham, Maryland: Rowman & Littlefield, 2013.

Savirimuthu, Joseph. *Farmers' Rights: Lessons for Policymakers in South Asian Developing Countries*. Jaipur: CUTS Centre for International Trade, Economics & Environment, 2003.

Wakhungu, Judi Wangalwa. *Whither Farmers' Rights? Reflections on Kenya's Seed and Plant Act*, Nairobi, Kenya: ACTS press, African Centre for Technology Studies, 2004.

Andersen, Regine, *The Plant Treaty and Farmers' Rights: Implementation Issues for South Asia*, Kathmandu: South Asia Watch on Trade, Economics & Environment, 2009.

Girsberger, Martin A. *Biodiversity and the concept of Farmers' Rights in International Law: Factual Background and Legal Analysis*. Bern; New York: P. Lang, 1999.

Farmers' Rights to Livelihood in the Hindu-Kush Himalayas, Kathmandu: SAWTEE, 2003.

*Community, Farmers' and Breeders' Rights in Southern Africa: Towards a

Framework for a Sui Generis Policy and Legislation. Harare, Zimbabwe: IUCN, Regional Office for Southern Africa, 2002.

Roorbach, Bill. Temple Stream: A Rural Odyssey. New York: Dial Press, 2005.

Fan, Jie. Rural China: Economic and Social Change in the Late Twentieth Century, Armonk, N. Y. : M. E. Sharpe, 2006.

Sahoo, K. (Khali). Rural Development: Scheduled Castes & Scheduled Tribes. New Delhi: Classical Pub. Co. , 2005.

Rural Governance: International Perspectives. London; New York: Routledge, 2007.

Vinod Kumar, Dr. Rural Development: Energy Perspective, Jaipur: ABD Publishers, 2007.

Angelides, Christina E. Rural Realities: Participation in the Development of China's Rural Healthcare System, 2006.

Rural Development: Macro-micro Realities, National Seminar on Rural Development and Paradigm Shift in Policies, Programmes and Strategies. Jaipur:Rawat Publications, 2007.

Rural Ageing: A Good Place to Grow Old? Bristol: Policy Press, 2008.

Rollinson, Paul A. Homelessness in Rural America: Policy and Practice. New York: Haworth Press, 2006.

Adult Education in the Tural Context: People, Place, and Change. San Francisco: Jossey-Bass, 2008.

Beames, Michael. Sussex: Peasants and Power: The Whiteboy Movements and their Control in Pre-famine Ireland. New York: Harvester Press ; St. Martin's Press, 1983.

Sokolovsky, Joan. Peasants and Power: State Autonomy and the Collectivization of Agriculture in Eastern Europe Boulder: Westview Press, 1990.

三 中文论文、报纸、网站

陈永生:《刑事程序中公民权利的宪法保护》,《刑事法评论》2007 年第 1 期。

邓蓉：《农村产权制度改革后的村级治理结构建设初探——以都江堰市农村产权制度改革试点为例》，《成都行政学院学报》2009年第1期。

董秀娟、王玉：《"三农旅游"对农村闲置劳动力的吸纳作用探析》，《农业经济》2016年第9期。

杜承铭：《人权本源宪政理念的冲突与调适——我国加入〈公民权利和政治权利国际公约〉的宪法调整问题》，《武汉大学学报》（哲学社会科学版）2005年第5期。

冯颜利：《马克思主义人权论》，《马克思主义研究》2006年第7期

高仁：《经济和社会权利：中国法院的作用》，《中国外资》2014年第4期。

龚云：《集体经济：社会主义新农村的发展方向》，《武陵学刊》2011年第3期。

龚云：《新中国60年农业发展的成就与经验》，《高校理论战线》2009年第9期。

郭昌盛：《中国农民工的公民权利现状》，《天津市工会管理干部学院学报》2005年第1期。

韩俊、曹杰：《将农民受益作为评判农村制度建设的关键》，《中国合作经济》2009年第12期。

韩喜平、杨艺：《中国农村制度变迁的路径与成效》，《求是学刊》2009年第4期。

贺方彬：《中国特色社会主义民生权利及其制度保障》，《理论导刊》2014年第1期。

胡金林：《我国城乡一体化发展的动力机制研究》，《农村经济》2009年第12期。

胡连生：《公民权利本位：现代民主政治的基本走向》，《长白学刊》2004年第3期。

黄坤明、施祖麟、车文辉：《民本自发与政府自觉：城乡一体化在嘉兴的实践》，《中国发展》2009年第1期。

黄坤明：《全面实施城乡一体化战略》，《江南论坛》2004年第4期。

姜立强、张勤谋：《"物"视域中的农村制度变迁与农民日常生活》，《中国农业大学学报》（社会科学版）2011年第2期。

金海和、段燕平：《以公民权利制约公共权力的机制建设构想》，《中国行政管理》2007年第10期。

金民卿：《当代中国的社会转型与人的现代化》，《哲学动态》1998年第6期。

李成贵：《农民的权益与中国的前途》，《绿叶》2009年第8期。

李俊：《从公民权利救济角度看我国信访制度改革》，《求索》2007年第6期。

李薇、李德芝：《邓小平关于"三农"问题战略维度论析》，《山西农业大学学报》（社会科学版）2016年第5期。

李新安：《文化权利：公民权利的社会基础》，《上海行政学院学报》2011年第1期。

梁庆宾、冯艳玲、王彦林：《城镇化进程中农民权利问题的新考量》，《廊坊师范学院学报》（社会科学版）2014年第1期。

刘保刚、郑永福：《近代中国公民权利意识演变的历史考察》，《史学月刊》2007年第8期。

刘宇、于岩：《创新农村金融改革，促进服务"三农"发展》，《农业开发与装备》2016年第3期。

刘月平：《公民权利意识培育与中国民主政治发展》，《前沿》2008年第9期。

马晓河：《60年农村制度变迁与经济社会的发展》，《中国经贸导刊》2009年第22期。

马晓河：《建国60年农村制度变迁及其前景判断》，《改革》2009年第10期。

梅志敏：《农地入市面临的困难及对策建议》，《江西农业》2016年第15期。

张安毅：《农民生态权权利缺陷对农村生态保护的影响及立法对策》，《吉首大学学报》（社会科学版）2014年第1期。

齐春宇：《农村改革：创新农村土地管理制度——〈中共中央关于推进农村改革发展若干重大问题的决定〉之土地制度评析》，《调研世界》2009年第1期。

仁评：《有"权利意识"也要有"法治观念"》，《楚天主人》2014年第

1期。

申来津、龚可澜：《政府机构维护公民权利不作为及其救济途径》，《学术交流》2014年第3期。

沈应仙：《新农村建设背景下农业经营体系组织化探析》，《商业时代》2014年第6期。

宋旭明：《我国农村宅基地权利流转制度之变迁述评》，《中国发展观察》2014年第2期。

苏明：《我国城乡发展一体化与财政政策思路》，《当代经济管理》2014年第1期。

王冲：《近代中英农村社会保障制度的历史演变特点比较分析——兼论中国农村社会保障制度构建》，《农业考古》2013年第3期。

王乐君：《新型工农城乡关系背景下的农民土地权利回归》，《华中农业大学学报》（社会科学版）2014年第3期。

王小章：《公民权利、市场的两重性和社会保障》，《学术论坛》2007年第7期。

王志强：《社会动员与农村制度变迁——十一届三中全会以来的农村制度考察》，《求索》2009年第4期。

文高辉、杨钢桥、张海鑫等：《农地整理项目后期管护农户出资意愿影响因素研究》，《华中农业大学学报》（社会科学版）2016年第1期。

吴睿：《我国农村制度变迁的家长制模式初探》，《社会科学家》2013年第8期。

辛世俊：《我国公民权利意识淡薄的原因》，《南都学坛》2005年第1期。

邢春冰：《教育扩展、迁移与城乡教育差距——以大学扩招为例》，《经济学》（季刊）2014年第1期。

许晓华、宋加毅：《推进农村改革创新的关键是农村制度建设》，《中共乐山市委党校学报》2009年第3期。

杨晓猛：《村镇干部视阈中的农民增收、乡村发展与农村制度创新——以哈尔滨市321位村镇干部问卷调查为例》，《农业经济问题》2010年第12期。

姚荣杰：《我国农村制度变迁与农民政治认同的互动关系研究》，《理论导刊》2012年第9期。

尹焕三：《"城乡一体化"发展的政策取向与路径选择》，《东方论坛》2010年第3期。

尹磊：《毛泽东与邓小平关于农业发展思想的比较》，《马克思主义学刊》2016第6期。

张明明：《论〈公民权利与政治权利国际公约〉第11条禁止债务监禁的权利内容》，《法制与社会》2010年第15期。

赵智奎、彭海红：《邓小平的农业集体经济思想》，《毛泽东邓小平理论研究》2007年第5期。

周建明、束方圆：《"组织起来"，还是"去组织化"——中国农村建设应走向何方》，《探索与争鸣》2014年第1期。

周新城：《中国农业的最终出路：集体化》，《徐州工程学院学报》（社会科学版）2012年第11期。

周叶中、司久贵：《中国公民权利发展的回顾与展望》，《武汉大学学报》（社会科学版）2001年第3期。

爱思想网 http：//www.aisixiang.com。

农业部农村经济研究中心 http：//www.rcre.moa.gov.cn。

三农直通车 http：//www.gdcct.gov.cn。

三农中国网 http：//www.snzg.cn。

浙江大学农业现代化与农村发展研究中心 http：//www.card.zju.edu.cn/index.do。

中国城乡发展研究中心 http：//www.zgcxfz.net/cxfz/zxjj.html。

中国农村社会学网 http：//www.ncshx.com。

中国农村水利网 http：//ncsl.mwr.gov.cn/index.html。

中国农业科研信息网 http：//www.cast.net.cn。

中国社会科学院农村发展研究所 http：//rdi.cass.cn/index.asp。

四 外文论文

Ash, Robert F. "The Agricultural Sector in China: Performance and Policy Dilemmas during the 1990s." *The China Quarterly*, No. 131 (September 1992).

Bianco, Lucien. "Peasants and Revolution: The Case of China." *Journal* of Peasant Studies, (April 1975).

Edin, Maria. "Social Conflicts and Modes of Action in China." *The China Journal*, No. 59 (January 2008).

Edin, Maria. "Remaking the Communist Party-state: The Cadre Responsibility System at the Local Level in China." *China: An International Journal*, No. I (March 2003).

Hobsbawm, Eric. "Peasants and Politics." *Journal of Peasant Studies* (October 1973).

Hurst, William, and Kevin O'Brien. "China's Contentious Pensioners." *The China Quarterly* No 70 (June 2002).

Schultz, T., "The Value of the Ability to Deal with Disequilibria", *Journal of Economic Literature*, 13 (3), 1975.

Walder, Andrew, "Markets and Income Inequality in Rural China: Political Advantage in an Expanding Economy," *American Sociological Review*, 67 (2), 2002.

Rozelle, S., "Stagnation without Equity: Patterns of Growth and Inequality in China's Rural Economy", *China Journal*, 35, 1996.

Rozelle, Scott and R. Boisvert, "Control in a Dynamic Village Economy: The Reforms and Unbalanced Development in China's Rural Economy", *Journal of Development Economics*, 46 (2), 1995.

Litzinger, Ralph. "In Search of the Grassroots: Hydroelectric Politics in Northwest Yunnan." In Perry and Goldman, *Grassroots Political Reform in Contemporary China*, 282-299.

Montinola, Gabriella, Yingyi Qian, and Barry R. Weingast. "Federalism, Chinese Style: The Political Basis for Economic Success in China." *World Politics* 48, No. I (October 1995).

O'Brien, Kevin. "Collective Action in the Chinese Countryside." *The China Journal*, No. 48 (July 2002).

Oi, Jean. "Fiscal Reform and the Economic Foundation of Local State Corporatism in China." *World Politics* 45, No. 1 (October 1992): 99-126.

Sargeson, Sally. & Jian Zhang. 1999. "Reassessing the Role of the Local State: A Case Study of Local Government Interventions in Property Rights Reform in a Hangzhou District," *China Journal*, No. 42 (July).

Rawski, Thomas G. "Implications of China's Reform Experience." *The China Quarterly*, No. 144 (December 1995).

Skinner, William. "Marketing and Social Structure in Rural China: Part I." *The Journal of Asian Studies* 24, No. 1 (November 1964).

Wakeman, Frederick Jr. "Rebellion and Revolution: The Study of Popular Movements in Chinese History." *The Journal of Asian Studies* 36, No. 2 (February 1977).

Mackie, P. F.. Understanding the educational and demographic differences between rural and urban social workers. *The Journal of Baccalaureate Social Work Program Directors*, 12, (2007).

Nickel, M.. *Professional boundaries: The dilemma of dual & multiplerelationships in rural clinical practice*. Counseling and Clinical Psychology Journal, 1. (2004).

Baccini, P. "Understanding Regional Metabolism for a Sustainable Development of Urban Systems." *Environmental Science and Pollution Research* (2): (1996).

deBrauw, A., J. Huang, S. Rozelle, L. Zhang, X. Zhigang. "The Evolution of China's Rural Labor Markets during the Reforms." *Journal of Comparative Economics* 30, No. 2 (2002).

Feder, G., L. Lao, J. Lin, X. Luo. "The relationship between credit and productivity in Chinese agriculture: a microeconomic model of disequilibrium." *American Journal of Agricultural Economics*, No. 4 (1990).

Zeldes, S. P. "Consumption and liquidity constraints: An empirical investigation." *The Journal of Political Economy*, No. 2 (1989).

Fan, S., 'Effects of Technological Change and Institutional Reform on Production Growth in Chinese Agriculture', *American Journal of Agricultural Economics* No. 7. (1991).

Edwards, Bob. & Michael W. Foley. et al. "Issue on Social Capital, Civil

Society, and Contemporary Democracy," *American Behavioral Scientist*, 5 (Mar/Apr.), (1997).

Edwards, Bob & Michael W. Foley. et al.. "Issue on Beyond Tocqueville: Civil Society and Social Capital in Comparative Perspective," *American Behavioral Scientist*, 42: 1 (Sept.) (1998).

Guthrie, Douglas. "Between Markets and Politics: Organizational Responses to Reform in China," *American Journal of Sociology*, 5 (March 1997).

Guthrie, Douglas. The Declining Significance of Guanxi in China's Economic Transition," *China Quarterly*, No. 154 (June 1998).

Kipnis, Andrew B. "The language of Gifts: Managing Guanxi in a North-China Village," *Modern China*, 22: 3 (July 1996).

Lau, Chong Chor. Yusheng Peng & Shen Chonglin. "Kinship Networks and Rural Industrialization in Chinese Villages," *China Review* (1999).

Lin, Nan. "Local Market Socialism: Local Corporatism in Action in Rural China," *Theory and Society*, 24: 3 (June 1995).

Martin, Michael F. "Defining China's Rural Population," *China Quarterly*, No. 130 (June 1992).

Nee, Victor. "Organizational Dynamics of Market Transition: Hybrid Forms, Property Rights, and Mixed Economy in China," *Administrative Science Quarterly*, 37: 1 (March 1992).

Nee, Victor. "The Emergence of a Market Society: Changing Mechanisms of Stratification in China," *American Journal of Sociology*, 101: 4 (January 1996).

Oi, Jean C. "Two Decades of Rural Reform in China: An Overview and Assessment," *China Quarterly*, No. 159 (September 1999).

后　记

广州的三四月份有时候有雨，有时候阳光普照，等伸出头接受阳光沐浴之时，它却突然变了颜色给人以洗礼。写书宛如粤绣，要一点一点积累、聚集；宛如面对一次人生转折点的洗礼，要一笔一笔着手，转弯，链接，面对外面世界，这洗礼过程充满着无比痛苦的灸割，甚至可以用摧残来加以形容。但是摇笔沉思，却享受着这摧残。虽然我像蜗牛一样缓慢静静地向前爬行，但的确是在痛苦中享受着、在快乐中摧残着。在痛苦和摧残的这段时光，有时候突然感觉到如同拨云见日，那灿烂阳光照亮着自己的前行路程；有时候感觉就像自己摆一张书桌，坐在大海旁边，吟唱着海子的《面向大海，春暖花开》：

从明天起，做一个幸福的人/喂马，劈柴，周游世界
从明天起，关心粮食和蔬菜/我有一所房子，面朝大海，春暖花开

但也可能突感人生急转而下，痛苦不堪，甚至有潸然泪下的顾城《小巷》情怀：
小巷/又弯又长
没有门/没有窗
我拿把旧钥匙/敲着厚厚的墙

窗外的阳光忽然变成一阵风雨，于是自己的一片片思绪抱着窗外的风雨，抱着自己这篇令自己揪心的书稿，携背后一排排亲人的殷切目光，扑

面而来。

书稿主要是我在美国完成的。忘不了我在美国阿肯色大学学习社会工作和政治科学的一年美好时光，忘不了阿肯色大学政治系玛格丽特·里德教授。在美国那段日子，她把我的冰箱装得满满的。玛格丽特漂亮端庄，细心体贴，给我准备好了沙发、床褥，甚至连锅碗瓢盆都给我准备好了。她待人活泼，经常抢在我前面为我开门的那种标准的德国宫廷礼仪，我现在还记忆犹新。她关心和惦记着我的写作，数次从网上下载资料送给我。

忘不了我的父母。感激他们，正是有了他们的帮助，才使我一路跌跌撞撞走到现在。从小县城、到桂林、到广州、到北京、到美国，他们在背后用微薄的收入无声地支撑着我，无怨无悔，白发低垂，我亲爱的爸爸妈妈！分明我还看到最疼我的妹妹！

忘不了我的家人默默给我的帮助和鼓励。用默默这一个词汇是最好不过的了。我的爱人陈慧女士工作繁忙，我们如同兄妹，我喜欢在外漂泊，她却能够支持我。我到北京大学访问，到美国访问，林林总总，我就像断了线的风筝，在外面漂泊。到我回国，蓦然发现，儿子已经快长大成人，走在他后面，忍俊不禁，这不是一颗豆芽菜么？细细的胳膊，长长的瘦腿，高高的个子，就像一颗正在行走的豆芽。我很爱这颗豆芽，当他端起小提琴时，给了我灵魂的欢乐。祝愿他有理想，不忘初心。只要沿着正确的方向，一定会到达理想的彼岸。

不经历风雨，怎么见彩虹。愿这窗外的风雨，让我爱的人、爱我的人、帮我的人，给他们带来丰收、幸福和愉悦！

李锦顺

2016年5月